상담윤리의 이론과 실제

최원호 저

학지사

저자 서문

우리나라도 점차 상담의 중요성에 대한 인식이 확산되면서 상담에 대한 수요와 상담자의 숫자가 급증하는 추세다. 이와 맞물려 상담과정에서 상담자와 내담자 간의 비윤리적 행위로 인한 문제 역시 점점 증가할 것으로 예상되는데 실상 이를 예방하기 위한 법적 · 제도적 · 교육적 장치가 매우 미흡한 실정이다. 미국을 비롯한 선진국은 상담과정에서 발생할 수 있는 상담자의 비윤리적 행위를 사전에 차단하고 예방하기 위한 다양한 제도적 장치를 마련하고 있다. 타 분야에서도 오래 전부터 전문가 윤리의 중요성을 역설하였고 제도적으로 다양한 장치를 마련하여 시행해 오고 있지만, 상담 분야의 윤리는 아직까지 충분한 논의조차 되지 못하고 있다.

최근 무자격자들이 전문상담자임을 사칭하고 봉사단체의 상담을 빙자하며 비윤리적 · 비인격적 상담을 자행함으로 인해 내담자들의 피해 사례가 속출하고 있어, 상담윤리의 문제가 사회적 차원으로 확산되는 추세다. 이러한 상담자들의 비윤리적이고 위법 · 부당한 행위에 대한 내담자의 법적대응 행위가 증가하는 것 역시 전문적인 윤리의식에 대해 관심을 가져야 하는 결정적 요인이다. 이처럼 상담윤리의 중요성이 강조되는만큼, 제도적으로도 윤리교육을 정착시켜야 할 필요성이 있다. 현실적으로 상담윤리교육은 상담학과를 비롯한 전문상담자 양성과정에서조차 거의 찾아볼 수 없을 정도로 부족하다. 이는 윤리의식에 관한 한 함량미달의 상담자를 양성하는 결과를 낳을 수 있으므로 심히 우려스럽다.

상담의 중요성이나 상담기술만큼 강조되어야 할 것이 바로 상담자의 건전한 윤리의식이다. 따라서, 이 책을 발간하는 목적은 바로 윤리적 가치체계에 대한 상담자와 학생들의 이해를 높이고 상담윤리교육의 필요성을 강조하는 데 있다. 간략히 이 책을 정리해 보면, 제1장에서는 상담윤리의 기본정의와 여러 관점을 전개하면서 직업윤리적 특성을 제시하였고 제2장에서는 상담윤리의 개념과 필요성을 강조하면서 윤리적 가치를 가늠해 보았다. 이어서, 제3장에서는 본격적으로 상담윤리교육에 대한 이론적 접근과 윤리교육의 영역별 내용을 소개하였고 제4장에서는 상담윤리교육과정의 주요 원칙과 의사결정모형 등 직접적인 실천내용을 기술하였다. 마지막으로 제5장에서는, 집단상담의 필요성을 역설하면서 윤리적 규준을 제시하였고 부록에는 한국상담심리학회 윤리강령 등 관련 규정을 나열하면서 글을 맺고 있다.

이 책에서도 누누히 강조했다시피, 상담윤리의식을 향상시키기 위한 일차적 과제는 예비 상담자 윤리교육과정의 개설이며, 또한 상담자 양성 교육과정 중에 윤리교육의 중요성이나 비윤리적 사례 중심의 상담윤리교육이 전개되어야 한다. 특히 상담 관련 학과에서는 전공필수 교과목으로 상담윤리를 개설하여 예비 상담자의 인성교육에 강조점을 마련하고 윤리의식 향상을 위한 선진국의 각종 교육 프로그램을 도입하여 한국의 상담윤리교육의 제도적 보완에 힘써야 한다. 상담윤리는 상담 서비스 실천이 도덕적으로 올바른 방법이어야 함을 인식하도록 돕는 역할을 하는데, 이 책에서는 구체적으로 전문인으로서 행하거나 지켜야 할 도리 및 전문가 행동의 기준이 되는 원리를 강조하고 있다.

특히 한국의 상담윤리는 이론적 배경이 미약한 분야이기 때문에 이 책에서는 일반윤리의 이론적 원리를 바탕으로 상담윤리의 개념과 본질을 밝히고자 하였다. 결국 상담윤리교육의 발전을 위해서는 개인의 노력뿐만 아니라, 관계자의 적극적인 관심과 학회 차원에서의 조직적이고 체계적인 연구 활동을 뒷받침하는 다양한 지원이 절실히 필요하다.

상담과정에서 윤리적 결단을 내릴 수밖에 없는 긴박한 상황에 처했을 때, 윤리이론과 도덕적 원칙을 바탕으로 논리적이고 분석적인 윤리적 결단을 내리지 못할지라도, 일상적인 삶에서 인간적이고 도덕적인 양심에 따라 윤리적 결단을 내려야 한다는 사실은 상담자의 인격적 자질이 그만큼 중요함을 반증해 준다. 매 사안마다 동일하고 일률적인 잣대를 적용할 수는 없으므로, 상담자에게는 전문가로서의 윤리의식과 판단능력이 필요하며, 그 역할을 수행함에 있어 조심성, 근면성, 인내심이나 사려 깊은 행동 등을 갖출 때 상담윤리의 효과는 더 많은 내담자에게 문제 해결의 시너지 효과를 안겨 줄 것이다.

이 책을 출간할 수 있도록 흔쾌히 승낙해 주신 도서출판 학지사 김진환 사장님과 직원들께 감사의 말씀을 드린다. 아울러 나의 스승이시자 윤리를 공부할 수 있도록 이끌어 주신 연세대학교 김중기 교수님, 상담을 공부할 수 있도록 삶의 전환점이자 멘터가 되어 주신 고려대학교 한성열 교수님, 그리고 박사학위 과정까지 사랑으로 지도해 주신 홍익대 이재창 교수님과 서정화 교수님께 머리 숙여 깊이 감사를 드린다.

2008년 8월

Portland에서

최원호

차 례

부 록

제1장 상담과 윤리

1. 윤리의 개념 및 요건 2. 윤리의 주요 관점 3. 윤리의식과 윤리규범 4. 윤리학의 전개와 유형 5. 직업윤리의 특성

제1장

상담과 윤리

1. 윤리의 개념 및 요건

'윤리' 라는 말은 영어로 'ethics', 독일어로 'ethik' 인데, 관습이나 전통을 의미하고 때로는 율법에 의해서 규정된 관습이나 실천을 의미하기도 한다. 윤리학이란 인간 행위의 규범, 도덕의 본질과 기원, 선악의 기준 등에 관하여 연구하는 학문이다. 여기서 규범이란 판단, 평가, 행위 등의 기준이 되는 것으로, 진, 선, 미 또는 정의와 공정 등의 가치를 파악하는 척도다. 이렇게 윤리학은 인간 행위의 습관을 이성적으로 비판 · 연구하여 올바르고 도덕적인 결단을 내리게 하는 학문이므로, 인간이 마땅히 행해야 할 바를 가르치는 도덕이라고 할 수 있다. 윤리학에서는 인간, 사회, 도덕, 행위 등에 대한 비평적 연구가 중요한 문제이며, 이런 관점에서 볼 때 실천학문으로서 인간의 행위에 대하여 비판 없이 사실(facts)을 해석하고 자연법칙의 보편성을 증명하는 것을 위주로 한다. 하지만 한편으로는 인간 행위의 비판과 개선을 목적으로 연구하는 것이 바로 윤리학이다.

윤리(倫理)를 글자 그대로 해석하면, 사람과 사람 사이의 관계, 즉 인간관계의 이법(理法)을 가리키는 말이다. '윤(倫)'은 '무리(類)', '또래(輩)', '질서'의 뜻을 담고 있으며 '리(理)'는 '이치, 이법, 도리'의 뜻을 지니고 있기 때문이다. 물리(物理)가 사물의 이치라면 윤리는 인간관계의 이법이다. 다만 물리는 자연에 있어 사물이 언제나 그렇게 나타나는 이치이지만 윤리는 반드시 꼭 그렇지는 않다는 특성을 가지고 있다. 독일어의 'ethik'나 영어의 'ethics', 프랑스의 'ethique' 등은 그리스어의 'ethike'에서 유래하며 'ethike'의 어원은 'ethos'이다. ethos는 동물이 서식하는 장소, 축사(畜舍) 등을 의미하였으나 후세에 오면서 '풍습, 개인의 습관 또는 품성'을 의미하게 되었다. 영어에서 'ethics'와 유사하게 쓰이는 'moral(도덕)' 역시 라틴어의 'moralis'에서 온 것으로, 습관 또는 풍습의 뜻을 담고 있다. 윤리와 도덕은 일상적으로 구별 없이 사용되기도 하는데 굳이 의미를 따져 보면, 윤리는 도덕을 개념화하여 체계화한 것이며, 도덕은 이법으로서의 윤리를 실천하는 인간의 주체적 태도를 의미한다.

이러한 윤리나 도덕을 이론적으로 성찰하며, 인간의 행위에 관한 도덕적 가치판단과 규범을 연구하는 학문이 바로 윤리학이다(박장호, 이인재 역, 1996). 윤리학은 사회에서 사람과 사람의 관계를 규정하는 규범 · 원리 · 규칙에 대한 학문을 일컫는다. 사회는 일정한 생활방식을 가지고 있으며, 개인은 그 사회의 구성원으로서 그 사회가 갖는 생활방식에 따르지 않고서는 살아갈 수 없다. 생활방식으로는 습속(習俗)이나 도덕 · 법률 등을 들 수 있으며 이들 모두 규범적(規範的)인 성격을 지니고 있는데, 다만 습속은 무자각적인 데 비하여 도덕이나 법률은 자각적인 행위규범이라는 특징을 지니고 있다(Rhodes, 1991).

행위는 몸짓, 움직임, 동작 등 눈에 보이는 현상이며, 이에 비해 행동은 목적을 지닌 행위다. 예를 들어 잘못을 꾸짖는 교사 앞에서 학생이 입술을 깨물고 눈을 부릅뜬 채로 교사를 노려본다면 그 학생의 행동은 교사의 꾸짖음에 반발하는 것이다. 따라서 행위는 겉으로 드러난 동작이고, 행동은 마음의 작용이며 머리로 생각할 수 있는 것이다. 윤리학은 인간 행동에 나타나는 도덕적 문제에 관심을 갖고 인간 행동의 도덕적 타당성을 검토하는 것에서부터 출발한다. 인간은 선한 행동과 악한 행동, 옳고 그름을 구별하려고 하며, 선하고 옳은 일은 행해야 하고, 그릇되고 악한 일은 마땅히 피해야 한다는 의식을 가지고 있다. 서양에서의 '윤리'는 사회의 풍습, 개인의 관습 또는 품성을 의미하는 것이고, 동양에서 사용되는 '도덕'이라는 말은 풍습의 의미와 밀접한 연관이 있다. 또한 '도덕적'이라는 말에는 이중적 의미가 있다. 즉, 옳은 것과 그른 것, 좋은 것과 나쁜 것에 관하여 가치판단을 내리는 인간의 능력을 뜻하면서, 한편으로는 윤리적인 기준과 일치하는 행동을 가리킨다. 예컨대 어떤 사람의 행동이 '도덕적'이라는 말은 그 사람의 행동이 윤리적 기준에 부합한다는 뜻이다. 윤리란 단어는 도덕을 이론적인 면에서 표현한 것이고, 도덕이란 단어는 구체적 행동을 말하는 것으로 인간의 행위에 대한 가치판단과 규범이라고 말할 수 있다. 도덕은 행위의 내면성(內面性)에 치우치고, 법률은 행위의 외면성(外面性)에 치우칠 우려가 있으나 양자는 상보관계(相補關係)에 있으며 일반적으로 인간 행위에 관한 여러 가지 문제와 규범을 연구하는 학문이란 관점에서 윤리를 어떤 관점에서 정의하든 간에, 본질은 인간의 올바른 행위, 즉 인간으로서 살아가는 데 지켜야 할 도리이다(Hughes, 1983).

윤리는 옳고 그름, 선과 악에 대한 도덕적 가치판단의 기준을 의미한다. 윤리적 가치는 인간이 자기를 포함한 세계나 그 속의 사상에 대하여 가지는 평가의 근본적 태도다. 윤리는 인간으로 하여금 질서를 유지하게 하고 올바른 품성을 갖게 하여 인간사회를 도덕적 공동체로 만드는 데 기여한다. 인간은 이성을 가지고 있기 때문에 무엇이 옳고 그른가를 구별할 수 있고, 무엇을 해야 하고 무엇을 하지 말아야 하는지를 판단할 수 있다. 이와 같이 어떻게 행동해야 하는지를 규정하는 윤리는 당위적 · 규범적 · 가치적 개념이다.

윤리는 인간이 마땅히 해야 할 바를 규정하기 때문에 당위적이며, 인간이 추구해야 할 가치를 지향하기 때문에 가치적이며, 무엇이 바람직한지를 판별해 주는 기준을 제시해 주기 때문에 규범적이다. 윤리가 갖는 이러한 특성이 인간으로 하여금 동기유발의 힘을 갖게 하기 때문에, 윤리를 구성하는 가치는 항상 바람직한 것을 지향하고 그것에 따라 행동해야 하며 반드시 그 결과에 대하여 책임이 뒤따라야 한다. 한편, 윤리라는 개념 속에 내포된, 마땅히 그렇게 하거나 그렇게 되어야 하는 당위적 속성, 마땅히 따르고 지켜야 할 규범적 속성, 가치적 속성은 '어느 시대 어느 곳에나 타당한 규범이나 가치들이 존재하는가? 한 행위의 규범이나 법칙이 무엇인가?' 라는 문제에 직면하게 된다. 전자의 물음은 '절대주의와 상대주의' 라는 논의로 연결되고, 후자의 물음은 '규범윤리와 분석윤리' 라는 논의로 연결된다.

윤리학은 그 대상과 연구방법에 따라서 여러 가지로 구분할 수 있는데, 일반적으로 기술윤리학(descriptive ethics), 규범윤리학(normative ethics), 분석윤리학(analytic ethics) 등으로 구분된다(김영진 역, 2001).

첫째, 기술윤리학은 유일하고 절대적인 도덕은 존재하지 않는다는 윤리상대주의의 입장을 취하고 있다.

둘째, 규범윤리학은 도덕현상에 대해 과학적으로 설명하기 힘들지만 어떻게 행동해야 하느냐에 관한 도덕의 보편적인 원리를 연구하는 것이다. 규범윤리학은 인간행동의 지침으로서 도덕규범을 제시하는 데 그 목적이 있으며, 인간에게는 마땅히 해야 할 것과 하지 말아야 할 것을 가르쳐 주는 객관적인 원리나 규범이 존재한다고 한다. 규범윤리학은 목적주의와 법칙주의로 구분되며, 목적주의 윤리설에서는 행위의 옳고 그름, 도덕적 의무 등은 어디까지나 행위의 목적이나 결과의 좋고 나쁨에 비추어 판단해야 한다고 주장한다. 행위의 목적인 선이 무엇이냐에 따라서 쾌락설 · 행복설 · 비쾌락설 등으로 나뉘며, 선이 누구의 것이냐에 따라 이기주의 · 이타주의 · 공리주의 등으로 구분된다(박장호, 이인재 역, 1996). 법칙주의 윤리설은 목적주의 윤리설과 달리, 인간에게는 마땅히 실천해야 할 도덕적 의무가 있다고 주장하기 때문에 의무론적 윤리설이라고도

할 수 있다. 이는 도덕적 판단은 행위의 목적이나 결과에 따를 것이 아니라, 도덕적 의무의 실천 여부에 따라서 결정해야 한다는 주장이다.

셋째, 분석윤리학은 도덕적 논의에서 사용되는 용어들의 의미를 분석하고 도덕적 신념이 참이냐 거짓이냐를 밝혀 주는 추론의 규칙과 인식의 방법을 검토하는 데 목적이 있다. 분석윤리학에서는 두 가지 과제가 중심이 되는데 하나는 '옳다', '그르다' 와 같은 용어들이 어떻게 쓰이고 있는지에 대한 개념분석이며 다른 하나는 '도덕적 추론' 의 논리에 대한 분석이다. 다시 말해, 사람들이 어떤 행위에 대해 도덕적 근거를 제시하거나 정당화하려고 할 때 수반되는 논리적 규칙을 명백히 하는 것이다.

2. 윤리의 주요 관점

윤리의 주요 관점은 목적론(teleological ethics)과 의무론(deontological ethics), 절대주의와 상대주의로 대별된다.

1) 목적론적 윤리설

목적론적 윤리설에 따르면 인간에게는 실현해야 할 것을 위해 힘을 쏟아야 할 객관적인 목적이 있다고 한다. 어떤 행위가 옳으냐 그르냐 하는 문제는 그 행위가 인생의 궁극적인 목적 달성에 어느 정도 이바지하느냐 혹은 방해가 되느냐에 따라 달라진다. 그러므로 목적론의 근본적인 문제는 '인생의 궁극적 목적이 무엇이냐?' 에 있다. 이러한 입장을 지지하는 대표적인 이론이 공리주의다. 공리주의는 인생의 궁극적 목적을 행복에 두며, 행복을 추구하기 위한 하나의 방편으로서 윤리가 필요하다고 본다. '네가 만일 행복하기를 원한다면 도덕적인 삶을 살아라.' '최대 다수의 최대 행복' 등의 명제는 이러한 입장을 잘 대변한다. 한편

'무엇이 유용한가?'에 대해서는 여러 이견들이 있다. 고통과 대조하여 쾌락이나 행복이 유용할 수도 있고, 타산적인 계산이 유용하게 될 수도 있으며, 손해와 이익에 대하여 광범위하게 조망하는 것이 유용하게 될 수도 있다. 나의 이익, 타인의 이익, 공동의 선 중에서 어느 것을 선택하느냐에 따라 이기주의, 이타주의 그리고 공리주의로 구분된다. 목적론적 윤리설의 단점이라면, 결과와 이득만을 위해 윤리가 논의되기 때문에 행복과 유익을 가치의 표준 및 인간 삶의 주된 목적으로 삼는 공리주의와 실용주의에 빠지기 쉽다는 점이다(이효선, 2003).

2) 의무론적 윤리설

의무론적(법칙주의자) 윤리설은 도덕법칙에 일치하는 행위를 옳다고 여기고 규칙에 어긋나는 행위는 그르다고 하는 입장이다. 인간에게는 윤리적인 직관 혹은 양심이 있어서 어떤 행동이 옳으며 어떤 행동을 해야 하는가를 바로 알 수 있다고 주장하는데, 도덕법칙을 중시한다는 점에서는 법칙론, 행동의 동기를 중시한다는 의미에서는 동기론이라고 부르기도 한다. 법칙주의자들은, 인생에 있어 힘써 도달해야 할 목적이 따로 주어져 있다 여기지 않는다. 대신에, 옳은 행위와 그른 행위를 분간하는 표준의 구실을 할 수 있는 도덕의 법칙이 주어져 있어 그 법칙은 어느 시대 어느 장소에서나 타당한 절대적 권위를 가진다고 믿는다. 무엇보다도 이들은 인간이 마땅히 따라야 하는 윤리적 근거로서의 의무를 체계적으로 서술하고 그 근거를 논리적 · 경험적으로 제시한다(이효선, 2003).

의무론적 관점에서 법은 가장 중립적인 위치를 차지하며 인간 행위의 옳고 그름을 판단하는 기준으로 남녀를 불문하고 보편타당하게 적용되어야 한다. 문제는 타당성 자체를 특정 상황으로 고려하지 않는다는 점이다. 이들은 사람들이 최소한의 법을 지키지 못하는 것은 남을 생각하지 않고 자기만 잘 살면 된다는 자기중심적인 생각 때문이라고 지적하는 등 지나치게 율법주의에 빠지기 쉬운 약점을 지니고 있다. 이들은 여러 가지 가치와 원리가 중요하다고 생각하며,

결과에 초점을 맞추는 대신 옳고 그름을 만드는 행동의 특성을 강조한다. 대체로 목적론이 결과주의와 결합하기 쉬운 반면에 의무론은 동기주의와 결합하기 쉽지만, 의무론자가 반드시 동기주의자는 아니다. 법칙주의자일지라도 목적 관념을 떠나서 인생의 문제를 고려할 수는 없다. 다만 목적론자가 인생의 목적을 개개 행위의 총결산인 '생애'나 '인격'이라는 관점에서 포착하려 했음에 반하여, 법칙론자는 개개의 행위 그 자체에 주목하고 그 하나하나를 올바르게 함이 곧 인생의 목적이라고 믿는 것이다.

3) 윤리적 절대주의

윤리적 절대주의는, 인간의 행위에는 해서는 안 되는 것과 하지 않으면 안 되는 것이 있다는 입장이다. 이러한 입장은 대체로 형이상학적 세계관, 종교적 세계관에 근거를 두고 있으며, 보편타당한 인생의 목적과 행동규칙이 개인의 욕구, 감정, 판단 그 밖의 어떠한 주관 혹은 태도와 관계없이 그 자체로 영원불멸하고 독자적인 실재성에 따라 선천적으로 인간에게 주어졌다고 본다. 이 입장은 목적론과 법칙론으로 구분되는데, 목적론에 의하면 삶의 궁극적 목적은 인간이 마음대로 정할 수 있는 것이 아니라 이미 선천적으로 주어진 절대적인 것이다. 반면 법칙론에 의하면 인간에게는 누구나 지켜야 할 행위법칙이 주어져 있고, 이는 인간의 편의나 쾌락에 의해 주어지는 것이 아니라 인간의 의지를 초월하여 미리 주어진 절대불변의 것이다. 이를 주장한 대표적인 학자가 칸트(I. Kant)다. 그는 실천이성의 법칙은 언제나 보편타당한 것이기에 무조건 적용되는 지상명령이라 하였다.

4) 윤리적 상대주의

윤리적 상대주의는, 무엇이 참으로 옳은가는 오로지 개인이나 사회가 무엇이 옳다고 생각하는지에 달려 있다고 보는 입장이다. 즉, 사람은 시간과 장소에 따라 바뀌기 때문에 무엇이 옳은지도 상황에 따라 바뀐다. 그러므로 윤리적 상대주의에서는 동일한 행위일지라도 어떤 사람에게는 도덕적 행위로 인정되는 반면, 다른 사람에게는 비도덕적 행위가 될 수 있다. 모든 사람, 모든 사회에 타당한 원리나 그러한 원리를 정당화할 수 있는 객관적인 방법은 존재하지 않으며, 옳고 그름, 좋고 나쁨이란 절대적인 것이 아니라 개인 · 환경 · 사회상황에 따라 가변적이고 상대적인 것이다. 이 입장을 따르면 인간의 생활규범인 윤리와 도덕은 실천적으로 주어지는 것이 아니라, 인간성에 바탕을 두고 인간에 의해 만들어진 소산이다. 이것은 어떤 대상과 그것에 대한 인간의 마음가짐과의 관계를 통하여 생기는 경험 안의 사실이라고 보는 심리학적 가치론에 근거를 둔다(김태길, 1974). 윤리적 상대주의와 윤리적 절대주의를 요약하면 〈표 1-1〉과 같다.

표 1-1 윤리적 상대주의와 절대주의의 비교

구분	윤리적 상대주의	윤리적 절대주의
'윤리적 행위'에 대한 정의	윤리규범의 필요성을 인정하지 않으며, 인간 행위를 상황에 의해서 규정하려는 행위	윤리규범의 필요성을 구속적, 당위적 입장에서 받아들이는 행위
윤리원칙	심리상태에 의한 행위의 결과로서 욕구, 행복, 실용성 등을 중시함	의무의식에 의한 행위의 동기 및 과정으로서 양심, 이성, 신의 등을 중시함
옳은 행위	한 사회의 목표, 구성원들의 욕구충족에 도움을 주는 행위	보편타당한 절대적 행위의 법칙에 따르는 행위
행위기준	상대적, 주관적, 특수적, 상황적 기준	절대적, 객관적, 보편적 기준
장점	윤리의 현실성, 인간의 사회성, 개별성을 강조, 다른 문화 포용	마음의 평화, 도덕적 권위, 사회질서 유지
단점	공통성과 보편성 부정, 윤리의 성립근거 미약, 윤리가 권위를 잃게 되며 도덕적 무정부 상태를 방지할 이론적 근거가 무너질 우려가 있음, 윤리를 자의적으로 해석할 가능성이 있음	논리적 증명 어려움, 모호성, 자명한 원리로 인정하기 어려움, 자명한 원리들 간의 불일치, 상대성의 결여, 권위주의적으로 흐를 가능성이 있음
학자	콩트, 다윈, 스펜서	플라톤, 아리스토텔레스, 칸트, 헤겔

3. 윤리의식과 윤리규범

1) 윤리의식

윤리의식(ethical consciousness)은, 일상용어로 보면 도덕의식, 윤리적 지식과 같은 의미지만 학술용어로 풀이하면 사회발전 과정에서 도덕과 윤리학의 상호작용, 상호보완, 상호침투를 의미한다. 도덕에서 추출되는 윤리학이 반드시 도덕개념들을 이론적으로 정당화할 필요성 때문에 생겨났다고는 할 수 없지만, 역사적으로 조건화된 하나의 과정이다(박장호, 이인재 역, 1996). 대개 전문직 종사자에게는 일반직 종사자들에 비해 더 높은 윤리의식이 요구된다. 그것은 직업의 특성상 이들에게 더 많은 자율성이 주어져 있고, 자율적 의미의 윤리적 가치판단 기준이 없으면 어떤 결과를 초래할 것인지 아무도 예측할 수 없기 때문이다.

상담자의 경우, 전문적인 상담과 심리치료과정에서 발생할 수 있는 문제들에 대한 윤리적 기준을 마련하는 것은 매우 중요하다. 상담과정에서 내담자의 약점 또는 문제점이 적나라하게 노출되기 때문에 자칫하면 내담자의 정신적, 윤리적 가치관이 상담자에 의해 침해될 수 있다. 상담자의 비윤리적 행위는 여러 가지 부작용을 초래할 수 있고, 특히 상담자가 자신의 지위를 악용할 경우 내담자는 문제 해결은커녕, 더 큰 정신적 피해와 심리적 충격을 받을 수도 있다. 따라서 상담자와 같은 전문직 종사자들에게는 일반 직종에 비해 고차원적인 윤리의식이 요구된다.

전문직 종사자들이 강한 윤리의식으로 자신의 행위에 대해서 자율적인 통제를 가할 수 없다면, 이것은 사회 전체의 불행일 뿐만 아니라 필연적인 외부의 통제, 즉 타율적인 규제를 불러들일 수밖에 없다. 그러므로 전문상담자에게 요구되는 윤리의식은 일반적인 전문직종의 종사자들에게 요구되는 윤리의식과는 다르다. 상담자는 전문가로서의 윤리의식을 자율적으로 환기시키는 작업을 끊임없이 지속하여야 하며, 이것은 상담자의 정신적 각성과 윤리적 의욕이 있어야만 가능하다. 결론적으로, 윤리의식은 상담자가 마땅히 갖추어야 할 바람직한 행위의 준칙이다.

일반직과는 달리 공공에 대한 봉사를 원활하게 이끄는 것을 주된 목표로 삼고 있는 전문직에게 고도의 지적 훈련과 일정한 자격조건 그리고 특별한 윤리의식이 강조되는 이유는 무엇일까?

첫째, 전문직 종사자들은 오랜 기간의 교육을 통한 전문지식의 습득이 필요하기 때문이다. 전문직 종사자는 자신의 이익보다는 사회 전체의 이익을 위해 헌신적으로 노력할 것으로 기대되며 전문직 종사자는 전문지식과 기술을 공공봉사에 활용함으로써 사회에 환원할 책임을 가지게 된다.

둘째, 전문지식과 상담기술이 비윤리적으로 사용될 때 그것은 사회적으로 악영향을 초래할 수 있기 때문이다. 힘이란 남용될 가능성이 있고 힘이 커져 갈 수록 통제하기 어려울 뿐만 아니라, 역기능의 효과도 나타난다. 상담자는 전문적인 조언자가 되기에 충분한 능력을 갖추어야 하며 내담자가 부도덕한 전문가에게 상처받지 않도록 도와줄 의무가 있다. 윤리적 차원에서 해야 할 행동과 하지 말아야 할 행동을 강조하는 것은 그들이 그만큼 전문적이라는 의미이고, 다른 한편으로는 내담자의 안녕을 생각하고 책임 있게 행동함으로써 상담자로서의 전문성을 높이기 위함이다. 전문가로서 윤리적인 딜레마에 빠졌을 때 상담자는 윤리적 문제들을 통해 최상의 해결책을 찾게 될 것이라 확신한다(Corey, 1998).

상담자는 윤리의식 고취를 위해 상담과정에서 발생할 수 있는 윤리적 문제 또는 딜레마를 인식하고 구체적인 특성을 확인할 필요가 있다. 문제에 대한 다른 시각을 얻기 위해서 동료 상담자들과 상담하는 것도 도움이 되는데, 이는 정당성을 판단할 수 있는 기회가 될 것이다. 또 전문가 단체의 기준이나 원칙인 윤리규범들을 검토하되, 자신의 윤리와 가치가 규범과 일치하고 있는지 혹은 갈등을 일으키고 있는지 고려해야 한다. 상담과정에서 겪는 여러 가지 딜레마를 해결하기 위해서는 가치, 이로움, 이익, 공정함, 성실함, 정직함과 같은 여섯 가지 기본 원칙을 고려하여 내담자와 의논하는 것이 중요하다(Walden, 1997).

2) 윤리규범

윤리규범(norms)은 일반적으로 도덕적 행위를 결정하고 지시하고 규정하는 기준으로, 단순하게 가장 흔히 발생하는 행위를 묘사하는 서술적 의미로 사용된다. 하지만 윤리학에서 규범의 의미는 일반적으로 가치판단적이며, 도덕적 행위들을 평가하는 기준을 일컫는다. 어떤 행위는 의도와 목적에 따라 판단될 수 있으며, 이때 규범은 선이냐 악이냐를 결정하는 평가기준이 된다. 규범이 실제로 사람들에 의해 받아들여져 실효성을 가지기 위해서는 규범의 내면화와 제도화가 필요하다. 규범의 내면화는 규범이 처벌하는 힘, 즉 외부의 강제력에 따라 준수되는 것이 아니라 양심 또는 초자아의 형성으로 인해 개인의 마음속에 생겨난 자발성에 따라 준수되는 것을 의미한다.

법은 문제의 소지가 있는 행동을 제거하는 반면, 윤리규범은 바람직한 행동으로 유도한다. 이 점에서 법적인 문제를 피할 수 있는 최선의 방법은 윤리규범을 잘 알고 준수하는 것이다. 상담자들은 상담과정에서 어떠한 종류의 윤리적인 딜레마에 부딪히게 되는지에 관해서 위법성을 따지는 것이 아니라, 평소 발생하는 윤리적 문제에 대해 초점을 맞추고 있다. 그러므로 전문가의 윤리의식 향상의 목적은 비윤리적 상담자를 찾아내기 위한 것이며, 상담과정에서 발생할 수 있는 문제들을 사전에 예방할 수 있는 방법을 제공해 주기 위한 것이다.

상담자의 비윤리적 행동은 종종 내담자에게 직·간접적으로 큰 영향을 끼치게 되는데, 이때 내담자는 상담자를 친절한 사람이라고 신뢰하게 되는 경우도 있다. 내담자는 대개 상담자를 자신의 삶에 도움을 주며 문제 해결에 관여하는 사람으로 생각하고 그들을 만나는 것이 전혀 해가 되지 않는다고 믿는다(Bergin & Garfiled, 1994; Hubble, Duncan, & Miller, 1999). 그러나 점차적으로 상담과정을 겪다 보면 그러한 생각이 잘못된 것임을 알게 된다. 비윤리적인 상담자들은 내담자에게 해로운 존재일 수 있으며 내담자의 문제를 해결하는 데 아무런 도움을 주지 못하고 오히려 더 큰 상처를 남기기도 한다(Lambert & Bergin, 1994; Sexton, Whiston, Bleuer, & Walz, 1997).

그것은 내담자를 비롯한 전문적인 상담을 원하는 사람들의 의지를 크게 저하시켜 상담자에 대한 신뢰감을 실추시키는 원인이다. 앞서 언급한 바와 같이, 윤리규범은 전문가의 윤리적인 이상과 중심이 되는 가치관에 대해서도 평가한다. 윤리적 기준은 법보다 광범위하고 전문가들이 최선을 다할 수 있도록 그들을 고무시키기도 한다. 그러나 비윤리적인 행동에 대한 법적인 대가는 매우 크다. 전문가협회에서 가장 엄격한 처벌은 협회에서 탈퇴시키는 것이다. 어떤 상담자들은 위법행위로 고소되어 민·형사상의 처벌을 받기도 하고 비방이나 욕설, 학대의 이유로 고소되는 이들도 있다(Crawford, 1994).

전문가의 윤리적 위반행위가 빈번하게 일어나는 이유는 아직 알려지지 않았으나, 윤리적으로 단 한 번의 실수 없이 완벽한 능력을 발휘하는 상담자는 거의 없을 것이다. 상담자가 흔히 빠지게 되는 딜레마는 비밀보장의 약속과 그 한계다. 또한 위법행위의 상당수가 내담자와 성적인 관계를 가지는 경우이며, 이는 상담자가 내담자를 성적으로 이용하는 부정적인 측면을 보여 주고 있다(Bouhoutsos, Holroyd, Lerman, Forer, & Greenberg, 1983; Brown, 1988; Williams, 1987).

상담자는 윤리적 책임감과 법이 충돌할 때 윤리적 규범에 따른 자신의 책무를 알고 책임감 있게 해결책을 모색해야 한다. 법과 규범을 무시하고 전문가로서 의무를 다하지 않는 경우도 있지만, 옳은 방향을 현명하게 선택하는 상담자들이 여전히 많은 편이다. 윤리적인 규범과 의무는 상담자에게 법적 논란의 여지를 배제하는 최고의 예방책이다. 그러므로 상담자와 그 밖의 사람들은 규범과 원리에 대해 좀 더 이해하면서 윤리와 법 모두를 이해해야 한다. 윤리적 결정과정의 한 가지 방법은 전문가협회에서 제정한 윤리강령을 이용하는 것으로, 이러한 강령은 명칭도 다양하며 구성원의 행동규칙을 명확히 규정하고 있다.

공인된 전문상담자와 학교에서 근무하는 상담자들은 ACA(American Counseling

Association)의 윤리강령과 행동기준에 의존하고, 심리학자들은 APA(American Psychological Association)의 윤리강령에 의존하며, 그 외의 사회분야에 종사하는 전문가들은 NAW(Nationai Association of Social Worker)의 윤리강령에 의존한다. 이러한 규범들은 모든 회원이 지켜야 할 공식적인 규칙이며, 또한 모든 회원의 규범 준수에 대한 책임감을 강화하는 성명서이기도 하다. 각각의 전문가협회는 윤리위원회를 설치하고 규칙의 적용을 강화해 왔다. ACA는 1961년에 윤리강령을 제정했으며, APA는 1953년에 처음으로 윤리강령을 제정하였다. 한국상담심리학회(KCPA)도 2003년에 윤리위원회를 구성하고 윤리강령을 개정하였다.

윤리강령의 의미는, 상담에 따르는 가장 힘든 문제로부터 상담자가 전문적인 사고를 할 수 있도록 나아갈 방향을 제시하며 전문직의 윤리목적을 제시하는 것이다. ACA의 윤리강령 서문을 보면 "협회의 회원들은 우리 사회가 가지고 있는 차이점을 인식하고 개인의 개성, 잠재력, 위엄, 가치를 지지하기 위해 타 문화를 인정해야 한다."라고 규정하고 있다. 또한 KCPA 윤리강령 전문에서는 "학회 회원들이 모든 인간의 존엄성과 가치를 존중하고 다양한 조력활동을 통해 인간 개개인의 잠재력과 독창성을 신장하여 저마다 자기를 실현하는 건전한 삶을 살도록 돕는 데 헌신해야 한다."라고 규정하고 있다. 전문가협회에 속해 있는 모든 회원은 국가의 강령을 올바르게 준수해야 할 의무가 있으며 전문가의 지침윤리에 따라 행동해야 한다. 강령에 대해 잘 알지 못했다는 것이 비윤리적인 행동에 대한 면죄부가 될 수는 없다. 전문가는 전문가로서의 윤리적 기준을 중시하고, 또한 실무자는 그 나름대로의 윤리적 기준을 중시하고 실천해야 할 의무를 갖기 때문이다. 윤리강령은 실무에 임하는 상담자들이 윤리적인 난제에 부딪혔을 때 해결방안을 제시할 수 있는 중요한 역할을 한다. 신중한 상담자라면 항시 상담에 있어서 윤리강령을 준수한다.

윤리강령이 모든 윤리적 문제에 대한 해결책을 제공할 수는 없지만, 윤리강령이야말로 문제의 소지가 있는 상담자에게 최선의 방법을 제시해 줄 수 있다. 강령을 준수하고 실행에 옮김으로써 전문가로서의 명성을 드높이고, 일부 무책임한 상담자들이 입힌 손상을 최소화할 수 있다. 상담자의 판단력을 흐리게 하고 내담자도 위험에 빠뜨릴 수 있는 내담자와의 이중적인 관계를 피하기 위해 전문적인 예방책을 찾아 이러한 상황이 일어나지 않도록 해야 한다.

3) 도덕적 행동양식의 구성요소

인간관계에서 요구되는 규칙이나 원리를 준수하는 행위는 의도적으로 도덕규범을 준수하는 행동이다. 이것은 본능적 충동을 만족시키면서 사회적으로 허용된 방법을 찾아내는 인지과정과 그 방법을 실천에 옮기는 행동으로 구성된다. 도덕성의 기준이나 도덕적 행동양식을 규명하는 일은 전통적으로 철학과 윤리학의 영역에서 다루어 온 과제이다. 철학(philosophy)은 어원적으로 그리스어의 'philosophia' 에서 유래하였으며, 사랑을 뜻하는 'philos' 와 앎(知)을 뜻하는 'sophia' 의 합성어이다. 철학은 존재하는 모든 것을 대상으로 하기 때문에 무엇이라고 정의하기는 어렵지만, 삶의 진리를 추구하고 그것을 해석하는 데 근본적인 관심을 갖고 있다. 윤리학은 인간이 지켜야 할 도리와 규범, 도덕의 본질과 근거 등에 대해 밝히려 한다는 점에서 철학적 탐구영역에 속한다. 따라서 윤리의 철학적 이해는 결국 윤리적 행위와 실천을 제대로 하기 위한 기반이 된다(이효선, 2003).

도덕적 혹은 비도덕적 행동을 하기 이전에 '도덕판단' 이 어떠한 작용을 하고, '도덕판단' 의 형태는 어떻게 구별되는지, 그리고 각 개인의 경우 '도덕판단' 의 형태는 어떻게 변화되어 가는지에 대해서는 피아제(J. Piaget)와 콜버그(L. Kohlberg) 등 여러 사람들의 논의가 있었다. 이후 도덕성이나 도덕교육의 문제는 심리학과 밀접하게 연계되어 논의되어 왔으며, 도덕적 혹은 윤리적인 문제를 해결해야 하는 난관에 부딪혔을 때 과연 무엇이 도덕적이고 윤리적인 행동을 할 수 있게 하는가에 대한 해답을 찾아 왔다. 또한 도덕적으로 높은 수준에 있는 상담자가 다른 이들보다 전문가로서 지켜야 할 규범을 더 잘 준수하면서 윤리적인 결정을 내릴 수 있다고 한다(Welfel & Lipsitz, 1983).

콜버그는 도덕적 추론의 단계를 크게 세 가지 수준으로 구분하였으며 이를 그림으로 나타내면 [그림 1-1]과 같이 인습 수준을 기준으로 이전의 행동판단과 이후의 대조된 결과를 알 수 있다(신응섭 외, 2002).

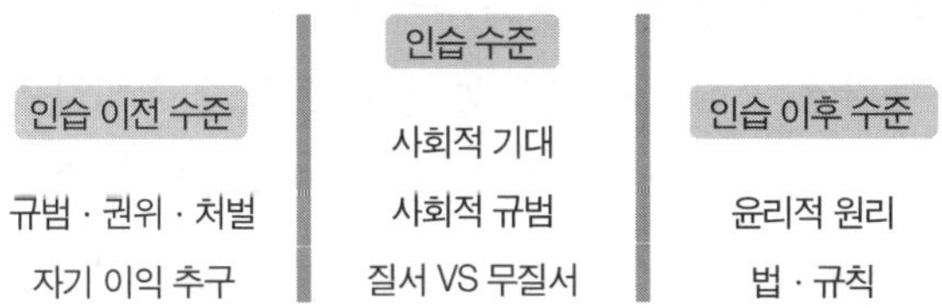

[그림 1-1] 콜버그의 도덕적 추론 단계

첫째, 인습 이전 수준(preconventional level)에서의 추론은 절대적인 힘이나 권위 또는 처벌에 의해 지지되는 구체적인 규칙을 따르는 것을 옳은 행위로 본다. 물리적인 힘에 의해 제재를 받을 가능성이 없을 때, 자신의 이익을 가져오는 행위를 옳은 행위로 인식한다. 이 수준에서 보다 발전된 추론은 다른 사람의 이익을 위해 행동을 하는 경우에도 그로 인해 자신에게 직접적인 이익이 돌아오기 때문에 그 행동을 한다. 결과적으로 인습 이전 수준에서의 추론은 근본적으로 자기 이익 추구라는 동기에 의해 유도된다.

둘째, 인습 수준(conventional level)에서의 추론은 사회적 기대 또는 사회적 규범에 따라 행동하고자 한다. 옳은 행동이란 사회구성원들로부터 인정받는 행동으로 규정되며, 사회규범으로서의 법은 그것을 어기게 될 때 사회 무질서와 혼란을 가져오기 때문에 어떤 경우에서든 지켜져야 한다.

셋째, 인습 이후 수준(postconventional level)의 추론에서는 모든 사람들이 타당한 것으로 인정하는 보편적 인권 또는 윤리적 원리에 의해 옳은 것이 규정된다. 규칙이나 법은 그것이 사회의 유지를 위해 필요한 것이지만, 그것이 보편적인 인권 또는 윤리적 원리에 위배될 때에는 지킬 필요가 없다.

레스트(Rest, 1984)는 도덕적인 행동을 타인의 복지와 후생에 어떠한 영향도 끼치지 않는 행동이라고 정의하며 도덕적 행동양식이 도덕적 감성, 도덕적 추론, 도덕적 동기, 도덕적 인격으로 구성된다고 하였다. 이를 [그림1-2]와 같이 도식화하면 도덕적 행동 양식의 구성을 쉽게 이해할 수 있다.

도덕적 행동양식의 첫 번째 구성요소는 도덕적 감성(moral sensitivity)이다. '감성'은 '마음과 감정 그리고 격정의 동요나 혼란, 즉 격렬하거나 흥분된 정신 상태'다. 기본적인 요소로는 분노, 슬픔, 공포, 기쁨, 사랑, 놀라움, 혐오, 수치 등이 있고 감성 외부에는 기분이 있으며 그 바깥쪽에는 기질이 있다. 감성은 감각, 지각, 표상을 얻는 인식능력을 의미하며 감동은 느낌, 즉 감성을 통하여 마음이 움직이는 것을 의미한다. 감수성은 어떤 사람에게는 직관적 능력 또는 타고난 능력일 수 있으나 대개는 학습을 통해 획득하거나 향상된다. 어떤 상황에 대한 동정심의 발로와 타인의 흥미와 정서에 대한 민감성은 도덕교육의 중요한 요소로 작용한다. 상황을 인식하는 과정에는 전문가의 도덕적, 윤리적 감성이

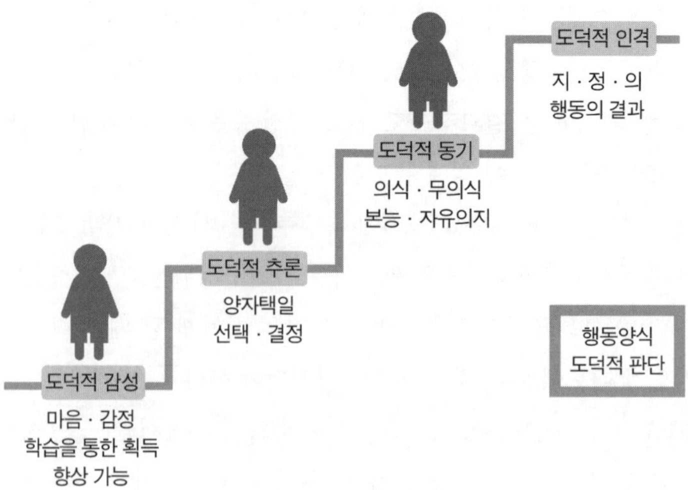

[그림 1-2] 도덕적 행동양식

필요하며, 그것은 상담자의 행동이 내담자나 동료들 그리고 일반 대중들에게까지 영향을 줄 수 있다는 것을 의미한다.

도덕적 행동양식의 두 번째 구성요소는 도덕적 추론(moral reasoning)이다. 이것은 미리 알고 있는 2개 이상의 전제로부터 새로운 하나의 결론을 이끌어 내는 일, 즉 사리를 미루어 논급하는 것을 말한다. 형식논리학에서는 하나의 전제를 변형하여 결론을 이끌어 내는 과정을 직접추론이라고 한다. 또한 둘 이상의 전제에서 결론을 이끌어 내는 과정을 간접추론이라고 하며, 특히 전제가 둘인 경우를 삼단논법이라고 한다. 도덕적 추론은 양자택일을 통하여 사고하는 과정으로 일단 어떤 상황이 발생하면 그 상황을 도덕적인 차원에서 인식하게 되며 그 상황에 적절한 선택과 결정을 했느냐를 평가하는 과정을 거치게 된다.

도덕적 행동양식의 세 번째 구성요소는 도덕적 동기(moral motivation)다. 무의식적인 행동의 동기는 본능이고, 의식적인 행동의 동기는 자유의지에 의한 선택이라고 하는데, 인간은 다른 동물에 비하여 후자가 발달되어 있다. 특히 유독 인간에게만 존재하는 행동의 동기가 있는데, 그것이 곧 도덕적 동기다. 이는 무엇이 옳고 그른지를 판별하고 그에 입각한 행동을 유발하는 것을 의미한다. 일상의 습관적인 행위에서는 동기가 확실히 의식되지 않는 경우도 있지만, 양자선택에 직면한 상황에서는 동기가 의식되며 경우에 따라서는 그 동기의 선악에 대한 반성이 행위의 선택을 좌우한다. 동기설에 대립되는 것이 결과설로서, 이는 행위의 윤리적 선악이 행위로 인한 결과에 의해서 정해진다는 견해다. 동기설이 심정의 선함을 강조하는 것과는 달리, 결과설은 행위의 결과에 책임질 것을 강조한다.

도덕적 동기는 모든 인간 행동의 배후에 자리잡고 있다. 인간은 사소한 행동을 취할 때에도 도덕적 판단을 멈추지 않으며 과연 자신의 행동이 도덕적으로 옳은지에 대한 판단 없이는 행동으로 옮기지 않는다. 수없이 되풀이한 습관적인 행동은 이미 도덕적 검증을 거쳤기 때문에 매번 의식적으로 도덕적 판단을 내릴 필요가 없다. 하지만, 처음 시도하는 행동이라면 반드시 스스로 행동이 옳은가 그른가에 대한 도덕적 판단을 먼저 해야 한다. 설혹 옳지 않은 쪽을 선택하는 경우라고 하더라도 최소한 자기 행동이 도덕적으로 옳지 않다는 것은 인지하면서 행동에 옮기는 것이다(김영진 역, 2001).

도덕적 행동양식의 네 번째 구성요소는 도덕적 인격(moral character)이다. 상담자는 도덕적 행동의 결과를 얻고자 실천해야 하며 대체적으로 도덕적 행동을 하기 위해서 인격, 성실, 도덕적 용기 같은 미덕을 갖추어야 한다. 도덕적 인격은 개인의 지(知)·정(情)·의(意) 및 육체적 측면을 총괄하는 전체적 통일체를 의미한다. 이때, 인격자라고 할 경우 그것은 도덕적으로 고상한 사람을 가리키며 인격권(人格權)이라고 할 경우는 법률적으로 인간의 생존에 필요한 자유·독립 등의 권리를 표시하기도 한다. 그러나 심리학에서는 영어의 'personality'를 번역한 '성격'과 거의 동일하게 사용한다.

개인이 일상생활에서 취하는 행동은 생물학적인 요구를 따르기도 하지만, 다른 한편으로는 학습이나 경험 등을 따르기도 한다. 따라서 얼핏 보기에는 유사한 환경에 처한 개인이라도 제각기 독자적인 생활방식으로 행동하거나 생각한다. 이것은 개인마다 보편적으로 일관된 경향을 보여 준다는 의미이다. 인격은 성격과 거의 동일한 의미로 볼 수 있다. 그러나 굳이 그 차이를 따져 보면 성격이 정동적인 면과 의지적인 면의 개인차를 강조하는 데 비해, 인격은 지적인 면까지도 포함한 광의의 개념이며, 전체적으로 파악한 통일체로서 개인의 특징이다. 이렇게, 도덕적 행동에 수반되는 성격과 인격은 매우 중요하다.

4. 윤리학의 전개와 유형

1) 윤리이론

윤리이론은 [그림 1-3]과 같이 크게 '정의' 이론, '공공선' 이론, '덕' 이론 등으

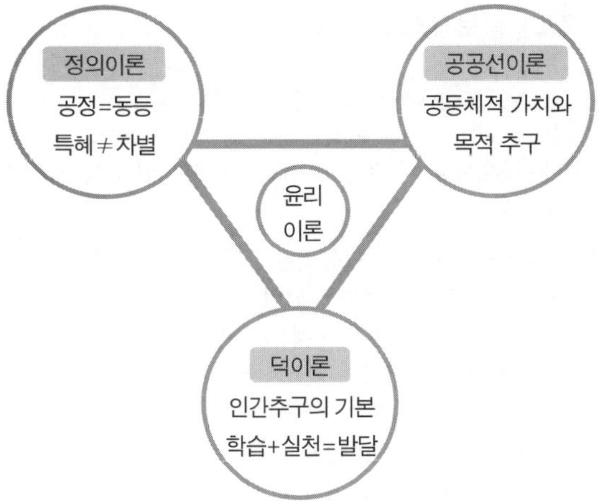

[그림 1-3] 윤리이론의 관계

로 나눌 수 있다.

첫째, 정의이론(justice theory)은 "같은 것은 같게 취급하고 다른 것은 다르게 취급하라(Equal must be treated equally, and unequel must be treated unequally)."라는 아리스토텔레스의 도덕원리로부터 출발한다. 이 이론의 도덕적 물음은 '어떤 행위가 공정한가? 모든 사람을 동등하게 다루는가 아니면 특혜나 차별을 주는가?'다. 특혜(favoritism)는 정당한 이유 없이 몇몇 사람들에게 이익을 주는 것이고, 차별(discrimination)은 이와는 반대로 부담을 부과하는 것이다. 이것은 현대적 의미로 '별다른 차이가 없어서 똑같은 임금을 받아야 할 상황에서는 똑같이 대우받아야 한다.'로 표현되기도 한다. 정의는 〈표 1-2〉와 같이 사회적 정의, 응보적 정의, 보상적 정의로 크게 구별된다(Vasquez, 1988).

둘째, '공공선이론(common good theory)'이다. 이는 '일반복지이론(the general welfare theory)'으로도 불리는데, 한 사회는 개인의 선과 공동체의 선이 복잡하게 연계되어 있다고 가정한다. 하나의 공동체 구성원들은 공동체적 가치와 목적의 추구에 의해 결합된다. 공공선을 위해 개인의 행위를 제한할 것을 찬성하는 사람들은 다음의 세 가지 원리에 호소한다. ① 간섭주의원리(the principle

표 1-2_ 사회적 정의, 응보적 정의, 보상적 정의

구분	내용
사회적 정의	사회제도가 이익과 부담을 사회 구성원에게 공정하고 정의롭게 분배하는 것을 보증하는 정도와 관련된다. 그러나 공정한 분배가 항상 부를 똑같이 분배하는 것을 의미하지는 않는다.
응보적 정의 (집단적 정의)	응보적 정의는 모든 사람이 동일한 잘못에 대해 동일한 벌을 받을 때 실현될 수 있다. 처벌의 목적이, 잘못한 사람이 그 잘못을 반복하는 것을 막고 다른 사람들이 그와 유사한 잘못을 범하는 것을 막는 데 있다면, 벌은 이러한 목적을 달성하는 데 필요한 만큼 비례하여 적용되어야 한다. 어떤 벌이 공정하고 정의로운가는 일반적으로 범죄의 심각성 또는 그 내용과 같은 적절한 기준에 따라 결정될 때 정당하다. 정당한 처벌이 되기 위해서는 벌을 받은 사람이 실제로 그렇게 행동했는가를 확인해야 하고, 처벌에는 일관성이 있어야 하며 또한 그 잘못에 비례해야 한다. 무지(ignorance)와 무능력(inability)에서 연유된 잘못에 대해서는 도덕적으로 책임을 물을 수 없다.
보상적 정의	자신에게 손해를 입힌 사람에게 보상하는 것으로 정당한 보상은 손실의 정도에 비례한다. 전통적 도덕주의자들에 의하면, 다른 사람에게 상해를 입힌 경우 가해자는 피해자에게 도덕적 의무나 책임을 져야 한다. 예컨대 의도적으로 고용주를 속이거나 안전 운행을 하지 않아서 회사에 피해를 입혔다면 당연히 보상하여 도덕적 책임을 져야 한다.

of paternalism)다. 이는 마치 부모가 자식이 스스로를 해치는 것을 제한할 수 있는 것과 같다. ② 공중도덕 보호의 원리(the principle of protecting the public morality)다. 만일 사회가 포르노그래피나 동성애를 용인한다면 전통적인 미풍양속 붕괴, 반사회적 행동이나 성폭력 증가, 여성 경시 풍조 조장, 가족구조 해체 등을 유발할 수 있기 때문에 제한될 수 있다. ③ 간접적인 사회비용 방지의 원리(the principle of preventing indirect social costs)다. 예컨대 폭음 또는 폭식을 하는 사람은 치명적인 심장병에 걸릴 수 있고, 그의 부인이나 자식들에게 해를 미칠 수 있다. 그러한 관점에서 그의 죽음은 간접적인 사회비용에 포함될 수 있다. 흡연으로 인한 질병 역시 작업시간 손실을 초래하고 사회보험 등에서 엄청난 비용을 가중시킬 수 있으며, 자동차 안전벨트 미착용도 많은 사상자를 유발한다.

셋째, '덕(virtues)' 이론이다. 아리스토텔레스에 의하면, 인생의 궁극적인 목적은 행복을 얻는 것이고 행복을 얻는 길은 이성에 따라 자연의 능력을 조화적으로 발휘함에 있다. 덕은 이성적 활동에 따라 생기는 습관을 말한다. '덕' 이론은 인간이 추구해야만 하고, 인간성을 충분히 발현시키는 탁월성이나 공공선에 대한 헌신 등의 특정한 이상들이 존재한다고 가정한다. 덕은 학습과 실천을 통해서 발달되며, 개인은 자기훈육을 실천함으로써 자신의 인격을 증진시킬 수 있다.

지금까지 대부분의 윤리이론에서 주요 물음은 '나는 무엇을 해야만 하는가?(What should I do?)' 또는 '나는 어떻게 행위해야만 하는가?(How should I act?)' 에 대한 것이었다. 윤리는 흔히 인간에게 행위의 도덕원리를 제공하거나 무엇을 할 것인가를 알려 주는 보편적 규칙으로 간주되었다. 만일 도덕적 삶이 '해야 할 것과 하지 말아야 할 것' 의 의무목록을 점검하는 일이라면, 행위에 관한 도덕원리나 규칙들을 맹목적으로 추종하는 것이 타당할 수 있다. 그러나 최근 '덕' 이론을 따르는 윤리학자들은, 행위의 도덕원리와 규칙을 강조하는 입장에서 개인이 '무엇을 행해야 하며, 어떻게 행해야 하는가?' 하는 것을 강조했다. 윤리의 근본 물음은 '나는 무엇을 해야만 하는가?(What should I do?)' 가 아니라, '나는 어떤 유형의 사람이 될 것인가?(What kind of person should I be?' 이어야 한다고 반박한 것이다.

덕의 윤리는 '나는 어떤 사람이 될 것인가?(What should I be?)' 또는 '나는 어떤 유형의 사람이 될 것인가?' 라는 문제에 초점이 있다. 윤리는 어떤 행위를 할 것인지를 알려 주는 것이 아니라, 어떤 유형의 사람이 될 것인가를 알려 주는 원리이며 규칙이다. 아리스토텔레스에 의하면 도덕은, 인격의 한 특질 또는 하나의 인간 유형을 의미한다. '나는 어떤 사람이 될 것인가?' 라는 물음에 대해 용감하거나, 인내심이 많거나, 너그럽다 등의 인격 특질(덕성)로 대답할 수 있고, 더 나아가 '그러한 덕성을 지닌 인간이 되기 위해서' 라고 대답할 수 있다. 즉, '덕' 이론에서는 덕으로서의 원리를 강조한다.

아리스토텔레스에 의하면 덕은 칭찬할 만한 인간의 속성으로 덕을 행사하는 그 자체가 인간의 행복에 필수적인 요소가 된다(Taylor, 1975). 그러므로 덕이란, 인간의 부단한 노력에 의해 계발되고 습득된 인간의 질적 특성이라고 할 수 있으며 실제적 훈련을 통해 이루어질 수 있는 특징을 지닌 것이다. 상담자의 업무에 따른 특성이나 목적에 비추어 볼 때 상담목적, 의사결정과정, 상담과정에 이르기까지 일정 수준의 규정이 존재한다. 규칙의 윤리와 덕의 윤리를 요약하면 〈표 1-3〉과 같다.

표 1-3 _ 규칙의 윤리와 덕의 윤리

구분	규칙의 윤리(ethics of rules)		덕의 윤리(ethics of virtue)	
주제	도덕적 의무의 판단 (judgements of moral obligation) 무엇을 해야 하는가?(right, wrong)		도덕적 가치의 판단 (judgements of moral value) 어떤 사람이 되어야 하는가?(good, bad)	
접근 방법	원리적(의무론) 접근(deontology) 원칙의 중점	결과적(목적론) 접근(teleology) 결과에 중점	원리적 접근 (deontology) 덕 자체	결과론적 접근 (teleology) 타인을 고려
원칙	권리, 의무, 정의	공리주의	자연	정의, 용기, 성실
대표적 학자	칸트, 로스, 롤스	벤담, 밀	스토아학파	아리스토텔레스, 매킨타이어

2) 도덕원리

현대의 도덕철학에서 가장 널리 논의되는 두 가지 규범적 체계는 바로, 공리주의와 형식주의이다. 공리주의 도덕원리는 '모든 사람은 최대 다수의 최대 행복을 달성하는 방식으로 행위할 의무가 있다.' 고 주장하고, 형식주의 도덕원리는 '모든 사람은 모든 개인의 인간 존엄성 및 도덕적 권리를 존중하는 방식으로 행위할 의무가 있다.' 고 주장한다. 이러한 도덕원리들은 기업, 법, 의료, 공공정책 분야에 다양하게 적용되었고, 그로 인해 기업윤리, 법윤리, 의료윤리, 공공정책윤리 등의 응용윤리가 새롭게 출현하였다. 윤리이론들의 원리와 특징을 요약하면 〈표 1-4〉와 같다.

표 1-4 _ 윤리이론의 유형과 특징

구분	이론	초점	원리	핵심 물음
행위, 정책, 제도 판단	공리주의	• 행위나 규칙이 직간접으로 영향을 받는 모든 사람의 복리에 가져오는 유용한 결과 강조.	• 해악에 대한 이익의 최대균형을 산출하라. • 최대 다수의 최대 행복을 산출하라	• 각 행위는 어떤 이익과 해를 산출할 것인가? • 어떤 대안이 사회적 유용성을 극대화하고, 영향받은 사람들에게 최대 행복을 제공할 것인가?
	칸트주의 (인간존중, 권리이론)	• 개인의 이해관심 또는 활동 존중. • 개인은 자유롭고 평등하게 결정할 수 있고, 합리적 인간으로서 존중받을 기본권리를 지님.	• 개인을 수단이 아닌 목적으로 대하라. • 인간의 도덕적 권리를 존중하라.	• 영향을 받은 집단들은 어떤 도덕적 권리를 지니는가? • 어떤 행위가 그들의 존엄성과 권리를 가장 존중하는가?
	정의이론	• 사회 구성원들에게 이익과 부담의 공정한 분배 강조.	• 사람 간에 도덕적으로 차이가 존재하지 않는 한, 똑같이 대우하라. • 무지의 베일과 원초적 입장에서 합의한 원리를 따르라.	• 도덕적으로 정당화될 수 있는 특별한 경우를 제외하고, 어떤 행위가 모든 사람을 똑같이 대하는가? • 어떤 행위나 결정이 이익과 부담을 공정하게 분배하는가?
	공공선이론 (일반복지 이론)	• 구성원들이 공통으로 지지하는 가치와 목적을 공유하면서 추구하는 공동체 강조	• 공공선을 증진하라. • 일반복지를 증진하라.	• 어떤 행위가 공공선을 증진하는가? • 개인의 권리와 공동체에 대한 책임 관계는 무엇인가?
개인의 덕성 평가	덕이론	• 인간 잠재력을 발달시키는 방식으로 존재하고 행동하는 태도, 경향, 인격 특성 강조	• 자기 자신과 공동체에서 도덕적 덕을 발달시켜라.	• 어떤 행위가 도덕적 덕을 발달시키는가? • 어떤 유형의 사람이 될 것인가? • 나 자신과 공동체 안에서 어떻게 인격을 발달시킬 것인가?

첫째, 공리주의 도덕원리는 목적론적 윤리체계로서, 만약 한 사람이 어떤 행동을 함으로써 좋은 결과를 낳는다면 그 행동은 도덕적으로 옳다고 주장하는 원리다. 다시 말해, 옳고 그름의 문제는 그 행동이 갖는 결과의 좋고 나쁨에 따라 결정된다는 것이다(김영진 역, 2001). 18~19세기 벤담(Jeremy Bentham, 1748~1832), 밀(John Stuart Mill, 1806~1873) 등에 의해 정립된 공리주의는 일반적으로 어떤 행위나 정책 결정에 의해 산출되는 전체적인 유용성, 즉 총체적 선을 강조한다. 이는, 유용성 원리(principle of utility)와 최대 다수의 최대 행복 원리(the greatest happiness principle)에 기초하고 있으며, 이익(선)의 최대 균형(the greatest balance of good over evil)을 산출하는 행위가 옳은 것으로 여겨진다.

공리주의자들 중에서도 행위공리주의자들은, 어떤 행위가 특수한 여건에서 최대 다수의 최대 행복을 증진하기 쉬운가에 따라 옳고 그름을 결정한다. 이에 반해 규칙공리주의자들은 어떤 특수한 행위가 최대 다수의 최대 행복을 증진하기 쉬운가가 아니라, 대부분 사람들이 수행했을 때 증진하기 쉬운지에 따라 결정해야 한다고 했다. 행위공리주의자는 어떤 특수한 상황에서 선의의 거짓말이 관련된 모든 사람의 행복을 극대화한다면 정당화될 수 있다는 입장이다. 반면, 규칙공리주의자는 비록 일부 특수한 경우 선의의 거짓말이 최대 다수의 최대 행복을 더 증진시키는 것처럼 보일지라도, 거짓말은 궁극적으로 행복을 감소시킬 수 있으므로 거짓말을 금하는 규칙을 채택하는 것이 최상의 결과를 가져 온다고 주장한다.

둘째, 형식주의는 의무론적 윤리체계로서, 칸트주의 도덕원리가 대표적으로 '권리이론(theory of the rights)'이라고도 불린다. 그 내용을 살펴보면, ① 진실에 대한 권리는 진실을 듣고 자신의 선택에 중요하게 영향을 미치는 일들에 관해 알 권리이며, ② 프라이버시의 권리는 타인의 권리를 침해하지 않는 한 어떠한 삶을 선택하더라도 그것을 행하고 믿고 말할 권리이고, ③ 해를 입지 않을 권리는 어느 누구를 막론하고 해를 입거나 손상받지 않을 권리이며, ④ 합의된 것에 대한 권리는 계약, 동의, 약속 등에 대한 권리 주장으로 인간의 자유를 보호하는 기본적인 권리이다.

칸트주의 도덕원리는 또한 적극적 권리를 정당화하는 데에도 활용된다. 자유에 대한 기본 원리는 모든 사람이 최소한의 복지 수준을 획득하는 데 필요한 다음 두 가지의 기본 원리가 있다고 했다. 첫째, 도덕적 의무가 무엇인가를 결정하기 위한 일반원리로서 도덕법칙의 명령인 정언명법(正言命法)이 있다. '무조건 이것을 행해야 한다.'는 누구에게나 들어맞는 명령식의 구조로서, 방법이나 결과를 위한 것이 아니고 그 자신을 목적으로 하여 지켜야 한다는 것이다. 둘째, 가언명법(假言命法)은 '만약 내가 행복을 얻으려면 이렇게 행하라.'는 가성(假定)식의 구조로 된 명령으로, 목적 달성을 위한 방법으로 행위를 명령하는 것과 반대이다(박장호, 이인재 역, 1996). '보편성 규칙'은 '네 의지의 격률(maxim)이 항상 그리고 언제나 보편적 입법의 원리에 일치하도록 행하라.'는 것이고, '존중 규칙'은 '결코 타인을 너 자신의 이익 또는 욕구 충족을 위한 수단으로 대하지 말고, 목적으로 대하라.'는 것이다. 어떤 사람을 수단으로 대하는 것은 자기 자신의 이익을 증진하기 위하여 그를 이용하는 것이고, 목적으로 대하는 것은 타인이 자신을 위해 선택할 수 있는 자유를 허락해 주는 것이다. 이는 곧 다른 사람의 존엄성을 존중하는 것이다.

황금률에서 그 원형을 찾을 수 있는 인간존중이론은, 우리의 행위에 의해 이익이나 손해를 입을 수 있는 타인의 입장에서, 그리고 유사한 상황에서 대우받고자 하는 대로 타인을 대우할 것을 요구하고 있다. 인간존중의 도덕원리는 '호혜성 규칙(rule of reciprocity)'으로 '만일 당신이 거짓말이나 속임수를 당하길 원치 않는다면, 타인에게 거짓말하거나 속이지 말라.' '만일 타인이 당신에게 헌신하기를 원한다면 그들에게 헌신하라.' '너 자신처럼 너의 이웃을 사랑하라.' 등 자기규제나 자기규율 더 나아가서는 희생, 사랑, 이타심까지 강조한다.

5. 직업윤리의 특성

1) 직업의 개념 및 전문직업의 특성

인간은 누구나 일을 하면서 살아가고 있다. 대개 의식주 해결을 일의 목적으로 생각하지만, 심리학자 아브라함 매슬로(A. Maslow)에 의하면 인간은 일, 곧 직업을 통해서 자신의 심오한 욕구를 성취한다고 한다. 직업(職業)은 부여받은 직위 혹은 직분을 뜻하는 '직(職)'과 스스로가 만든 축적된 성과 혹은 생업을 뜻하는 '업(業)'이 결합된 말로, 맡은 일을 계속 수행해 가는 과정의 의미를 내포하고 있다. 직업(occupation)이란 용어는 보통 직장에 소속된 것과 관계없이 일반적인 종류의 직무들, 즉 사람들이 함축된 노동활동에 종사하는 것을 말한다.

직업의 의미는 몇 가지로 정리할 수 있다(대학윤리교재편찬위원회, 1995). 우선 직업활동은 경제적 보상을 받기 위한 것으로 보상의 내용이나 형식은 그 대상이나 목적의식에 따라 달라질 수 있다. 또 직업은 사회적으로 효용성을 인정받을 수 있는 것으로 계속적인 수행의 의미를 내포하고 있다. 아무리 훌륭한 일이라 할지라도 사회적 법규와 규범에 어긋나는 일들은 직업으로서의 사회적 효용성을 인정받을 수 없다. 직업적 의미 속에는 사회적 효용성과 더불어 계속적 수행의 원리가 보장되어야 하며 자신의 의사로 결정할 수 있는 자유의사가 존중되어야 한다. 따라서 법률적 제재 또는 강제적 명령에 의하여 본인의 의사와는 무관하게 일하는 강제노동은 직업으로 볼 수 없다.

직업의 개념은 크게 두 가지로 구분할 수 있다. 첫째, 생계유지를 위하여 일을 하고 그 대가로 얻을 수 있는 보수를 목표로 하는 경제활동으로서의 직업이다(김영주, 장의순, 배영기, 1992). 직업은 생계를 유지하기 위해서 반드시 필요한 삶의 필수조건으로서, 자신의 능력을 최대한 발휘하여 생산력을 향상시킬 수 있는 고부가가치와 자유경쟁을 추구하는 시장경제체제를 필요로 한다. 따라서 고학력자와 저학력자, 관리직과 기능직, 숙련공과 단순노동자, 경력직과 신입직 사이에는 임금의 격차가 있을 수밖에 없다. 경제활동으로서의 직업활동은 생산성을 높이고 기업경영 성과를 향상시키려는 의도의 산물이다. 그러므로 이와 같은 직업의 경제활동 비중을 강조하다 보면 인간은 소외감을 느끼고 수동적으로 일하며 직장동료들과의 공동체적인 친밀감을 형성하지 못하는 등 부정적인 결과를 초래할 수 있다.

둘째, 자아실현의 계기로서의 직업이다. 경제적 수입이나 기대가치가 높지 않거나 다소 위험요소가 있다 할지라도, 자신의 능력을 발휘할 수 있는 수단으로 직업을 택하는 경우가 이에 해당한다. 이러한 의미의 직업을 선택하도록 만드는 내적 요인으로는 외부적 강압에 의하지 않은 자발적이고 능동적인 선택에서 찾을 수 있는 즐거움, 보람, 칭찬, 자신의 직업활동이 사회 발전에 기여한다는 보람과 자부심 등이 있다.

직업 가운데는 특수한 분야로서의 전문직이 있다. 전문직은 일반직과 대비되는 개념으로, 사회적으로 공인되는 어떤 특정한 직업 범주를 나타내는 말이다. 전문직 종사자는 장기간의 체계화된 교육훈련과정을 통하여 고도의 전문지식을 습득해야 한다. 전문직은 전문화된 교육을 통해 국가에서 공인한 일정한 자격 또는 면허를 획득함으로써 전문적 지식과 기술을 사용할 수 있는 직업이라고 정의할 수 있다(한국국민윤리학회, 1998).

일반적으로 전문직(profession)은 전문적 지식을 사용하는 직업을 의미하며, '종교적인 서약을 하다.' 라는 의미의 영어 단어 'profess' 에서 유래된 것이다. 'profess' 의 어원은 라틴어의 'profettus' 이며 '공포하다, 신앙을 고백하다, 주장하다' 등의 의미다. 그러나 전문직의 범위를 정하는 것은 결코 쉬운 일이 아니다. 이전에는 주로 의사, 변호사, 성직자까지로 한정하던 것이 오늘날에는 의료인(의사, 약사, 간호사), 경제인(공인회계사, 변호사, 감리사, 세무사), 교사, 교수 및 각종 기술자, 화가, 작가, 언론인 등 특정한 전문적 지식을 널리 인정받고 명성과 사회적 지위 수준이 높은 직업인들까지로 그 범위가 확대되고 있다. 대부분의 전문직 종사자는 기술을 널리 인정받고 사회적 지위 수준이 높은 훈련된 사람들로 매우 높은 생활수준을 영위하며 헌신과 능력을 지닌 자들로 평가된다(한국국민윤리학회, 1998).

선진국일수록 과거의 직업이 사라지고 새로운 직업들이 생겨났으며, 특히 정보통신 관련 업종들이 신종직업으로 출현하는 것은 세계적 현상이다. 전문직종은 제3차 산업에 속하는 서비스의 제공이나 아이디어, 기술력 등 고객의 요구에 부응할 수 있어야 하는 특성을 지니고 있다. 전문직은 역사적으로나 사회적으로 시대적 상황에 따라 변할 수 있는 개념적 특성을 지닌다. 전문분야로 명확화된 학문의 이론적 체계를 이해하고 이에 따른 능력을 기초로 행하는 직업이기 때문에 전문직종을 판단하는 기준 자체부터 다르다. 전문직종의 특성에 따라 사회로부터 존경의 대상이 되고 직업상의 권위를 누릴 수 있는 자율성이 보장된다. 자율성은 문제 해결의 과정 속에서 의사결정의 자율성을 의미하며, 자율성이 보장되는 만큼 책임성도 비례하게 된다. 전문직은 다른 분야로부터의 침투를 허용하지 않으려는 독자적인 영역과 전문적 정체성을 확보하기 위해 노력한다. 이러한 전문직은 몇 가지 공통적인 특성을 갖는다.

첫째, 전문직은 2차 산업의 직접적인 생산이나 판매보다는 3차 산업인 서비스나 아이디어를 고객에게 제공함으로써 지적 욕구를 채워 주는 영역이다. 그러므로 전문적 지식과 기술을 사용하는 직업이라 할지라도 제조업은 전문직이라 할 수 없다.

둘째, 그 직업을 수행하기 위해서 고도의 지식과 특정분야의 전문적 기술을 가져야 한다. 이러한 지식과 기술은 장기간에 걸쳐 교육훈련을 통해 습득한 것으로, 사회적으로 직업활동의 자격이 공인되어야 하며 경험이나 훈련만으로 습득한 지식이나 기술과는 구별된다.

셋째, 전문직의 성격을 유지하고 직업활동을 신장하고 보호하기 위한 전문조직이나 동업조항을 가지고 있다. 가령 의사협회, 약사협회, 변호사협회 및 공인회계사협회 등 단체결성의 잠재력과 직업활동을 자율적으로 규제하는 규범과 규정을 제정하여 시행하고 있다.

넷째, 전문직 종사자가 가지는 전문지식으로 말미암아 일반직 종사자에 비해 직업 활동에서 상당한 의사결정의 자율성을 누린다. 직업활동 그 자체가 독립적임에 따라 책임과 고유권한을 인정하기 때문에, 회사나 단체에 소속되어도 독립적인 의사결정을 선택할 수 있는 여건이 마련된다.

다섯째, 일반인들이 접근하기 어려운 높은 수준의 전문지식을 토대로 사회로부터 존경의 대상이 되며 고객에 대한 권위를 갖게 된다.

이형득(1988)은 전문직을 구분하는 준거를 다음과 같이 제시하고 있다. ① 쉽사리 전직하기 힘든 생업의 성격을 띠고 있다. ② 개인적 이득보다는 공중과 사회에 대한 봉사를 강조한다. ③ 고도로 발달된 철학적 및 과학적 지식과 기술에 의존한다. ④ 장기간의 전문교육과 훈련을 필요로 하는 높은 자격기준을 가지고 있다. ⑤ 강력하고 친밀한 조직체를 가지고 있다. ⑥ 업무와 행동을 지배하는 윤리강령을 실천한다.

2) 전문직업윤리의 중요성

직업의 윤리를 논함에 있어 [그림 1-4]와 같이 두 가지 측면을 고려할 수 있다.

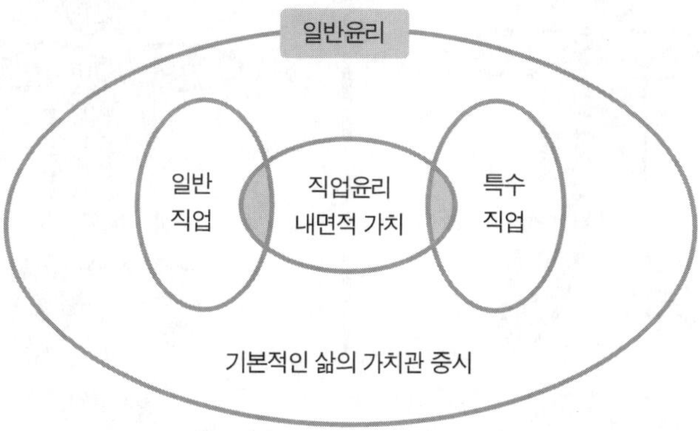

[그림 1-4] 직업윤리의 두 가지 측면

하나는 모든 직업에 공통되는 윤리인 '직업일반의 윤리' 이고, 다른 하나는 여러 다양한 직업에 있어서 각각 요구되는 '특수직업의 윤리' 이다. 모든 직업은 나름대로의 특수한 직업윤리를 갖는다고 볼 수 있으나, 직업일반의 윤리는 다음의 두 가지 점에서 특수직업의 윤리와 구별된다. 첫째, 특수직업의 윤리가 어떤 특정한 직업에서만 요구되는 규범을 문제시하는 데 반하여, 직업일반의 윤리는 직업에 대한 사람들의 보다 기본적인 태도와 마음가짐을 다룬다. 둘째, 특수직업의 윤리가 직업생활에서 보통 외적인 규제력으로 나타나는 데 반해서, 직업일반의 윤리는 주로 내면적인 가치체계로서 존재한다.

[그림 1-5]에서와 같이 직업의 본래 기능적 의미를 통합하느냐 혹은 분리하느냐에 따라 직업윤리의식이 달라진다. 그러므로 가능한 통합된 모습, 즉 자아실현을 위해 분리된 삶이 아니라 삶 속에 직업의식이 있고 직업 속에 자연스러운 인간적 가치관이 일치되는 모습을 보여 주는 일이 중요하다.

직업이 생업으로서의 측면과 사회적 역할의 분담 및 자아실현이라는 측면을 동시에 지니고 있고 직업의 본래 기능이 앞선 세 가지 요소를 균형 있게 충족시킨다고 가정하자. 이때, 이 문제를 해결하기 위해서는 어떤 규칙들이 필요한데 그것이 바로 직업윤리다. 직업윤리는 직업행위가 갖는 긍정적인 가치

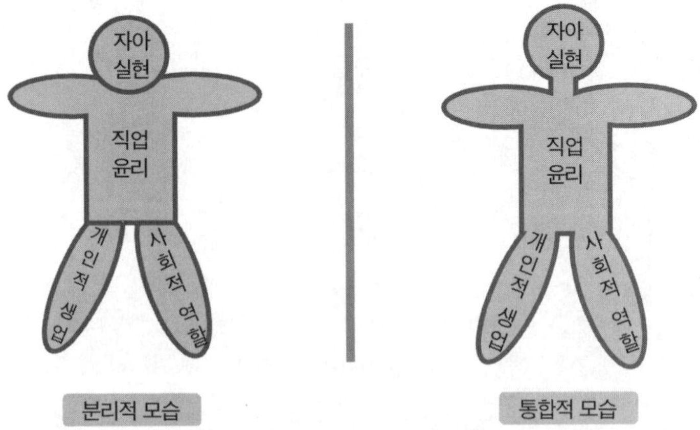

[그림 1-5] 직업의 본래 기능

가 사회적 공인을 얻었을 때, 모든 직업인이 지킬 의무가 있는 사회적 요청으로 형성된다.

상담윤리의 경우, 지금까지는 상담과정에서 윤리적 판단에 관한 갈등이 일어날 경우 주로 내담자 보호를 주장해 왔다. 상담자에게 '자율성'이 없다면 비록 상담자가 내담자에게 악행을 저지른다 해도 상담자는 윤리적 갈등을 전혀 경험하지 않을 것이며 나아가 자기 목소리를 낼 수 없을 것이다.

자율성은 '자기주권(sovereignty over self)', '자기규제(self-governance)', '자기결정(self-determination)' 등을 의미한다. 여기서 말하는 자기주권은 사신의 의사결정과정에서 자기만이 가질 수 있는 궁극적인 권위를 말한다. 'sovereignty'는 그 권위를 가진 사람을 말하기도 하지만 그 어원은 라틴어 'superanus(우월)'로, 프랑스에서는 'souveraineté(최고 권력)'라는 정치철학의 발전된 개념으로 사용되었다. 자기규제 역시 규칙이나 규정에 의하여 일정한 한도를 정하거나 일정 한도를 넘지 못하게 막는 것인데 외부적인 통제와 규제가 아닌 자기 스스로에 대한 것이 우선시된다. 전문직의 독점과 전문지식 그리고 기술로 요약되는 전문직 특성의 핵심 요소인 자율성은, 외부의 어떤 권위나 제재 등에 통제를 받지 않고 자기결정을 통해 생각하고 행동하는 특성을 지칭하는 개념이다. 다시 말해, 자신의 행위를 지배하는 원리, 규범, 규칙을 자신 스스로 선택하여 행할 수 있는 능력이다. 외부의 통제를 받지 않고 자기 스스로 통제해 나갈 수 있는 전문직 집단의 자기규칙은 전문직이 자율성을 발휘할 수 있는 내적인 조건이 갖추어져 있기 때문에 가능하다. 자기결정은 취해야 할 태도나 방향 등을 정하는 것으로 자신에 대한 주권, 규제, 결정을 통합적으로 갖고 있어야만 윤리적 상황판단에 대처할 수 있는 객관적인 기준을 설정할 수 있다.

특히, 자율성이 성립되기 위해서는 두 가지 조건이 충족되어야 하는데 그것은 외적 강제로부터의 독립성을 뜻하는 '자유(liberty)'와 의도적 행위를 할 수 있음을 뜻하는 '행위능력(agency)'이다. 행위능력은 '의도성(intention)'과 '이해력(understanding)'을 포함한다. 어떤 의도를 내포하고 있고, 자신의 행위와 그 결과를 충분히 이해하고 있으며, 자신의 행위를 결정하는 데에 외부적 강제가 없을 때 그 행위는 자율적인 행위라고 할 수 있다.

상담행위에 있어서 상담자는 자율적 결정권을 지녔는지, 상담활동이 기준을 충족했는지를 의미하는 전문상담자로서의 자율성과 단순한 개인으로서의 상담자의 자율성을 구분해야 한다. 물론 상담자 개인이 자율성을 지닌다면 당연히 상담전문직 역시 자율성을 지닐 것이다. 반면에 전문상담자로서의 자율성을 지닌다고 해서 개인으로서의 자율성을 지니는 것은 아니다. 상담자가 상담의 목적 내지 가치를 스스로 마련하고, 이 목적 내지 가치에 비추어 상담활동을 스스로 선택하며, 그 활동을 아무런 강제 없이 스스로 행할 때 비로소 자율적이라고 할 수 있다.

상담자가 하나의 전문직으로 기능하기 위한 필수조건은 자율성이기 때문에 일반적으로 하나의 직업이 전문직이 되기 위해서는 [그림 1-6]과 같이 세 가지 조건이 충족되어야 한다. 이는 각개의 능력이 아닌 통합적 능력을 발휘함으로써 전문직으로서의 가치를 높일 수 있다는 의미다.

첫째, 전문직은 해당 생산 혹은 서비스 활동을 하는 데 있어서 '최고의 능력(maximal competence)' 또는 전문지식(expertise)을 가져야 한다.

둘째, 전문직은 사회가 인정하는 '중요한 가치(significant value)' 를 지닌 일과 관련되어 있어야 한다.

셋째, 전문직은 자기 일에 있어서 고도의 '자율성' 을 지녀야 한다. 이 세 요소

[그림 1-6] 상담전문직의 조건

로 인해 전문직에게는 언제나 수준 높은 윤리가 요구되고 있다. 전문직은 사회적으로 가치 있다고 여겨지는 윤리적 행위를 자발적으로 수행하지 않을 때 그 가치가 훼손당하게 된다. 전문직은 다른 사람이 갖지 않은 전문능력을 보유하고 그 분야에 대해서 거의 독점적 지위를 지니고 있으며 사회로부터 독점권(monopoly)을 인정받기 때문에 해당 전문직 종사자가 윤리적 행위를 하지 않을 경우 어느 누구도 그 행위를 제재할 수 없다. 따라서 전문직은 외적 강요에 의해서 자기 분야의 일을 하는 것이 아니라, 자율적으로 행하기 때문에 그에 따르는 윤리적 책임을 져야 한다.

전문직은 사회 기능에서 없어서는 안 될 중요한 직업적 의미와 특성을 지니고 있다. 자율성이 보장되는 이상으로 책임감이 부과되지만, 한편으로는 윤리적 가치판단 기준이 없으면 어떠한 결과를 초래할 것인지 누구도 예측할 수 없다. 이 때문에 전문직 종사자들의 조직이나 협회 차원에서, 이들에 대한 윤리적 규제를 강화하기 위한 윤리강령을 수립하여 자율적 규제를 높여 가는 경우가 많다. 이는 법률적 제재를 가하기보다 자율적 통제방법을 동원함으로써 회원의 권익을 보호하고 비윤리적 행위를 초기에 근절하는 윤리의식을 강화하기 위함이다. 전문직 종사자들의 조직은 자율성을 보장하는 대신 윤리강령에 따라 그 구성원의 업무수행능력을 감시하고 잘못을 범한 구성원에게 징계를 가하는 자율적 규제가 있어야 한다.

만일 자율적 규제가 효과적으로 이루어지지 못하면 전문직을 악용한 비행이나 비윤리적 행위가 발생됨에 따라 공신력과 위신이 손상될 수 있다. 그러므로 전문직으로서의 윤리에 관한 논의는 필수적이다. 전문직업윤리는 전문적 가치를 실천적 행동으로 전환할 수 있도록 돕는 지침으로, 사회윤리와 동일하지는 않지만 서로 밀접하게 관련되어 있다. 이것은 마치 전문가의 가치가 사회의 가치에서 도출되기는 하지만 본질적으로는 동일하지 않은 것과 같다. 이와 같은 차이는 사회윤리와 전문직업윤리 모두 평등의 원리를 강조하지만, 전문직업윤리는 다른 사람의 이익보다 고객의 이익에 우선순위를 두기 때문이다.

3) 전문직업윤리강령의 역할

전문직 종사자의 권익과 함께 내담자를 보호하기 위해서는 무엇보다도 인간의 존엄성을 지키기 위한 윤리강령이 필요하며, 윤리강령 항목에는 전문직으로서의 전문성 확보와 업무상의 윤리적 판단기준이 마련되어 있어야 한다. 윤리강령은 표면적으로는 문서화된 지침이기 때문에 종사자 스스로 이를 자신의 것으로 받아들이고 행동하기 위해서는 윤리강령에 대한 올바른 이해가 필요하다. 전문직의 직업적 책임성과 윤리적 의식의 중요성은, 전문직에 의해 제공되는 개인의 건강과 사회복지에 직접적이고 핵심적인 영향을 줄 수 있다. 그러므로 자체적으로 윤리강령을 제정하여 회원들로 하여금 준수하도록 권장함으로써 전문성 확보에 보다 많은 노력을 기울일 필요가 있다(최원호, 1999).

윤리강령은 전문직의 의무와 책임을 정리한 일련의 행동규칙 형태로 만들어졌으므로 구체적인 상황에 어떻게 대처하고 행동해야 할 것인가에 대한 세부적인 공통사항이 마련되어야 한다. 윤리강령은 윤리적 문제를 체계적으로 탐구할 수 있는 출발점을 제공하고 해당 업종의 모든 분야에 보편적으로 적용할 수 있다. 윤리강령은 그 직업의 본질, 봉사대상에 대한 임무와 업무수행방식, 개인적 이익 배제, 전문직으로서의 자기개발, 품위유지, 상호협력 등에 대한 내용을 단순명료하게 기술하고 있으며 해당 직종의 전문직 종사자뿐만 아니라 일반인들을 위해서도 중요하다.

윤리강령 채택의 중요한 목적은 대중 보호를 위한 것이다. 즉, 전문직이 수행하는 업무는 매우 중요해서 잘못된 방식으로 수행하면 고객과 사회 전반에 걸쳐 심각한 문제를 불러일으킬 수 있기 때문에 잘못된 수행을 방지하고 보호하기 위함이다. 윤리강령은 전문직 종사자의 일관적이고 윤리적인 행동기반이 되고, 그 직업 내에서 옳고 그름을 판단할 수 있는 직접적인 판단기준이며, 비윤리적인 요구를 거절할 수 있는 방법으로 작용한다. 이 때문에 각종 전문직종 단체에서는 협회의 성격에 맞는 '윤리선언 및 강령'을 제정 · 공포하여 전문직을 수행하는 과정에서 발생될 논란을 최소화하는 노력을 기울이고 있다. 이것은 사회적으로 신뢰도를 높이기 위해서 직업윤리를 확립하고 윤리규정의 준수를 효과적으로 감독할 수 있어야 한다는 인식에서 나온 것이다.

또한 윤리강령에서는 몇 가지 의무에 대해서도 언급하고 있는데, 이에 따르면 전문직 종사자는 직무를 행함에 있어서 진실을 은폐하거나 허위의 진술을 해서는 안 되며, 직무상 알게 된 비밀을 누설하여서도 안 된다. 또한 공정하고 성실하게 직무를 행하여야 하며 책임 있게 업무를 처리하고 부정한 금품이나 부당한 이익을 얻어서는 안 된다.

전문가 윤리강령의 기본적 내용은 3가지로 구성되어 있다. 첫째, 전문가로서의 직종별 전문직의 개념, 행동특성, 품위와 자질, 전문가의 역할, 업무에 대한 책임 등을 포함하고 있다. 높은 윤리의식 유지, 미세한 오류에 대한 관심, 내담자의 존엄성과 복리증진, 권리존중 등을 구체적으로 언급하고 있다. 둘째, 내담자에 대한 의무로서 대상자에 대한 개념, 자기결정권, 가치, 사생활과 비밀보장 등을 다루고 있다. 셋째, 동료 및 기관과의 관계로서 동료나 기관의 비윤리적 행위에 대한 대처, 유관기관과의 관계, 전문단체의 발전 등을 포함하고 있다.

전문직종별로 윤리강령의 형식과 내용을 점차적으로 수정 · 보완하여 변화를 시도한다. 상담 관련 윤리강령의 경우 내담자의 권익 보호를 위한 방향으로 개정되고 있으며 시대적 흐름의 변화에 따라 개정사항들이 반영되고 있다. 특히 최근에는 전문직종뿐만 아니라 일반기업에서도 기업윤리헌장이나 윤리강령을 제정하여 기업구성원들의 행동에 대한 방향을 제시하고 있다(한국경제연구원, 1996). 기업윤리강령은 기업의 기본 운영방침을 요약하고 기업윤리를 실천하기 위해서 작성된 구체적 행동지침으로, 조직구성원들이 어떤 문제에 직면할 때 비윤리적인 행동을 피하게 하는 일종의 실정법 역할을 한다. 기업윤리강령은 전문직종의 윤리강령과 비교할 때 훨씬 구체적이고 실질적인 내용들로 구성되어 있는 경우가 많고 대개는 조직내부지침, 고객지침, 공급자지침, 경쟁관계지침, 사회적 책임 등으로 구성되어 있다(한국경영학회, 1992).

물론 전문직의 윤리강령이나 규정을 제정함에 있어 전문직종에 적합한 내용들로 구성되어 있다 하더라도 실효성의 문제가 제기될 경우에는 무용지물에 불과하다. 이 문제는 공통적으로 겪게 되는 윤리적 딜레마라고 할 수 있다. 그러므로 전문직종에서 발생할 수 있는 모든 윤리적 문제를 구체적으로 언급한다고 하여도 규제와 통제를 위한 율법적 의미에는 오히려 실효성의 문제가 제기된다. 그렇다면 실효성의 문제를 해결하기 위해서 강력한 행정제제나 처벌조항 등을 삽입할 경우에 현행 법률과 상충되는지를 고려해야 한다. 자율성을 최대한 보장해 주는 범위 내에서, 형식적인 윤리강령으로는 당초 윤리강령 도입의 목적을 성취할 수 없다. 이를 위해서는 당초 강령이나 규정의 내용을 강제할 수 있는 자체 규제수단이나 징계방법 등을 구체적으로 언급하고, 규정 강화의 필요성을 강조해야 한다. 또한 단순한 개인 생활에 대한 반성적 의미의 윤리강령은 오히려 전문직 종사자의 윤리적 의식을 퇴색시킬 뿐만 아니라, 자율성이 아닌 무책임성을 유발할 수 있음을 간과해서는 안 된다.

제2장 상담윤리의 의의와 성격

1. 상담윤리의 개념과 목적 2. 상담윤리의 필요성 3. 상담의 윤리적 가치 4. 상담윤리의식 형성과 윤리적 갈등 5. 상담자의 윤리적 문제와 의사결정 6. 상담윤리강령의 내용구성

제2장

상담윤리의 의의와 성격

1. 상담윤리의 개념과 목적

상담윤리는 상담자들이 상담수행과정에서 '선'을 행하고 '악'을 피할 수 있도록 도와주는 안내자의 역할을 하며 구체적인 지침을 상세히 규정하여 상담자에게 무엇이 필요한 행동이며, 어떠한 행동을 하지 말아야 할 것인가를 말해 준다.

개별 행위자 입장에서 특정한 경험에 기초하여 가치를 인식하기보다는 경험 이전에 분명한 가치를 습득하고 수용하도록 하여 바람직하지 않은 경험 자체를 억제하고 근본적인 생각의 변화를 시도하는 것이다.

상담의 비윤리적 행위를 차단하기 위해서는 선한 목적을 달성할 수 있는 도덕적 수단이 존재하고 있어야 한다. 그러나 우리의 경우 실제적인 삶의 과정에서 활용할 수 있는 도덕적 수단이 적을 뿐만 아니라 추상적이고 구체성이 결여되어 있다는 점에서 규범적인 원칙으로 제시할 수는 있지만 구체적인 행동을 위한 선택의 준거로서 활용하기에는 현실적인 어려움이 있다.

'상담'을 통해 얻게 되는 '윤리적 물음'의 현실적인 개념을 정리하면 다음과 같다.

첫째, 상담이 무엇인지 해답을 찾기 위한 과정이다. 이는 상담자가 내담자의 요구에 응하기 위한 탐구 활동으로 핵심적인 요소는 상담자의 책임성과 윤리의식이다. 내담자의 문제 해결을 위해 책임성을 강조하는 것은 상담자의 윤리적 의무이며, 이때 윤리개념에서 탐구와 성찰의 과정은 도덕과 윤리를 구별하는 것이다. 도덕이 기존의 도덕사상을 그대로 피교육자에게 전수하는 것에 목적이 있다면, 윤리는 본질적으로 자기 자신의 내면을 살피고 반성하여 스스로 문제해결에 대한 해답을 찾는 자기성찰(Self-examination)의 과정이다.

둘째, 상담자의 책임성과 윤리의식이라는 두 가지 요소는 대립된 상황에서 서로 다른 가치 간에 질서를 부여하고 무엇이 중요한 가치인가를 구별해 준다. 이는 상담목표와 사회적 가치를 바탕으로 윤리결정기준과 올바른 행동지침을 제공하여 상담자가 전문상담자로서 책임 있는 행동을 하고 윤리적으로 올바른지 검토방법을 제시하는 과정이다.

셋째, 정직성과 책임성이다. 정직성은 마음에 거짓이나 꾸밈이 없이 바르고 곧은 특성을 의미하여 상담과정에서 상담자의 이익을 위해 내담자를 이용하지 않도록 상담자가 지녀야 할 윤리적 덕목과 도덕성, 미덕과 같은 개인적 인격 형성의 우수성이다. 책임성은 상담자가 어떤 결정을 하거나 재량권을 행사할 때 길잡이가 될 수 있는 도덕적 지침을 말하는 것으로, 상담자는 상담과정에 대하여 책임을 져야 할 위치에 있다.

넷째, 행위규범의 기준설정 사고와 성찰을 통한 판단능력은 상담자로 하여금 신뢰를 얻도록 하는 자체적인 통제장치로, 도덕과 행동에 대해 체계적으로 생각하고 옳고 그름을 판단하는 능력이다. 상담윤리의 행위주체는 상담자이고, 상담자가 행동하는 환경은 내담자 중심이다. 그러므로 상담과정에서 발생할 수

표 2-1 _ 상담윤리와 개인윤리의 차이

상담윤리	기준	개인윤리
상담자-내담자	대상	개인-개인
친분관계 없음	대상	친분관계 형성
상담자의 책임성	관계형성	개인의 책임성
상담자 윤리의식 향상	목적	개인의 윤리의식 향상
전문가로서의 의견, 내담자에 대한 영향	의미-의사결정	개인의 가치관에 불과
상담자가 지켜야 할 유리	가치관 형성	개인이 지킬 윤리
상담자	가치판단	개인

있는 윤리적 문제의 핵심은 상담자의 바람직한 덕목과 의사결정의 지침이 되는 가치기준의 설정이다. 보다 구체적으로 이것은 상담윤리와 개인윤리 간의 차이점인 동시에 상담자의 바람직한 덕목과 의사결정의 지침이 되는 가치가 무엇이냐를 규명하는 것이다.

저자는 〈표 2-1〉에서 상담윤리와 개인윤리의 차이점에 대해 요약하였다. 상담윤리는 서로 친분관계가 없는 상담자와 내담자 사이에서 이루어지는 상담에 필요한 기준을 마련할 목적으로 생겼으며, 상담자로 하여금 책임성을 확보하여 보다 전문가다운 의사결정을 할 수 있도록 만든다(Thomson, 1999). 개인윤리는 상담이라는 전문직업적 특성을 벗어나 개인 대 개인의 친분관계에서 형성된 것으로, 사람들이 대인관계에서 보다 도덕적인 존재로 거듭나는 데 목적이 있다. 따라서 특정행위가 개인윤리의 관점에서는 문제가 되더라도 상담윤리적 관점에서는 문제가 되지 않는 경우가 있고 때에 따라 개인윤리보다 더 엄격한 객관성을 요구할 때도 있다.

따라서 개인윤리와는 별개로 상담자가 갖추어야 할 바람직한 덕목이 요구되며 상담과정에서 내담자의 의사결정 가치문제에 대한 연구를 활성화할 필요가 있다. 상담자의 가치관 형성은 내담자의 태도나 인간 이해에 영향을 미치므로

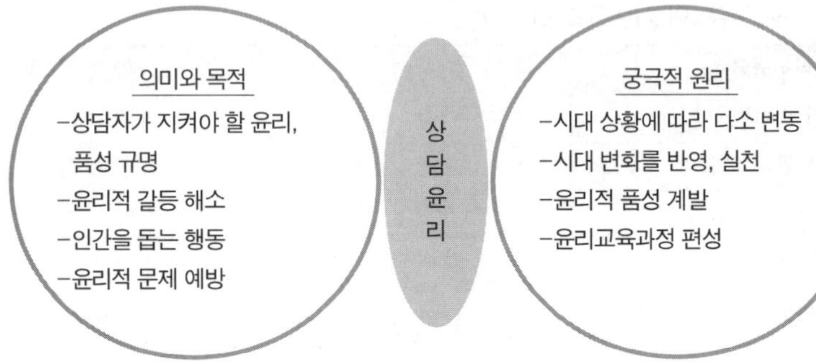

[그림 2-1] 상담윤리의 목적과 윤리

상담이 추구해야 하는 가치관은 상담이론의 접근방법에 따라 다양하다. 상담자는 내담자와의 만남을 통하여 내담자의 문제를 해결해 줄 수 있는 실마리를 찾으려 하며, 이러한 과정 속에서 상담자의 가치판단과 양심의 기준에 따라 다양한 형태의 접근방법을 제기할 수 있다. 따라서 상담자가 내담자로 하여금 건전한 윤리의식이 형성될 수 있도록 도덕적 삶의 실천을 요구하는 것은 개인적인 차원을 떠나 사회적인 문제일 수 있다. 이는, 상담자가 내담자를 적극적으로 이해할 수 있는 기회인 동시에 사회정의를 실현하는 계기도 된다.

상담윤리의 의미와 목적은 상담자가 지켜야 할 윤리와 상담자가 함양해야 할 품성을 규명하는 데 있다. 상담자는 다양한 종류의 윤리적 갈등에 직면할 수 있기 때문에, 상담자가 경험하는 윤리적 갈등과 구체적으로 제기될 수 있는 문제점을 살펴볼 필요가 있다. 상담의 본질에 대한 관점은 학자와 그 시대적 환경에 따라 차이를 보여 왔다. 오성춘(1984)은 상담의 본질을 '대인관계의 문제를 가진 사람을 돕는 활동과 대인관계과정'으로 규정짓는다. 즉, 상담은 근본적으로 인간을 돕는 활동이며 관계라는 것이다. 이러한 맥락에서 상담윤리는 대인관계에서 발생하는 윤리적 갈등뿐만 아니라 내담자를 돕는 과정에서 발생할 수 있는 윤리적 문제를 사전에 막기 위한 목적을 지닌다.

사회문화의 시대적 변화에 따라 상담현장에서 적용해야 할 윤리요소나 윤리규칙은 변할 수밖에 없다. 시대적 변화를 고려하지 않는 윤리교육은 이론적 지식에 불과할 뿐 실천으로 옮기기 어렵다. 따라서 상담자의 윤리의식 함양과 윤리적 품성 계발을 위해 다양한 교육 프로그램 개발이 필요하다. 다시 말해 상담윤리 전체를 설명할 수 있는 이론을 제시하고 상담의 윤리적 갈등을 해결해 줄 수 있는 윤리교육과정을 편성해야 한다.

사람들이 왜 비도덕적으로 행동하는가에 대한 답변은 지금까지 다양한 관점과 수준으로 설명되어 왔으나 대개 두 가지 방식으로 요약된다. 하나는 행위자가 자신의 목적을 실현하기 위한 적절한 수단을 모르는 경우이고, 다른 하나는 행위자가 스스로 요구하는 것 자체가 어떤 것인지를 모르는 경우다(Hampton, 1990). 먼저, 자신의 행위가 도덕적으로 나쁘다는 것을 알면서도 무관심 때문에 비도덕적 행위를 저지르는 경우를 '도덕적 무관심'이라 한다. 행위자는 자신의 행동에 양심의 가책을 느끼지 않기 때문에 사악한 행위자와 비슷하지만 도덕적으로는 나약한 행위자와 유사하여 자신이 행하는 것이 나쁘다는 것은 알고 있다. 그러므로 비도덕적인 행위에 대한 무관심뿐만 아니라, 어떤 목적을 달성하기 위하여 스스로 나쁘다고 여기는 것을 행하는 경우가 가능하다. 비도덕적 행위들이 단순히 일회적이거나 우연한 것이 아니라 지속적이고 점차 다양화된다면, 비도덕적 행위에 대한 상담윤리 연구는 도덕성에 대한 연구만큼이나 중요한 영역이 되어야 한다. 그럼에도 불구하고 "도덕적 악의 본질에 대한 것보다 도덕적 선의 본질에 대한 것이 훨씬 많이 쓰여 온 것이 이상하다."라는 마일로(Milo, 1984)의 지적처럼 비도덕적 행위에 대한 연구는 극히 부족한 실정이다.

2. 상담윤리의 필요성

상담자는 상담과정에서 알게 된 내담자의 개인정보를 어떻게 취급할 것인지, 내담자와의 관계 속에서 어떻게 행동하는 것이 상담자의 역할을 성실히 수행하며 사회봉사자로서 공헌하는 것인지 고민하게 된다. 특히 상담을 통한 대인관계 속에서 윤리적 행동의 기준은 필수적으로 거론될 수밖에 없다. 개인은 일상 속에서 새로운 가치를 추구하며 끊임없이 어떤 행위를 하게 되는데, 예를 들어 타인과의 관계에서도 하지 말아야 할 것이 있는가 하면, 반드시 해야 할 것도 있다. 이와 같이 인간의 행위에 제약을 가하거나 의무를 부여하는 것이 바로 윤리적 규범이다. 상담에 대한 직업적 관심이 커지면서, 상담을 전공하려는 지원자도 함께 늘어난 추세에 따라 점점 상담윤리의 중요성이 대두되고 있다.

상담자는 협회에서 일정한 자격기준으로 정한 전문훈련과정을 이수해야 할 뿐만 아니라, 윤리적 책임을 다할 수 있도록 역할 수행에 필요한 재교육을 받아야 한다. 상담윤리는 상담자와 내담자 사이의 행동지침의 근거가 될 만큼 중요한 비중을 차지하고 있으나, 우리나라는 이 분야에 대한 연구가 미흡한 편이다. 물론 연구가 특정 분야 또는 특정 주제로 편중되는 것은 흔히 볼 수 있는 일이다. 그러나 상담의 궁극적인 발전을 위해서는 상담기관이나 단체에서 보다 세분화된 분야까지 상담윤리에 대한 점차적 연구가 필요한 실정이다(최원호, 1999).

상담자의 능력, 태도, 가치관 그리고 [그림 2-2]와 같이 내담자 문제 해결의 열쇠는 일차적으로 상담자에게 달렸다 해도 과언이 아니다. 내담자와의 친밀감 형성에 따라 내담자의 문제가 해결될 수 있을 정도로 상담자의 역할은 매우 중요하다. 기본적으로 상담자의 인격적 능력과 제도적인 사회분위기 조성이 중요하며 윤리의식 향상은 개인보다 사회적 분위기와 역할에 따라 좌우된다. 교육과정 속에 편성하고 사회적 · 개인적인 책임의식을 부여할 때 훌륭한 상담자를

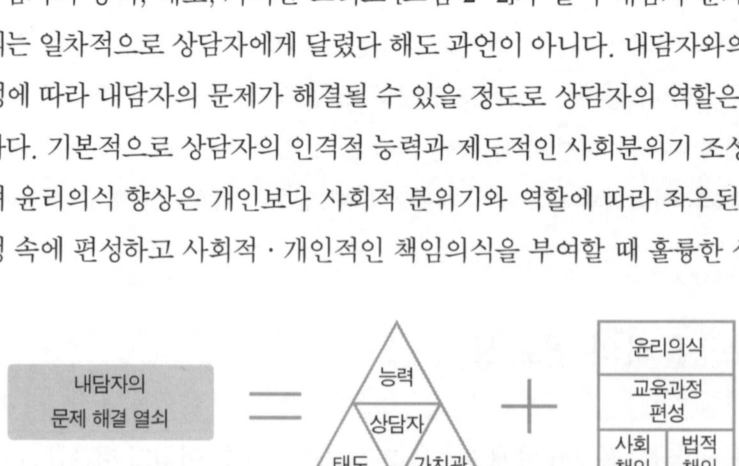

[그림 2-2] 내담자 문제 해결의 열쇠

양성하여 내담자 문제 해결에 실질적인 영향을 미치게 된다. 선진국의 경우 비윤리적 사고를 예방하기 위해 다양한 제도적·법률적 체제를 구축하고 있음에도 불구하고 부정적 사례가 발생되고 있다. 이러한 사실을 고려할 때 근본적으로 해결해야 할 상담자의 미결사항에 많은 관심을 가질 필요가 있다. 상담자 역시 인간이기 때문에 물욕, 명예욕, 본능적 욕구 등 인간적 속성을 제도나 법규만으로 완전히 제어할 수 없다. 상담자의 마음속에 불만과 갈등, 불신의 풍조가 있는 한, 건전한 상담윤리의 정착과 발전적인 성장은 이룩할 수 없다. 기본적인 윤리관이 확립되지 않은 상담자일수록 내담자를 인간적으로 존중하지 않고 명령자로서 권한을 행사하기 쉽다. 상담자의 올바른 행동양식은 내담자와의 상담과정을 수행할 때 결정적인 영향을 미친다. 그러므로 상담자가 갖추어야 할 윤리를 마련하는 것은 무엇보다도 중요하다.

상담자가 내담자의 문제에 대하여 적극적이고 진실한 자세로 창조적 문제 해결능력을 기르는 것이 필요하다. 창조적 문제 해결능력은 내담자가 당면한 문제를 올바로 직시하여 상담자가 효율적으로 대처할 수 있는 힘이며, 내담자를 돕는 과정에서 적합한 이론적 원리와 상담기술을 활용하여 문제 해결의 길잡이가 될 이정표를 발견하는 것을 말한다. 또한 자신의 직업을 이용하여 내담자에게 해를 끼치거나 내담자의 정보를 이용하여 상담자로서 윤리에 어긋나는 행위를 하지 않고 상담자 본연의 직무에 충실하고자 하는 마음가짐이다.

아울러, 상담자는 자기 직무에 대한 소명의식과 높은 사명감을 가져야 하며, 성취감을 느끼는 동시에 자아를 실현할 수 있어야 한다. 이러한 자세를 통해 상담자는 단순한 의무감이나 직업적 책임감 같은 강박관념에서 해방될 수 있다. 내담자의 문제 해결에 대한 대가나 보상을 바라보기보다는 전문상담자로서 보람과 만족을 느낄 때 비윤리적인 사고와 행동들은 사라질 것이다. 상담윤리 문제에서는 어떤 제도적 장치 못지않게 상담자의 윤리의식이 중요하게 적용된다. 다른 전문직종에 비해 상담 자체가 사회 전반에 걸쳐 활성화되어 있으므로 보다 구체적인 상담윤리의 필요성을 다음과 같이 정리할 수 있다.

표 2-2 _ 상담자의 단계별 윤리의식에 따른 효과

단계별 기준		윤리의식 효과	
		긍정	부정
1단계	윤리적 딜레마	관점의 변화, 대처능력 있음	무관심, 대처능력 없음
2단계	상담자 사생활 및 인격 보장	상호 윤리적 판단 근거/행복	내담자에게 비윤리적 욕구/고통
3단계	상담자 의무 이행, 내담자 보호	자신의 능력 판단, 전문가 의뢰	내담자의 사생활 침해, 만능 해결사, 무질서
4단계	상담직무갈등 해소	상담직무와 관련된 명확한 업무범위	- 욕구불만, 불평, 원망 - 직무수행의 역할, 범위 혼란
5단계	상담목적 수행	- 직무능력 향상 - 순수한 내담자 중심 문제 해결 시도	- 직무능력 부족 - 상담과정 고의적 유도
6단계	사회윤리와 도덕적 기대 존중	- 도덕적 가치 존중 - 자아실현 - 사회가치관 향상	- 가치관 파괴 - 자아실현 실패 - 내담자의 이중피해 도래

첫째, 상담과정에서 발생하는 윤리적 딜레마를 이해하고 이에 대처할 수 있는 상담자의 능력을 갖추기 위함이다. 전문가는 딜레마 상황에서 바람직한 윤리적 판단을 내릴 수 있어야 하기 때문이다. 능력의 차이는 특별한 상황에서의 대처능력에 달렸다고 하겠다.

둘째, 최우선적으로 상담자 자신의 사생활과 인격을 보장받을 근거를 제공하기 위함이다. 상담과정에서 내담자의 비윤리적이고 과도한 요구로 인하여 상담자가 고통을 받게 될 경우를 대비하여 판단의 기준을 명확히 해야 한다. 상담과정에서 예상 밖의 문제가 발생했을 때 윤리의식은 현명한 사리판단을 내리게 하기 때문이다.

셋째, 내담자에 대한 상담자의 의무를 명확화하고 이해함으로써 내담자를 보호하기 위함이다. 상담자의 사생활과 인격이 보장되는만큼 내담자에 대한 인격과 사생활 역시 보호받아야 한다. 상담자는 내담자에게 상담을 강요할 수 없으며, 특정 문제를 다룰 수 없을 때에는 다른 전문가에게 의뢰함으로써 내담자의 권리와 인격이 손상받지 않도록 보호하는 것이, 곧 내담자를 위한 일이며 또한 상담자를 위한 일이다.

넷째, 상담과정에서 발생할 수 있는 직무 관련 갈등을 해결하기 위함이다. 지위고하를 막론하고 욕구불만이나 불평, 원망으로 인한 갈등이 내재되어 있을 때 상담자는 불쾌감을 느끼게 된다. 소속 기관장 또는 기타 단체로부터 내담자의 정보공개를 요청받거나 상담자의 입장이 난처해질 수 있는 사건이 발생한 경우 어떤 해결책을 모색할 것인지 상담자로서 직무수행과 관련된 업무의 범위를 분명하게 해 줌으로써 갈등해결에 도움을 줄 수 있다.

다섯째, 상담전문직으로서의 기능과 역할 수행에 따른 목적을 분명히 하기 위함이다. 상담자는 내담자의 권리를 보호하는 것 외에도 전문직 종사자로서 역할을 수행할 수 있도록 최선을 다해야 한다. 또한 상담자는 자기가 바라는 상황을 연출하기 위해서 고의적으로 공개비판을 하거나 자기와 다른 전문직 종사자를 동원해서는 안 되며 자신을 과시하거나 자랑하기 위한 과도한 언행을 삼가야 한다.

여섯째, 상담자의 활동이 사회윤리와 지역사회의 도덕적 기대를 존중할 수 있도록 하기 위함이다. 지역사회의 도덕적 기대를 존중하는 것은 특정 가치관이나 생활방식을 지원하기보다는 잠재적으로 위협적이거나 파괴적인 상황으로부터 불특정 다수의 일반인들을 보호하기 위한 것이다. 경우에 따라서 상담자가 내담자의 반사회적인 의도나 사건을 노출시키지 않고 내담자로 하여금 책임 있는 인간임을 인식시킴으로써 사회에 공헌하게 하는 것도 한 가지 방법이다.

3. 상담의 윤리적 가치

'윤리적 가치'란 무엇인가에 대한 문화적 정의는 다양하다(Pedersen, 1995). 윤리적 가치는 본질, 즉 이성적 존재로서의 인간을 의미하는 실질적인 내용을 가진다는 현상학적인 설명이다. 문화는 윤리적 가치에 저촉될 뿐만 아니라 좀 더 광범위하게 윤리의 기준에도 영향을 미친다.

미국에서 가치교육의 한 방법으로 세계적 관심을 불러일으켰던 '가치명료화'는, 학생들로 하여금 각자의 신상에 관련된 가치문제, 즉 자기가 가장 소중하게 여기는 것이 무엇인가 등을 여러 각도에서 성찰하도록 하는 교육방법이다. 인간의 욕구나 관심의 대상에 가치문제를 지나치게 주관적이고 정의를 내리는 것으로 해석한다는 비판도 있으나, 학생들이 허심탄회하게 수업에 몰두할 수 있다는 장점은 인정받고 있다.

자율론의 퇴조 이후 새롭게 나타난 현상이 '인격교육(character education)운동'이다. 이것을 '운동'이라고 일컫는 이유는, 체계화된 새로운 이론에 의한 변화가 아니라 교육의 실제에서 실천하고 있고 한편에서는 그것을 정당화하며 연관 있는 이론적 문제들을 다루고 있기 때문이다. 이 운동의 취지는 도덕적 인격을 함양하고, 전통적으로 바람직하다고 여겨져 온 도덕적 덕목들을 적극적으로 가르치자는 것이다. 인격의 완성에 주안점을 두는 로크(J. Locke)의 교육관, 중세 유럽의 기사교육, 한국의 선비교육, 영국의 신사교육 등이 이와 유사한 취지를 갖고 있다.

상담자는 전문가로서 내담자를 상담할 때 어떠한 생각을 갖는 것이 바람직하며, 문제를 해결하고자 할 때 어떻게 처리하는 것이 올바른지 판단해야 한다. 여러 가지 가치관을 전제로 하기 때문에 상담자는 판단하기에 앞서 다양한 가치체계에 대한 이해가 필요하고 이를 토대로 바람직한 가치를 선택할 수 있어야 한다. 레비(Levy, 1976)에 따르면, 가치(value)란 사람에 관하여 그리고 사람을

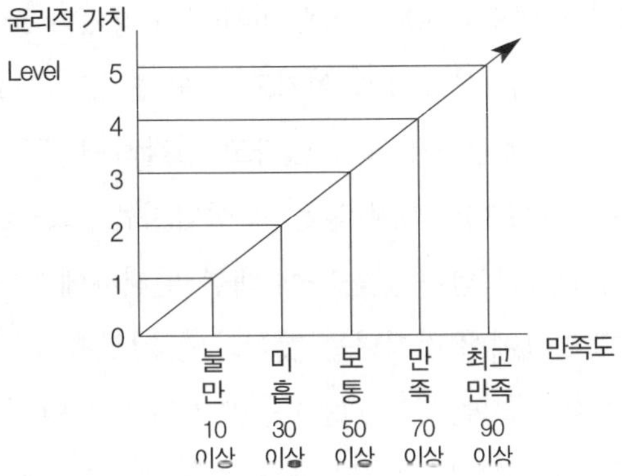

[그림 2-3] 윤리적 가치와 상담 만족도

다루는 적절한 방법에 대하여 전문직 종사자가 갖고 있는 신념이다. 상담자는 이러한 가치에 기초해서 윤리적 결정을 내리거나 직업적 활동을 계획하고 그에 대한 평가를 내려야 하며, 일상적인 활동 전반에 관한 실천의 방향을 마련하여야 한다.

상담자들은 자신의 가치관이 무엇인지, 내담자들이 자신에게 어떤 영향을 받는지, 내담자들에게 어떤 방침을 가져야 할지 명확히 할 필요가 있다. 특히 인간의 삶, 생명, 윤리적 가치, 종교 등에 있어 상담자가 내담자를 대하는 방식은 윤리적인 문제를 일으킬 수 있다(Bergin, 1991). 상담자는 도덕적인 대안을 신중히 고려하고 가장 적절한 방법을 찾아냈을 때 자신의 선택이 옳은지 자문하게 된다. 그 결과가 긍정적이면 상담자는 도덕적 행동에 한 걸음 가까워진 것이며, 부정적이라면 도덕적 행동은 일어나지 않는다. 그러므로 이러한 과정은 상담자의 윤리적 가치관과 이에 저촉되는 가치관이 대립되는 과정이다. [그림 2-3]에서 보는 바와 같이 윤리적 가치관이 높고 발달될수록 내담자의 만족도는 상대적으로 높은 것을 알 수 있다.

윤리적 가치관이 있다면 상담자는 책임 있는 행동을 할 수 있지만, 윤리적인 선택으로도 가장 적절한 판단을 하지 못했을 경우 인지부조화를 경험하게 된다. 즉, 자신의 신념이나 태도와 행동 간에 일관되지 않거나 모순이 존재할 때 이러한 비일관성이나 모순을 불쾌하게 여기고 이를 줄이려고 한다. 또한 이러한 상담자의 태도를 이미 내담자가 알고 있다고 생각하면 행동에 맞게 태도를 바꾸게 된다. 올바른 판단이 내려지지 않을 때 상담자는 스스로 윤리적인 판단을 할 수 있는 능력이 얼마나 남아 있는가에 대한 딜레마에 빠지고 만다. 상담자의 목적이 윤리적 책임감에서 벗어나는 것이라면, 가설을 제시하면서까지 동료의 행동을 재해석하여 받아들이지 않는다. 오히려 자신의 윤리적 책임감을 정당화시켜 도덕적 동기를 떨어뜨리려고 한다. 이렇게 되면 상담자는 동료들과 마주 대하는 것을 피할 뿐만 아니라 여전히 자신을 윤리적인 상담자로 생각하는 자기기만에 빠질 수 있다. 그러나 윤리성을 강조하는 환경에서 일한다면 이러한 위험은 줄어들게 될 것이다.

4. 상담윤리의식 형성과 윤리적 갈등

1) 상담윤리의식 형성

상담자의 윤리의식 형성에는 의식구조의 개혁과 지속적인 교육 강화가 결정적인 영향을 미친다. 상담자의 윤리의식 강화를 위해서는 한 개인의 성격에서부터 구체화되는 행동이 사회적인 가치기준으로 판단되는 시점에서 이를 내면화시키는 작업이 필요하다. 개인적 차원뿐만 아니라 사회문화적 환경조성 또한 강조되어야 한다.

개인의 윤리의식을 강조하는 것은 개인이 윤리적으로 선(善)할 때 사회가 선해질 수 있다는 전제를 바탕으로 하며 사회의 윤리의식은 사회에 축적된 도덕적 경험에 대한 개인의 동화 정도에 달려 있다. 다른 사람들과의 관계에서 도덕가치, 규칙 및 원리들을 일관되게 견지해 나가는 개인의 도덕적 성숙도가 사회의 윤리의식 형성에 영향을 끼치게 된다.

윤리의식의 출발은 분명히 개인적 요소에서 비롯된다. 일차적으로 인간의 도덕성 자체는 개인과의 관계에서 비롯되므로 개인윤리의 필요성은 강조되어야 한다. 그러나 윤리의식에 따른 개인의 행동을 지속적으로 유지할 수 있는 사회적 · 환경적 분위기가 조성되지 않는다면 오히려 윤리의식이 강화된 개인이 그러한 환경 속에 적응하지 못하는 상황이 발생할 수 있다. 따라서 한 개인이 윤리적이라고 해도 사회조직적인 환경이 비윤리적이고 비도덕적이라면 의식개혁은 불가능하다.

상담자의 윤리에서는 이러한 사실을 간과하지 말아야 한다. 상담자에게 법적으로 특별한 권위와 의무, 책임감이 부과되는 것은 아니지만, 상담자의 윤리를 강조하는 것은 물리적 제재방법보다 개인의 양심적 행동과 도덕적으로 수준 높은 행위를 요구하는 전문직업인으로서의 특성을 고려하기 때문이다. 이처럼 상담윤리가 어느 정도 정착된다 하더라도 사회적 가치관과 윤리의식이 사회 전반에 걸쳐 일정 수준에 도달해 있어야만 상담윤리는 지속적으로 유지될 수 있다. 인간은 사회적 존재로서 개인적 욕구 충족까지도 공동생활을 통하여 이루어지는 것이 보통이다(김병진, 김훈기, 1998). 한 개인의 욕구나 도덕성 향상은 그 사람의 행동 여하에만 달려 있는 것이 아니라, 그와 사회적 관계를 맺고 있는 다른 사람들의 행동과도 상호관련이 있다. 사회의 중요한 문제들은 개인의 가치판단에 의해서가 아닌, 그가 속해 있는 사회의 구조나 제도 자체에 의해서 결정된다. 그러므로 개인적 윤리의식 못지않게 사회문화적 환경 역시 매우 중요하다.

상담윤리의 경우 '윤리'는 상반된 두 가지 의미로 사용되고 있다. 하나는 상담자들이 상담현장에서 '실제로 따르고 있는' 윤리규범과 윤리원칙을 의미하며, 다른 하나는 상담자들이 상담행위를 안내하는 지침으로 따르기로 선언한, 즉 '일상적 관행을 지배하고 지도하는 이상적인' 윤리규범과 윤리원칙을 의미한다. 전자는 상담현장에서 상담자가 행하는 상담행위 속에 구체화되어 나타나고 있는 반면, 후자는 각종 상담협회에서 제정한 상담윤리강령 속에 명시되어 있다. 상담윤리를 전자의 의미로 이해할 경우 윤리적 물음은 '상담현장에서 상담자들이 따르고 있는 윤리규범 내지 윤리원칙이 무엇이냐?' 다. 후자의 의미로 이해할 경우 그것은 상담윤리강령이 표방하고 있는, 혹은 그 강령 속에 함축되어 있는 도덕규칙과 윤리원칙이다.

윤리는 존재(be), 즉 다양한 현상을 파악하기 위해 일정한 조건을 채운 현상들이 아니라 당위(ought to), 곧 마땅히 따라야만 하는 바와 관련이 있다. 물론 이 당위윤리를 상담자들이 상담현장에서 실제로 따를 수 있고, 또한 이것이 상담윤리강령 속에 포함될 수도 있지만 당위윤리가 반드시 실제에서 드러나는 것은 아니다. 마땅히 따라야 하는 당위로서 윤리가 무엇이냐는 물음이 수반되기 때문이다. 일반적으로 윤리적 물음은 그 성격에 따라 크게 둘로 나눌 수 있다. 윤리적 평가의 첫 번째 물음은 여러 가지 요소들을 분석하는 '개념의 명료화 작업' 으로, 다양한 요소들 가운데 도덕적으로 고려해야 할 사항이 무엇인지 밝혀내는 것이다. 두 번째 물음은 각각의 고려사항들이 윤리적으로 뜻하는 바가 무엇이고, 그 윤리적 명령들이 상충될 경우 어떻게 조정할 것인지 생각하는 작업이다. 도덕적으로 서로 관련되는 요소에 대한 물음은 '관련성 물음' 으로, 상충하는 윤리적 고려사항들의 조정에 관한 물음은 '갈등 물음' 으로 각각 구별할 수 있다.

상담자가 윤리적 갈등을 겪는 이유는 서로 다른 윤리적 고려사항들이 상담자에게 또 다른 명령을 내리기 때문이다. 즉, 여러 가지 도덕적 고려사항이 관련되어 있고 제각각 다른 행위를 요구하기 때문에 상담자는 윤리적 딜레마에서 벗어나지 못한다. 상담자가 윤리원칙 가운데 어느 하나를 상담행위의 안내지침으로 받아들이지 않으면 윤리적 갈등을 경험할 수 있다. 비록 상담자가 의식하지 않고 있다 해도, 혹은 의도적으로 윤리원칙을 부인한다 해도 상담현장에서는 언제나 이러한 윤리원칙이 상존하고 대치되기 마련이다. 대부분의 경우 윤리적 고려사항들은 서로 동일한 조건을 요구하기에 윤리적 갈등이 일어나지 않는다. 그럼에도 불구하고 간혹 윤리적 고려사항이 상충하는 이유는 상담자가 훌륭한 도덕적 품성을 갖추지 않아서가 아니라 인간의 실존적 문제 때문에 상담자가 윤리적 물음으로부터 자유로울 수 없기 때문이다.

2) 상담자의 윤리적 갈등

윤리적 갈등 이해

갈등은 둘 혹은 그 이상의 실체가 적대적인 심리적 관계나 상반되는 요구나 욕구, 기회 또는 목표에 직면했을 때 선택하지 못하고 망설이는 상태를 말한다. 갈(葛)은 칡을 나타내고 등(藤)은 등나무를 가리키는데 칡과 등나무는 줄기가 서로 얽혀 자라는 특성이 있다. 칡은 왼쪽으로, 등나무는 오른쪽으로 감고 올라간다. 서로 감고 올라가는 방법이 달라 둘이 함께 자라면 감고 올라가지 못하고 뒤엉키기만 한다. 두 나무가 까다롭게 얽혀 있을 경우 떼어놓기가 몹시 어렵다. 이러한 이유에서 갈등은, 일이나 인간관계가 까다롭게 뒤얽혀 풀기 어려운 상태 또는 개인의 내부에서 서로 반대되는 상황을 가리킨다.

상담자들은 상담과정에서 그 어느 것 하나 올바른 답변을 쉽게 내리기 힘든 현실의 윤리적 딜레마, 즉 윤리적 갈등상황을 겪게 된다. 결코 낯설지 않은 이러한 상황이 상담자들에게 갈등으로 작용할 수밖에 없는 것은 윤리적 갈등이 결코 지식이나 기술로만 해답을 찾을 수 있는 문제가 아니기 때문이다.

그것은 차라리 철학의 문제이고, 내담자 자신이 갖고 있는 특정 종교의 문제일 수 있으며, 가치관의 차이에 따라 서로 다른 방법으로 깊은 연관을 맺고 있는 것들이다.

오늘날 상담자들이 경험하는 윤리적 갈등 상황은 윤리교과서 또는 윤리지침을 통해서는 도저히 해결할 수 없는 것들이 대부분이다. 물론, 상담 관련 행위에 대해 상담윤리강령을 비롯한 사회적 규범이나 행위 관련 법규, 특정 종교적 가르침 등 도움을 받을 수 있는 길은 다양하다. 그런 까닭에 상담자들은 별도의 윤리교육을 받지 않고서도 스스로의 판단에 따라 문제를 해결할 수 있다는 오판을 범하기 쉽다. 상담자가 윤리적 관점에서 건전하게 접근하면 염려할 부분이 없으나 간혹 법규 자체가 윤리적으로 문제가 되는 경우도 있다. 결국 문자화된 도덕이나 규정만으로는 상담자들이 호소하는 윤리적 갈등을 적절히 해결할 수 없다. 상담자는 상담과정에서 자신의 지식과 경험을 적극적으로 활용하면서 내담자의 문제 해결능력을 존중해야 하며, 내담자가 잘못된 사고에서 벗어날 경우 만족스러운 해결책을 제시해야 한다.

뢰벤베르크(F. M. Loewenberg)는 상담과정에서 윤리적 갈등이 발생하게 되는 몇 가지 상황에 대하여, 우선 상담자는 두 개 또는 그 이상의 중요한 가치들이 상충하는 상황에 처하게 될 때 혹은 지켜야 할 서로 다른 의무들이 상충할 때 윤리적 갈등을 겪는다고 했다.

예를 들어, 상담자는 내담자의 이익을 위해 최선의 노력을 다해야 하는 윤리적 의무가 있다. 그러나 내담자가 여러 명일 경우 누구를 최우선적으로 선택해야 할 것인지를 결정해야 하기 때문에 어려움을 겪게 된다. 또한 윤리적 갈등을 겪으면서 상담자가 내린 윤리적 결정의 장기적인 효과가 모호하고 불확실할 때 상담자는 선택의 갈등에 직면하게 된다. 이 외에 상담자와 내담자 사이의 힘의 불균형으로 인한 윤리적 갈등이 발생할 수 있다.

갈등은 서로의 관심거리가 맞부딪쳐 충돌할 때 생기는 것으로, 그 원인은 다양하다. 새로운 인간관계를 형성할 때 혹은 동일한 사실이나 사건에 대한 해석이 달라서 갈등이 일어나기도 한다. 또한 일을 수행하는 방식과 문제 해결을 위해 제시된 방법의 차이, 소속되어 있는 집단 간의 목표 차이도 갈등을 야기할 수 있다. 갈등이 생기는 유형에 따라 특정 문제 때문에 야기되는 갈등, 사람과 사람 사이에서 발생하는 갈등, 개인의 마음에서 생기는 갈등으로 구분할 수 있다.

한편 갈등에는 부정적인 요소뿐만 아니라, '기회'라는 긍정적인 요소도 있다. 갈등과 도전이 없다면 변화는 일어날 수 없으며, 이 점에서 갈등은 인간관계를 성장시킬 기회를 제공해 준다고 할 수 있다. "갈등이란 본질적으로 나쁜 것이며, 갈등 없는 삶이야말로 이상적인 삶이다. 그러나 갈등 없는 삶을 살아가는 사람들은 어떤 성장도 경험하지 못하며 중요한 변화들은 갈등 속에서 성취된다는 것이다."

갈등해소 접근방법

갈등해소를 위한 접근방법은 갈등을 겪는 사람의 수만큼이나 다양하고 복잡하다. [그림 2-4]와 같이 갈등해소의 목표는 크게 ① 적응(adaptation), ② 유지(maintenance), ③ 종합화(integration)로 구성된다. 첫째, 적응이란 일정한 조건이나 주위 환경 따위에 적합하도록 맞추어 나가는 것으로 환경과 생활이 조화를 이루기 위해서는 환경을 변화시켜 적응하는 경우와 스스로를 변화시켜 적응하는 경우가 있다. 둘째, 유지란 어떤 상태나 상황을 그대로 보존하거나 변함없이 계속하여 지탱하는 것으로, 대인관계에서 갈등 이전의 원상태 회복으로 지속적인 관계를 유지하는 것이다. 조직적으로 볼 때 조직 내부의 균형을 유지하기 위하여 각 하부 시스템을 일정한 상호관계로 조정하는 기능이다. 셋째, 종합화란 조직의 각 성원을 전체의 조직 시스템으로 통합하는 것을 뜻한다. 의도적이든 비의도적이든 사람들은 제각기 갈등을 다루는 자신만의 방법이 있다.

구조기능주의는 사회가 서로 다른 이해관계를 추구하는 집단과 개인으로 구성되어 있으며 이들이 대립과 경쟁, 갈등과 변화의 관계에 있다고 주장하는 이

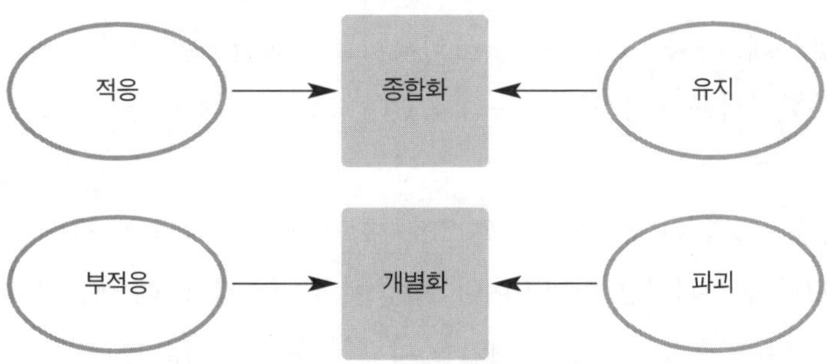

[그림 2-4] 조직 구성원의 갈등구조

론이다. 사회는 의견대립과 갈등을 내포하고 있어 항상 변화하며, 사회발전에 기여하는 갈등 덕분에 무질서는 사라지지 않으므로 다시 갈등이 발생한다. 대상물은 제한되어 있고 인간의 소유욕은 무한한데, 이 모순을 해결할 길이 없으므로 인간의 경쟁과 갈등은 불가피하다. 이런 현상은 비정상적인 것이 아니라 보편적인 것으로 상호의존관계를 정식화시킴으로써 그것이 갖는 제도적 측면을 분석하려는 접근이다.

마르크스(K. Marx)와 지멜(G. Simmel) 등은 갈등이론의 선구자이다. 마르크스는 혁명주의자로서 인간의 역사를 계급 간 갈등의 역사로 보았으며, 모든 사회변화는 생산수단의 소유집단과 그것을 쟁취하려는 비소유집단 간의 갈등과 투쟁의 결과라고 보았다.

지멜은 집단의 형식에 구성원의 수가 미치는 영향을 분석하여 특정 관계에서 다른 사람이 등장하면 삼자관계(triad)로 변하고 심각한 구조변동이 이루어진다고 주장하였다. 두 사람이 제3자를 제거하거나 제3자에 대항하는 동맹이 될 수 있다는 이론이다. 삼자관계에서 제3자가 수행하는 기본 역할을 공정한 중재자, 어부지리로 얻는 자, 분열시키고 정복하는 자 등으로 설명하였다.

갈등이론을 발전시킨 이론가로는 다렌도르프(R. Dahrendorf)와 코저(L. Coser)가 있다. 다렌도르프는 사회 안에 늘 갈등이 존재하고 이러한 갈등을 통해 사회변동이 일어난다고 보았으며, 권위적인 관계로 형성된 집단 간의 갈등이 인간사회의 근본적인 갈등이라고 하였다. 코저는 구조기능주의 내에서 갈등을 설명하고자 했는데, 사회 안의 갈등은 사회체계를 재통합하여 사회의 불균형을 해소하고 사회질서를 회복한다는 논리를 폈다. 그러나 갈등이론은 사회의 단편적인 면만 설명했으며, 갈등을 해결할 수 있는 방법을 제시하지 못해 비판을 받았다. 이 책에서 갈등에 대처하는 유형으로 제시하는 것은 다음과 같다.

첫째, 갈등을 회피하는 회피형이다. 갈등에 직면하게 될 때 갈등 자체를 묵인할 수 있으며, 비효율적인 것에 대안을 마련할 수 있다. 내면에 많은 분노와 갈등을 축적하고 있지만 이를 드러내기를 회피한다. 타인을 위해서 자신에게 필요한 것을 희생하며 자기 내면을 들여다 보는 것이 두렵기 때문이다. 감정적인 문제를 잘 처리하지 못하고 육체적 · 심리적 고통을 모두 회피하여 다른 사람과 친밀한 관계를 형성하지 못한다.

둘째, 서로 다른 의견, 관점을 알맞게 조절하여 서로 어울리게 하는 절충형이다. 가족, 지역사회, 직장, 교회 등에서 일어나는 대부분의 갈등은 절충과 대화를 통해 해결된다. 얼굴을 맞대고 논쟁의 본질을 대화함으로써 서로를 분리시키고 있는 문제를 파악하고 해결책을 주고받으며 논쟁을 해결하려는 실마리를 찾는 방법이다. 이때 개인의 성격에 따라 공격적인 정면돌파를 시도할 수도 있지만 득실을 계산하여 내실을 추구하는 방법을 선택할 수 있고 아니면 이 둘을 절충하는 방법을 선호할 수도 있다.

셋째, 분쟁을 중간에서 화해하거나 서로 타협점을 찾아 합의하도록 하는 조정형이다. 갈등을 해결하기 위해 제3자를 개입시키는 쌍방의 양보를 통한 조정과정은, 유동적이면서 신중하고 융통성 있게 구성할 때 타협점을 찾아 문제가 해결되도록 노력하는 것이다.

넷째, 중재과정을 거치는 중재형이다. 중재과정은 조정에서와 마찬가지로 제3자가 개입된다. 조정은 제3자가 양측의 갈등을 절충하는 해결방법을 찾기 위한 목적으로 개입하지만, 중재는 제3자의 개입이 결정을 내릴 수 있는 구속력을 가지고 있다. 갈등이 일어났을 때 논점이 쉽게 드러난다 해도 상담자는 논점을 정의하고 그 논점들에 대해 반응하는 것이 중요하다. 상담자와 내담자의 관계성을 보호하면서 문제의 실체에 초점을 맞춤으로써 서로 대립하는 이해관계를 중재할 수 있다.

5. 상담자의 윤리적 문제와 의사결정

상담자가 직면하는 윤리적 문제와 딜레마를 깊이 이해하기 위한 방법 중 하나는 상담실무자가 자주 접하는 특정 문제를 논의하는 것이다. 다음에서는 몇 가지 기본적인 윤리적 문제 중에서도 가장 중요하고 빈번하게 일어날 수 있는 비밀유지 및 프라이버시, 이중관계의 회피, 고지에 입각한 동의, 전문적 책임 및 능력에 대해 서술한다. 상담과정에서 내담자가 호소하는 문제 중 상담자의 윤리적 결단을 요하는 사항이나 특별한 관심의 대상이 되는 문제에 직면하게 될 때 상담자가 어떻게 행동해야 하는지에 대해서는, 학자마다 입장이 다르며 공통적인 의견제시도 어렵다. 자칫 순간적으로 판단을 잘못 내려 내담자에게 큰 상처를 입힐 수 있으며, 상담자 역시 곤경에 처하는 사례가 발생할 수 있다. 상담자가 직면할 수 있는 윤리적 문제와 그 해결책을 살펴봄으로써 상담과정에서 발생가능한 문제요소를 사전에 차단할 뿐만 아니라, 상담자와 내담자 사이의 상호이해를 촉진시키는 역할을 한다. 이와 더불어 상담자는 윤리적 관점을 분명히 함으로써 내담자와의 갈등을 조정하고 상담과정을 촉진시키는 결과를 얻게 된다.

1) 비밀보장 및 프라이버시

비밀보장(confidentiality)과 관련된 용어로 프라이버시(privacy)가 있다. 이는 개인의 신체적 비밀이나 상담내용이 다른 사람이나 사회에 알려지지 않고 간섭받지 않을 권리이다.

비밀보장은 전문직업적 상담관계에서 나타나게 되는 내담자에 대한 비밀의 보호로서 인간의 기본적 권리를 기초로 하고 있다. 비밀보장의 원칙은 개인의 사생활보호의 권리에 근거하며, 헌법에서도 "모든 국민은 사생활의 비밀과 자유를 침해받지 아니한다."라는 제17조의 조항을 통해 개인의 사생활보호의 권리를 인정하고 있다. 전문상담자의 윤리적 원칙인 KCPA 윤리강령(5. 가.)에서도 사생활과 비밀보호, 기록, 비밀보호의 한계 등에 대하여 구체적으로 명시하고 있다. 내담자의 비밀을 보호하며, 상담직무 수행과정에서 얻은 내담자의 정보에 대해 철저하게 비밀을 유지해야 한다. 개인의 비밀보장원칙에 대한 도덕적 정당성을 살펴보면 비밀보장의 원칙은 인간의 고유한 자유와 자율성에 대한 존중에서 그 윤리적 근거가 도출될 수 있다. 즉, 인간은 본성적으로 자율적인 존재로서 자기만의 고유한 사생활을 가질 수 있는 자격과 능력을 가지고 있다. 이러한 사생활은 어느 누구도 침범할 수 없으며 상담을 목적으로 사생활을 방해하는 자체가 또 다른 상처를 안겨 주게 된다. 비밀보장의 원칙은 상담자와 내담자 사이에 맺은 하나의 약속으로, 이를 어기는 것은 비도덕적이다. 자신의 생각과 계획 그리고 내담자로부터 얻게 된 비밀을 지키는 것은, 상담자 이전에 한 사람의 인간으로서 서로의 삶을 존중해야만 비로소 가능하다.

물론 APA 및 ACA에서는 비밀유지와 관련하여 프라이버시의 문제를 중요하게 다루고 있다. 두 개념들은 관련이 있지만, 그 사이엔 차이점이 있다. 프라이버시는 광범위한 문제이다. 업무 성격상 상담자들은 내담자의 개인적인 정보에 대해 비밀을 지켜야 한다.

비밀유지는 보다 더 특정적으로 상담 시 나눈 상담정보에 적용된다. 비밀유지는 내담자의 프라이버시와 그들이 제공한 정보를 존중하고 보호하기 위한 전문상담자의 의무이다.

공식적인 상담과정에서 상담자와 내담자 관계의 프라이버시 속에서 상담이 이루어질 때 그것은 비밀로 유지된다. 그러므로 비밀유지는 윤리 관련 전문직 연합체계 및 합법적 윤리규정 모두에 거의 보편적으로 적용되는 윤리적 개념이다.

비밀유지가 법률 또는 법규에 의해 고려될 때, 그것은 합법적 비밀유지로서 간주된다. 합법적 비밀유지는 전문적 환경에서 상담자와 함께 나눈 사적인 의사소통의 내용이 다른 사람들에게 노출되는 것을 막는 의무이다. 상담자는 상담과정에 알게 된 내담자의 상담내용을 법률의 잠재적 허락 없이 다른 사람에게 노출할 수 없다. 그러나 전문적이고 의무적이며 합법적인 비밀유지에도 제한 또는 예외사항이 있다.

2) 비밀보장의 원칙

내담자가 겪는 문제 중에는 상담자에게조차 공개하기 어렵고, 제3의 인물에게 공개하는 것 자체가 생각하기 힘든, 비밀에 속하는 내용이 있다. 심각한 비밀은 아닐지라도 대부분의 내담자는 자신의 상담내용이 제3자에게 알려지는 것을 바라지 않는다. 그리고 대개 내담자들은 비밀보장에 관한 사항을 기본적인 것으로 판단하기 때문에 상담자가 자신의 비밀을 완전히 보장해 주리라 믿으며 상담에 임한다. 만일 비밀이 누설될 것이라 생각한다면 아무도 상담에 임하지 않을 것이다.

이처럼 상담과정에서의 비밀보장은 매우 중요하다. 상담에서 내담자의 이야기는 개인의 비밀스러운 이야기일 뿐만 아니라, 경우에 따라서는 불특정 다수의 고급정보나 다른 사람의 사생활까지 노출시켜 또 다른 문제를 야기할 수 있다. 특히 현대사회는 컴퓨터를 이용, 내담자의 개인상담기록까지 DB로 구축하여 관리하기 때문에 정보유출이 심각한 사회적 문제로 대두되고 있다. 예를 들어 의료윤리의 경우, 환자가 치료받는 의사에게 말한 내용을 비밀로 지키는 것은 모든 의사의 의무이다(한국의료윤리교육학회, 2001). 그러나 병원의 경우 보험회사, 법원 등이 환자의 치료비를 지불하기 위한 내역서 검토과정에서 개인 의료사항이 외부로 유출되거나 노출되는 사례가 발생하고 있다(박석건, 정우석 역, 2001). 모든 전문직 종사자에게 비밀보장 문제는 어떤 윤리적 문제보다 중요하며 매우 민감한 사항이다.

상담자는 상담과정에서 유출될 수 있는 내담자의 비밀보호를 위해서 비밀유지의 서약을 행해야 한다. 상담자는 내담자의 문제 해결을 위해서 내담자뿐만 아니라 경우에 따라 주변 사람들에 대한 구체적이고 매우 중요한 정보를 누구보다도 많이 확보할 수 있는 특수성이 있다. 성공적인 상담을 위해서는 내담자가 상담자에 대해 신뢰감을 갖는 것이 무엇보다 중요하다. 내담자는 자신의 상담내용이 어떤 경우라도 외부로 유출되지 않을 것이라는 믿음이 생길 때 비로소 마음의 문을 열게 된다.

비밀유지에 있어서 보다 근본적인 문제는 '상담자가 내담자의 비밀을 어디까지 지켜 주어야 하는가?'다. 누구라도 내담자의 비밀이 절대적으로 보장되어야 한다고 단언하지 않을 것이다. 그렇다면 상담자는 어떤 경우에 내담자의 비밀을 공개할 수 있으며, 그 정도는 어디까지인지 살펴보자. 상담자는 내담자뿐만 아니라, 사회에 대한 책임도 져야 하기 때문에 상담은 비밀보장을 우선으로 하지만 완전한 비밀보장에는 한계가 있다.

비밀보장의 한계성에 직면하는 경우로는 상담장면의 관찰이나 보관 또는 기록과 관련하여 상담장면을 일방투시경(oneway glass)을 통해 관찰, 녹음, 녹화하는 상황이 있다. 물론 상담장면을 관찰하거나 녹음 또는 녹화할 경우에도 이유여하를 막론하고 내담자에게 사전양해를 구하거나 동의를 얻어야 한다. 내담자에게 상담과정을 보여 줌으로써 또 다른 기대효과를 가져오거나 상담자의 상담과정을 훈련시키기 위한 중요한 자료로 활용될 수 있다. 이러한 목적으로 녹음 · 녹화한다는 사실을 사전협의를 통해 알려야 하며, 공개 여부에 대해서는 내담자의 직접적인 동의가 있어야 하고, 내담자의 의견을 절대 존중해야 한다. 국 · 내외의 주요 상담기관의 상담윤리강령을 살펴보면 비밀보장과 관련하여 공통적으로 5가지의 내용을 제시하고 있다.

첫째, 비밀보장에 관한 일반원칙과 관련된 것이다. 사생활과 비밀유지에 대한 내담자의 권리를 최대한 존중하기 위해 법, 규율, 윤리요강 등을 마련하여 상담자가 의무감을 가지고 비밀을 보장하도록 한다.

둘째, 비밀을 보장할 수 없는 경우다. 한국의 윤리강령에서는 내담자 개인 및 사회에 피해가 돌아가는 예외적인 경우를 제외하고는, 내담자의 서면동의 없이는 어느 누구를 막론하고 개인이나 단체에 상담내용을 누설할 수 없다. 물론 상담관계에서 얻어진 자료를 교육이나 연구용으로 사용할 경우에는 내담자의 동의를 구하고 각 개인의 익명성이 보장되도록 자료를 변형하여 신상과 관계된 정보를 삭제한 후에 사용할 수 있다.

셋째, 비밀을 보장할 수 없을 경우에 취해야 할 행동이다. 신중히 고려한 후 적절한 전문가 및 당국에 공개해야 하고, 내담자와 합의한 후 내담자의 신분이 노출되지 않도록 주의하여 공개해야 한다. 미국의 경우 내담자의 직접적인 동의를 구할 것, 신중히 고려하고 동료와 충분히 상의할 것, 법이나 규율이 허락하는 한에서 할 것, 내담자의 신분보장을 위하여 내용을 완전히 공개하지 않을 수 있으며 가능한 내담자 입장에서 내담자의 신분을 철저히 보장할 것 등을 권장하고 있다.

넷째, 내담자와 관련된 정보를 유지 또는 처분할 경우 반드시 소속기관의 방침에 따라야 하고, 그러한 정보들이 특정 상담자나 상담기관의 독점물이 아닌 이상 내담자의 비밀이 특정 상담자 또는 기관에 의해 함부로 보관되거나 처분되어서는 안 된다.

다섯째, 상담이 시작될 때 비밀보장의 한계성을 내담자에게 사전통고해야 한다. 이 경우 내담자의 자기개방이 제한될 가능성이 높지만 내담자가 비밀보장과 그 한계성을 사전에 분명히 알고 있을 때 상담에서의 한계와 책임이 분명해진다.

어떤 사람에게는 상담을 받았다는 사실 자체가 특별한 개인적 문제일 수 있다. 일반적으로 미국 문화에서 개인이 자신에 관한 특정한 사적 정보를 비공개로 유지할 권리를 가지고 있으며, 이는 공개 포럼에서 그 문제를 공유하지 않는다는 것을 의미한다. 우리나라에서도 마찬가지다.

그러므로 프라이버시는 상담관계를 비밀로 유지하는 내담자의 당연한 권리다. 이는 상담자와의 대화뿐만 아니라 상담내용의 기록물 처리, 대기실에서의 신분 미확인, 테이프 레코딩, 상담료 지불을 위한 신용카드의 사용, 테스트 점수 또는 비용계산을 위한 컴퓨터 서비스의 사용 및 기타 자료 또는 상담활동 등에 적용된다. 실례로, 만약 내담자가 대기실에서 다른 사람의 시선에 노출된 채 기다리도록 상담 스케줄이 정해져 있다면, 프라이버시는 손상될 것이다. ACA와 APA 윤리강령은 둘 다 개인의 프라이버시의 중요성을 강조하고 있다. ACA

는 "상담자는 프라이버시에 관한 내담자의 권리를 보장하고 비밀유지에 대한 불법적이고 부당한 공개를 피해야 한다."라고 언급하고 있으며, APA는 "심리학사들은 프라이버시에 관한 개인의 권리를 존중해야 한다."라고 명시하고 있다.

개인에 대한 위협은 가볍게 취급되어서는 안 되며 반드시 당국과 잠재적인 희생자에게 경고해야 한다. 심리학과 상담 분야에서 대부분의 윤리적 규범체계는 현재 Tarasoff 판례의 결정을 따르며, 상담자들은 이러한 비밀유지의 한계에 주의해야 한다. 비밀유지의 또 다른 일반적 한계는 전형적으로 다음과 같은 전문적 규범체계나 법규에서 발견된다.

1. 아동 학대 또는 방치가 목격되거나 의심되는 경우에 당국에 그 사실을 알릴 것
2. 개인 또는 사회에 해를 끼칠 만한 의도가 감지된 경우, 당국에 그 사실을 알릴 것(예: 불법적 행위)
3. 미성년자가 상담을 한 경우, 그의 부모 또는 법적 보호인이 요구한다면 그들에게 상담내용을 알려 줄 것
4. 다른 전문가들 또는 상담학과 학생들과의 상담(그러나 일반적으로 인적 정보는 감춘다.)

비밀유지의 원칙에도 불구하고 내담자의 생명이나 사회의 안전을 위협하는 경우에 한하여 내담자의 동의 없이도 해당 기관에 알릴 수 있다. 감염성이 있는 치명적인 질병에 대해 제3자에게 이러한 정보를 공개하기 전에 내담자에게 자신의 질병에 대해서 알렸거나, 알릴 의도가 있는지 확인해야 한다. 상담자의 책임은 무엇인가? 여러 논문(예: Harding, Gray, & Neal, 1993; Stanard & Hazler, 1995)에서 이러한 질문들이 제기되고 있지만 명확한 정답이 없고, ACA 및 APA 윤리강령 또한 확실한 지침을 제공해 주지 못한다. 에이즈 문제와 같은 새로운 문제들이 제기되고, 논문이나 법정에서 심각한 문제들이 제기된 후에는 종종 수용가능한 윤리규범이 수립되기도 한다. 따라서 잠재된 윤리적 딜레마에 빠지지

않게 하기 위해, 상담자들이 전문 문헌들을 통해 최신 지식을 보유하는 것이 중요하다. 이를 통해, 그들은 윤리위반이 발생되기 전에 미리 방지할 수 있기 때문이다.

3) 비밀유지의 한계

상담자들은 상담을 시작하기 전에, 내담자에게 비밀유지에 대한 전문적이고 법적인 제한사항을 알려 주어야 한다. 또한 그들은 내담자의 직접적인 서면동의에 의해서만 다른 사람들과 비밀정보를 공유할 수 있다.

우리가 살고 있는 사회는 상담의 비밀유지에 대해 양면적인 시각을 가지고 있다. 그중 하나는 상담과정에서 알게 된 비밀을 지키는 일이 당연하며 가치가 있다고 여기는 것이다. 비밀을 유지해 주는 친구, 전문직 종사자, 질병을 치료하는 의사, 신앙심이 두터운 성직자들을 신임하는 이유는 바로 개인의 사생활을 보호받기 원하는 내담자들과 그들 사이에 상담의 비밀이 유지될 수 있기 때문이다. 또한 비밀을 유지하는 것은 일반시민들이 피해를 입지 않도록 불특정 다수를 보호하기 위한 방법 중 하나다. 예를 들어 상담을 통해 전문가들은 반사회적인 경향을 가지고 있는 사람들에게 도움을 줄 수 있는데 이때 상담의 비밀이 지속적으로 지켜져야 한다는 전제가 깔려 있어야 한다. 만약, 상담의 비밀유지가 전혀 지켜지지 않는다면 내담자는 자신의 생각과 감정을 드러내지 않을 것이다. 내담자가 상담의 비밀을 드러내지 않으면 상담자가 반사회적인 행동을 하는 내담자를 도와줄 수 있는 기회 또한 사라질 것이다. 이러한 이유를 들어 전문가기관에서는 상담의 기밀성을 지켜야 하는 범위와 한계에 예외적인 사항을 규정하고 있다. 상담과정에서, 대중의 공익을 우선시해야 한다는 주장과 내담자의 권리를 고려하여 상담의 비밀을 지켜야 한다는 주장의 대립은 여전히 팽팽하다. 그러나 상담과정에서 얻은 내담자의 비밀을 지키지 않아도 되는, 특별하고 예외적인 사항도 있다.

내담자의 요구 및 동의

내담자는 상담과정에서 자신의 개인적인 정보나 사생활이 노출될 수 있는 경우에 얼마든지 권리를 행사할 수 있다. 상담자는 내담자가 드러낸 개인적인 정보를 다른 내담자에게 공개할 수 없으며 그 상태로 유지되어야 한다. 이와 관련하여 상담자는 이 상황에서 지켜야 할 의무가 있다. 첫 번째, 상담자가 내담자의 과거 상담에 대한 비밀을 유지하면서 상담을 진행할 수 있는지 판단하고, 두 번째, 그 상담자가 이러한 사항을 이해할 수 있는지 확인하는 것이다. 이러한 판단에 확신이 섰다면 상담자는 내담자의 요구에 응할 수 있다. 그리고 이와 관련된 윤리규범은 내담자의 이익을 최우선으로 지향한다. 내담자의 정보를 보안 · 유지하는 능력이 부족한 상담자는 상담기록에 대한 잘못된 판단으로 내담자에게 피해를 줄 수 있다. 상담자가 의뢰한 다른 전문가가 이러한 상황에서 능력을 충분히 발휘할 수 없다면, 내담자의 정보를 유지할 수 있는 유능한 전문가에게 다시 의뢰할 것을 논의하여 최종적으로 신임할 수 있는 전문가에게 내담자의 상담을 위임해야 한다.

내담자의 이러한 권리에 대해서 ACA의 윤리강령(Code of Ethics)에서는 "내담자의 동의 혹은 법적 · 윤리적 근거가 있어야만 기밀의 정보를 공개할 수 있다."(Section B. 1. c.) 라고 명시하고 있으며 APA의 윤리강령(Ethical Principles of Psychologists and code of conduct)에서는 "심리학자들은 법의 조항에 위배되지 않는 한 환자나 내담자, 그리고 기관의 내담자들(혹은 내담자나 환자를 대신할 수 있는 법적 권한을 가진 사람)의 적절한 동의로 상담의 정보를 공개할 수 있다." (Section 4.05.) 라고 설명하고 있다. KCPA에서도 내담자의 사생활 보호에 대한 권리는 내담자나 내담자가 위임한 법적 대리인에 의해 유예될 수 있다고 규정하고 있다.

내담자가 자신의 상담에 대해 알 권리가 있다는 것은, 상담내용을 기록할 때 내담자도 그러한 기록을 볼 수 있다는 가정 하에 진행되어야 한다는 뜻이다. 상담기록이 차후의 상담을 시작하기 위해 필요한 것이라 판단되어도 임의로 공개할 수는 없다.

법적 명령

법정에서 내담자의 상담기록 공개를 요구하거나 상담자가 진술을 명령받을 때 상담자가 증인이 되거나 혹은 상담자가 어느 사람을 평가하는 활동을 하고 있다면, 일반적으로 상담의 비밀은 보호되지 않는다. 정신건강 관련 전문가들은 어떠한 사람이 재판에 설 만큼 정신적으로 안정이 되어 있는지 또는 부모로서 역할을 잘 하고 있는지 등에 관한 사항을 평가하기도 한다. 예를 들면 범죄를 저지를 당시 정신적으로 불안한 상태였거나 사고나 상처로 인해 심리적인 우울증을 안고 있는 경우가 있다. 평가의 대상이 된 사람은 상담의 기밀성 유지를 주장할 수 있는 권리가 없는 것은 아니지만 법정에서는 이러한 권리가 허용되지 않는다. 이처럼 특수한 상황에서, 일반적인 전문가들의 관계는 모든 상담의 정보를 법정과 함께 공유할 것이라는 가정에서 비롯된다. 물론 법적으로 정보 공개가 요구될 때에는 예외지만 법원이 내담자의 허락없이 사적인 정보를 밝힐 경우에는 정보를 요구하지 말 것을 법원에 요청해야 한다.

상담자에 대한 내담자의 소송 제기

내담자가 자신의 상담자를 상대로 법적인 소송을 제기하는 경우가 있다 (Swenson, 1997). 만약 내담자가 상담에 대한 계약을 어겼다는 이유로 상담자에게 법적 소송을 제기했다면 내담자는 자신의 상담을 비밀로 보호받을 수 있는 권리를 포기하게 된다. 그러므로 상담자는 법정에서 법적, 윤리적인 제재를 받지 않고도 상담에 대한 과정을 진술할 수 있다. 왜냐하면 상담자는 자신의 부정행위를 고발한 내담자로부터 자신 스스로를 보호하고 방어할 수 있는 권리가 있기 때문이다. 그러므로 부정행위로 인해 고소된 상담자는 사례에 대한 정보와 상담에 대한 기록으로 윤리위원회에 대응할 수 있다.

다른 내담자의 소송

내담자가 다른 사람을 상대로 민사소송을 제기했을 경우, 상담자는 정신적인 피해와 우울증을 완화할 수 있는 수단으로 상담이 제공되었다는 것을 진술할 수 있다(Shuman & Foote, 1999; Swenson, 1997). 이러한 정보를 피고도 원한다면 사건의 연유를 정확하고 공정하게 평가하기 위해 상담내용이 중요한 사항으로 쓰일 수 있다. 그러나 내담자가 자신의 상담을 보호받을 수 있는 권리를 재주장한다면 사건은 진행될 수 없다. 가령, 한 내담자가 상대방 운전자의 책임이 있는 교통사고로 인한 정신적 혼돈을 언급하였다면 상담자는 법정에서 그 내담자의 정신적 혼돈의 원인이 무엇이고 정신적 증세는 어떠하였는지 진술할 수 있다. 일부 사례에서는 내담자가 자신의 주장을 뒷받침하기 위한 심리적 상태를 이야기할 필요가 있기 때문에 내담자는 상담의 기밀성을 유지할 수 있는 자신의 권리를 때에 따라 포기해야 한다. 즉, 소송을 제기한 사람에게 적절히 대응하기 위해 피고에게는 모든 유용한 자료와 정보를 제공받을 수 있는 권리가 주어진다.

제3자에 대한 보호 및 자살 위험성 있는 내담자

다른 사람들 혹은 상담자에게 위험을 초래할 수 있는 내담자와 상담할 경우, 상담에 대한 비밀은 보호될 수 없다. 정신건강 관련 전문가는 타인이나 내담자 스스로를 위험에 빠뜨릴 수 있는 상태를 판단할 수 있는 능력이 있다. 미국에서는, 내담자가 위험을 초래할 수 있다고 상담자와 심리학자들이 판단할 경우 상담의 기밀성을 공개할 수 있음을 법으로 규정해 놓았다. 법정에서는 상담자와 심리학자들의 행동을 일부 상황에 따른 판단이 아닌 전문가들의 의무로 간주하고 있다. 내담자가 가지고 있는 위험을 방법론적으로 평가하는 것도 매우 중요하다. 왜냐하면 내담자가 가지고 있는 감정이 상담자에게도 전이될 수 있기 때문이다. 이러한 내담자와 함께 상담을 하는 것은 상담자에게 매우 힘든 일이다. 상담자들은 내담자에 대한 자신의 의무 때문에 시달리는 것은 물론이고, 그 상황으로 인해 자신의 안전이 위협받는 것은 아닌가 하는 생각까지 할 수 있다. 내담자에 대한 적절한 관리와 평가가 이루어지지 않으면, 상담자의 걱정과 우려감은 명확한 사고와 윤리적인 행동을 성립하는 데 지장을 초래할 것이다.

상담자는 내담자가 저지를 수 있는 사건을 짐작하고 판단하고자 할 때에는 동료들 또는 법적 대리인과 상담을 해야 한다. 왜냐하면 그로 인해 다른 사람이 피해를 입을 수 있을 뿐만 아니라 상담을 비밀로 보장해야 하는 의무가 예외적으로 적용될 수 있기 때문이다. 상담자는 상담의 다른 내용은 공개하지 않고 내담자의 위험성에 관련된 정보만을 경찰에게 신고해야 한다. 또한 상담자가 신원을 파악할 수 있는 피해자에게 미리 그러한 사실을 알려야 하며 피해자와 관련된 사람들도 위험에 처할 수 있다는 것을 경고해야 한다. 즉, 상담자가 자신의 무능력이나 부주의로 인하여 위험한 상황을 판단하지 못하거나 내담자의 행동과 말이 두려워서 이러한 문제를 공개하지 않는다면 상담자는 자신의 의무를 다하지 못하는 결과를 낳는다.

특히, 내담자가 자살을 실행할 수 있는 상황이라면 상담자의 우선적 의무는 자기파괴 충동으로부터 내담자를 보호하는 것이다. 상담자가 자살충동을 가지고 있는 내담자를 보호하기 위한 법적, 윤리적 의무를 가지고 있는 것은 분명하다. 내담자와의 상담을 공개해야 한다고 판단을 내린 상담자는 내담자의 가족들과 대화할 때 신중하게 행동해야 하며 내담자에게 필요한 정보를 공개해야 한다. 가장 이상적인 상황은, 내담자에게 동의를 구하고 참여를 유도함으로써 치료의 목적을 달성하기 위한 서로의 판단결과를 알리는 것이다. 내담자가 가지고 있는 위험성의 정도를 신중히 파악하는 것은 상담자를 위해서도 중요하다.

제3자가 내담자 때문에 피해를 입을 수 있는 긴박한 상황에서 내담자가 범죄의 가능성을 가지고 있다는 사실을 알고 있을 때에는 자신의 객관성과 내담자에 대한 객관성을 벗어나 상담의 정보를 강제로 제공할 수밖에 없다. 그러나 보다 신중한 상담자라면 해당 법령을 자세히 조사하고 도움을 줄 수 있는 변호사와 상담을 하는 것이 효율적이다.

AIDS에 감염된 내담자 상담

AIDS에 감염된 내담자와 상담을 하는 것은 오늘날 중요한 윤리적 문제로 대두되고 있다. 상담자들에게 가장 문제가 되는 부분은 ① 내담자와의 상담과정을 비밀로 유지해야 하는가, ② 질병에 감염되었다는 이유로 차별대우를 할 수 있는가, 그리고 ③ 내담자와의 접촉으로 감염될 수 있는 제3자의 복리문제가 있다. 상담자가 겪을 수 있는 윤리적 문제는 질병에 감염된 내담자에 대한 의무와 이러한 내담자로부터 감염될 수 있는 사람들에 대한 의무 사이에서 한쪽으로 편향되지 않고 중심을 이루어야 한다는 것이다. APA에서는 감염이 될 수 있는 질병과 관련하여 내담자의 상담을 기밀로 유지해야 하는가에 대한 특별한 언급을 하지 않고 있다. APA 윤리강령에서는 법적인 명령이 있을 경우 질병에 노출될 수 있는 제3자에게 내담자에 대한 상담을 공개할 수 있다고 설명하고 있다. 이는 어떠한 판단을 내릴지라도 윤리적 규범에 근거해야 하며 내담자와 피해를 입을 수 있는 사람의 권리를 함께 존중하고 보호해야 하는 것을 시사하고 있다.

4) 비밀유지 사례

비밀유지 사례 1

21살 된 여성의 어머니가 딸에 대한 문제로 전화를 해서 딸의 상태에 대해 상담자와 정보를 공유하고자 한다. 그 어머니와 상담자 간의 대화 중에, 엄마가 딸의 상담진행 내용에 관해 물어본다. 상담자가 대답을 해야 하는가?

아니다. 상담자는 어머니와의 정보공유에 대한 내담자의 특별 서면동의 없이는 대답을 하지 말아야 한다. 사실, 상담자들은 전화상으로 누군가와, 특히 내담자의 서면동의 없이 전화상으로 대화할 경우, 어떠한 내담자를 알고 있다는 사실조차도 알려서는 안 된다. 이 규칙은 개인의 상담참여에 관해 변호사나 판사 혹은 다른 누군가가 알고자 하는 정보에 대해 유효할 것이다. 상담자는 전화상으로 내담자에 대한 의견을 주고받는 것을 경계해야 하지만, 내담자의 동의를 얻은 타인과는 전화상으로 안전하게 대화할 수 있다.

비밀유지 사례 2

파티에서 만난 한 사회복지사가 상담자에게 내담자에 대해 물어본다. 사회복지사는 다른 사람들이 주변을 서성이고 있는 상황에서 상담자와 내담자에 관해 논의를 하기 시작한다. 상담자는 그 내용에 대해 의논을 해야 하는가?

아니다. 상담자는 파티에서 내담자에 관한 논의를 할 수 없다고 사회복지사에게 전해야 한다. 그들은 내담자의 적절한 동의를 얻은 후, 사적이고 전문적(비사회적)인 환경 내에서 해당 문제에 관해 이야기해야 한다. 동시에, 그들은 그 경우에 있어, 사회복지사의 역할에 직접적인 관련이 있는 정보에 대해서만 의논할 수 있다. 요즘 같은 첨단기술(예: E-mail 및 휴대폰)의 시대에서, 비밀유지 또는 프라이버시를 무심결에 침해하는 일이 없도록 하기 위해, 전문적 대화내용의 프라이버시를 평가하는 것 또한 현명한 일이 될 것이다.

비밀유지 사례 3

한 상담자의 배우자가 상담자의 사무실에서 상담자를 만나려고 왔다가 한 내담자가 상담실에서 걸어 나오는 것을 목격한다. 그 배우자가 질문한다. "무슨 문제예요?" 상담자는 배우자에게 그 상담내용을 의논해야 하는가?

아니다. 배우자는 비밀유지 범위의 예외가 아니다. 동업자 또는 다른 전문가 동료들과는 예외적으로 비밀을 공유할 수도 있다. 하지만 이러한 경우에도 동업자 또는 동료들에게 그 정보의 비밀유지에 관해 알려야 하며, 그들이 비밀을 유지할 것을 보장받아야 한다. 그럼에도 불구하고 궁극적으로 비밀이 파괴된 경우 정보를 제공한 상담자는 그에 관한 윤리적 책임을 져야 한다.

비밀유지 사례 4

상담자는 힘든 하루 일과를 마치고 동네 미용실에 간다. 그 상담자는 미용사와 상담한 내용에 대해 대략적으로 이야기하되, 그 내담자에 대한 이름과 인적 정보를 공개하지 않으려고 노력한다. 어떤 비윤리적 행위가 발견되는가?

그렇다. 만약 누군가가 정황을 통해 그 내담자를 추측할 수 있다면, 비밀유지는 파괴된다. 예를 들어, 상담한 내담자의 친척 또는 친구가 그들의 대화내용을 듣고, 그 정보들을 짜맞출 수 있다면, 그 내담자가 누구인지 확인시켜 주는 비윤리적 행위가 발생한다. 교수가 대학 수업 중 관련된 토론을 위해 상담내용을 적용하는 것과 같은 특정한 전문적 상황에 한해 상담내용의 정보교환이 윤리적으로 허용될 수 있다. 비록 내담자를 노출시킬 위험이 적다 하더라도, 상담내용의 공적인 토론은 일반적으로 비밀의 신뢰성에 해가 된다. 이는 상담직 분야에서 일반 대중 앞에서의 공신력이 저하될 위험이 있으며, 내담자 및 다른 상담자들로부터 오해를 받거나 조롱을 받을 수 있는 여지가 있다.

읽을 거리

[인권 OTL] "난 네가 병원에서 한 일을 알고 있다."
세무조사 나와 환자 진료정보 몽땅 가져가는 국세청－USB에 옮긴 파일과 복사한 종이 차트는 어디로

세무조사 나와 진료정보 몽땅 가져가

대여섯 명의 세무서 직원들은 오자마자 최근 3년치 환자들의 종이 차트와 컴퓨터에 담긴 환자 사진 등 진료정보를 몽땅 내놓으라고 했다. 성형외과의 경우는 진료 과정에서 그림을 많이 그려야 하기 때문에 전산자료 말고도 종이 차트를 매번 만든다. 해당 차트에는 환자의 이름과 전화번호, 주민등록번호, 가족력, 진료 및 처방, 수술 내용까지 모두 담겨 있다. 사진에는 환자의 얼굴이 그대로 드러나 있고 진료 내용도 간단하게 언급돼 있다. ㄱ씨는 코와 눈, 턱, 가슴 등 각종 성형수술을 받거나 진료 상담을 한 환자들의 은밀한 정보가 담긴 자료들이라 내주는 게 꺼림칙했다. 하지만 특별 세무조사를 나온 세무서 직원들의 위세에 눌려 요구하는 자료를 모두 줄 수밖에 없었다.

컴퓨터에 저장된 정보를 USB에 담아가거나

지방 국세청이나 일선 세무서가 병 · 의원을 세무조사하면서 환자들의 진료정보에 무제한적으로 접근하고 있는 것으로 드러났다. 환자와 관련한 모든 민감한 진료정보가 아무런 제지 없이 국가라는 권력 앞에 발가벗겨지고 있는 셈이다. 대학병원 등 대형 병원에서 세무공무원이 진료정보에 접근하는 경우는 드물지만, 중소형 병 · 의원에서는 대부분 환자의 진료정보를 일선 세무서에 제공하고 있다. 심지어 컴퓨터에 저장된 정보를 USB와 같은 휴대용 저장장치에 담아가거나 아예 하드디스크를 떼어가는 경우도 비일비재하다는 게 관련 업계의 증언이다. 담당 공무원이 이를 고의로 유출하거나 실수로 잃어버리기라도 한다면, 자칫 대형 사고가 일어날 수도 있는 상황인 것이다.

진료정보 무더기 자료제공 응하지 않을 수도

물론 병 · 의원은 환자 진료정보의 민감성을 이유로 무더기 자료 제공에 응하지 않을 수도 있다. 세무공무원 세 명이 조사를 나와 처음엔 영수증과 수익집계표 등을 보더니 곧 '외부에서 분석할 수 있도록 데이터베이스 전체를 백업해 달라.' 고 요구했다. 이 병원은 내부 논의 끝에 이를 거절하는 대신 병원 안에서 필요한 부분만 모니터로 조회할 수 있도록 했다. 이 병원의 전산팀장은 '세무조사를 위해 정보에 접근하는 건 인정할 수 있지만 우리로서는 보호해야 할 정보이기 때문에, 유출 우려도 있고 외부로 가져가는 것은 문제가 있을 수 있어 막았다.' 고 말했다.

진료정보 전부 보여 줄 의무도 답할 필요도 없어

세무서 직원들은 진료정보가 담긴 차트를 이틀 동안 샅샅이 훑어보고 돌아갔다. '나중에 다른 의사한테 들어 보니 전부 보여 줄 의무도 없고 일일이 답할 필요도 없다고 해 다음부터는 환자 차트를 보여 주지 않을 작정' 이라고 말했다. 그는 '환자 가운데 30~40%가량이 성병 치료를 위해 온 이들이라서 자신의 진료정보에 민감할 수

밖에 없다.' 고 덧붙였다. 비뇨기과는 신경정신과, 산부인과 등과 함께 가장 민감한 진료정보를 다루는 분야다.

신료정보를 조건 없이 내주는 관행에 문제

비록 상대가 국가 공무원일지라도 이처럼 환자의 진료정보를 조건 없이 내주는 관행에 문제가 있다는 것을 의사들도 대체로 알고 있다. 그러면서도 자칫 세무조사에 비협조적인 것으로 비치면 더 강도 높은 조사를 받거나 보복을 당하는 일이 있을까 봐 자료를 내줄 수밖에 없다고 하소연한다.

현행 의료법 제19조

현행 의료법 19조는 '의료인은 이 법이나 다른 법령에 특별히 규정된 경우 외에는 의료, 조산 또는 간호를 하면서 알게 된 다른 사람의 비밀을 누설하거나 발표하지 못한다.' 고 못박고 있다. 하지만 의료법은 물론 어떤 다른 법에도 환자의 진료정보를 세무공무원에게 공개할 수 있다는 조항은 없다. 빈면 국세청 쪽은 현행 소득세법 등의 조항에 근거가 있다고 주장한다. 이 법 170조에는 '소득세에 관한 사무에 종사하는 공무원은 그 직무수행상 필요한 때에는 (납세의무자 등에게) 질문하거나 당해 장부 · 서류 기타 물건을 조사하거나 그 제출을 명할 수 있다.' 고 규정돼 있다.

환자 보호 의무를 제대로 이행하지 못한 것

의사들도 자신이 치료를 담당하는 환자의 비밀을 적극적으로 보호해야 할 의무가 있는데, 국세청이 세원 포착을 이유로 상세한 진료정보를 다 가져가는 걸 막지 못하는 것은 의료인으로서 환자 보호 의무를 제대로 이행하지 않은 것으로 볼 수 있다. 더 근본적으로는 환자의 진료정보를 국세청 직원처럼 의사가 아닌 제3자가 보는 게 과연 타당하느냐는 문제가 제기된다. 환자들은 자신과 의사 사이의 상담과 치료 내용을 의사만이 알고 있을 것이라는 믿음을 갖고 병원에 가기 때문이다.

출처: 『한겨레21』 2008. 6. 4. 제713호에서 발췌

5) 성적 친밀감

상담과정에서 일어나는 윤리문제 중 상담자 입장에서 민감한 반응을 불러일으킬 수 있는 것이 성적 요인이다. 상담자는 자신이 어떠한 개인적 욕구를 가지고 있는지, 심리적으로 미해결된 문제를 지니고 있는지 객관적이고 검증된 상담자의 자세를 지니는 것이 중요하다. 나아가 미해결된 상담자의 욕구와 행동이 내담자에게 어떠한 영향을 미칠 수 있는지 분명히 자각하고 있어야 한다.

최근 성에 대한 인식과 태도의 변화로 인해 상담자가 내담자의 성욕에 더욱 민감하게 인식할 필요성이 대두되면서 이에 대한 보다 적극적인 노력이 필요하게 되었다. 특히 초심자일수록 상담자와 내담자 사이에서 발생하는 성적 친밀감에 대한 새로운 오해를 불러일으키기 쉽다. 서로에 대한 호감도를 지나치게 의식하는 것은 감정의 혼란을 초래하게 된다. 그러므로 상담자는 자신과 내담자의 개인적 욕구를 항상 자각하고 있어야 하며, 상담관계 이외의 다른 관계가 미칠 영향을 정확하고 솔직하게 평가할 수 있어야 한다. 특히 내담자에게 매혹당한 상담자가 내담자와의 공감대 형성을 위한 방편으로 자신의 개인적이고 비밀스러운 부분을 드러내는 등 일방적으로 자기노출을 하여 내담자가 상담자에 대해 불안을 느끼고 상담을 중단하는 경우도 있으므로 상담자는 신중을 기해야 한다.

상담과정에서 상담자와 내담자 사이에 성적 혹은 애정적 관계가 발생하는 이유를 인지하는 것도 도움이 된다. 상담자와 내담자 사이에 성적으로 친밀한 행위가 금기시되어 있음에도 불구하고 이러한 문제가 증가하는 것을 보면 상담자와 내담자가 성적 관계로 빠져들 수 있는 가능성이 늘 존재하고 있음을 알 수 있다. 따라서 상담자와 내담자 사이에 부적절한 관계가 생기지 않도록 하기 위해 내담자의 성적 비행의 역동관계에 주의를 기울일 필요가 있다. 그 이유는 대개 다음과 같다. 상담실을 찾아오는 내담자들은 대개 자존심이 낮거나 다른 사람들과의 관계가 깨어져 있기 쉽다. 대인관계에서 소외받고 상처 입은 경우 내담자는 상담자의 따뜻한 온정과 이해, 자신을 무조건적으로 받아들여 주고 수용해 주는 모습에서 지금까지 느껴 보지 못한 존재의식을 새로 경험하게 된다. 이러할 때 내담자는 상담자의 관심 표현에 경계심이 무너지고 상담자에게 기꺼이 반응하며, 문제 해결에 앞서 마음의 안정을 되찾으려는 갈등에서 성적 친밀감으로 이동할 수 있다(김연 역, 1997).

내담자는 자신에 비해 상담자가 우월한 위치에 있기 때문에 상담자에게 성적인 욕구나 갈등과 같은 자신의 내면적 이야기를 솔직하게 털어놓는 경향이 있다. 이때 상담자가 문제를 해결해 주는 대신 내담자의 취약점을 악용하려 할 경우 내담자는 상담자에게 애정적 관심을 가질 수 있다. 상담자의 경우, 본인이 부부관계에 불만족을 느끼거나 외로울 경우 내담자에게 끌리거나 성적인 욕구를 느낄 가능성이 높다. 내담자가 동정심을 유발할 정도로 환경적으로 형편이 어렵거나 유혹적이고 다루기 쉬운 상대일 경우, 또는 내담자의 문제가 부부갈등이나 성적 불만을 포함한 이성과 관련될 경우 성적 충동을 일으킬 가능성은 더욱 높아진다.

정신분석이론에 의하면 상담관계에서 애정적인 전이가 일어나기 쉬우며, 이때 상담자가 이를 어떻게 해결하는지에 따라서 상담의 성공과 실패가 좌우된다고 한다(이장호, 1995). 그러므로 상담자는 자신의 성적 욕구를 잘 파악하고 있어야 하며, 상담관계에 미치게 될 영향에 대해서도 항상 긴장하여야 한다. 상담에서 발생하는 대다수의 성적 부정행위는 젊은 여성 내담자를 피해자로 만드는 남성 상담자들에 의해 많이 발생하고 있다(김연 역, 1997). 이러한 문제는, 특히 내담자가 상담자의 제안을 낭만적이고 애정적인 관계를 맺으려는 행동으로 오해하고 상담자의 접근을 자신이 추구하는 사랑으로 전환하여 받아들일 때 발생하기 쉽다. 상담과정에서 연애감정이 생기면 상담자를 교체해야 한다. 따라서 상담자는 내담자의 문제를 다룰 때 호기심을 채울 목적을 가져서는 안 되며, 내담자가 자신의 문제로 인해 수치심이나 죄책감에 사로잡힐 수 있음을 염두에 두고 이로 인하여 내담자가 보다 큰 심리적 상처를 입지 않도록 유의해야 한다.

내담자와 성관계를 갖는 상담자는 대개 외로움을 타고 감정이 예민한 편이다(Dahlberg, 1970). 일시적으로 자제력을 상실한 상담자가 성관계를 가지는 경우가 많지만 더 심각한 문제는 만성적인 상담자들의 경우는 처벌을 받아도 그 행동이 쉽게 고쳐지지 않는다는 점이다. 이들은 대개 자신이 유혹에 강하다고 생각하고 있으며 이러한 일이 일어나리라고는 생각지 못한 경우가 많다. 상담의 과정으로 생각했던 시도가 내담자를 유혹하는 결과를 낳기도 한다. 따라서 상담자와 내담자 간의 성적 친밀감에서 또 다른 문제가 발생하지 않도록 보다 강력한 제재조치가 필요하며, 상담자 스스로가 올바른 결혼생활과 가정생활이 지속될 수 있도록 노력하는 것이 필요하다.

상담자의 성적 부정행위

성적 부정행위는 주로 상담자와 내담자 사이의 성교, 성적 흥분상태를 유발하기 위해 의도된 것으로 보이는 공개적인 성 전희라고 정의되고 있다. 이는 성적 접촉, 성적 유혹, 성적 희롱을 하기 위한 행동이나 표현, 남녀 사이의 모든 성적 행동을 포함한다. 상담과정에서 생기는 성적 부정행위의 대부분은 젊은 여성을 상대로 하는 남성 상담자들에 의해 저질러진다. 또한 개인적인 문제를 가지고 찾아온 중년층의 여성을 도와주려고 노력하는 과정에서 문제가 발생하기도 한다. 상담자들은 내담자와의 성적 비행에 빠질 위험을 안고 있으며 경우에 따라서는 성적 범죄를 저지를 수도 있다. 남성 상담자는 여성 내담자가 명백한 동의를 하였든, 어떤 충동을 느꼈든 간에 성적 부정행위가 발생하지 않도록 해야 한다.

상담자와 성적 부정행위에 빠지는 여성 내담자들 대다수는, 상담관계가 성적 관계로 발전되기 전까지 상담자에게 경계심을 갖지 않는다. 상담자의 행위를 상담의 진행과정으로 생각하다 관계 자체가 성적으로 발전하는 단계에 돌입해서야 비로소 상담자와의 관계에서 혼란을 느낀다. 특히 정서적으로 외로움을 느끼고, 우울하며, 여성으로서의 자아 정체감을 확립하려고 노력하는 과정에서 내담자는 상담자가 도와주기를 기대한다(김연 역, 1997).

상담자의 경우 훈련을 받았음에도 불구하고, 종종 순수하게 정서적인 도움을 받고자 하는 내담자의 호소를 자기와 애정관계를 가지려는 것으로 오해하면서 문제가 발생된다. 이때 내담자가 상담자의 애정을 자신이 정말로 갈구하는 사랑과 돌봄의 형태라고 잘못 받아들일 경우, 상담자는 성적 경계선을 침범하면서 이를 정당화하기 위해 다양한 형태의 속임수를 동원하게 된다.

성적 비행을 예방하기 위해서는 우선 누구든지 성적 취약성이 있으며 유혹에 빠질 수 있다는 사실을 스스로 인정해야 한다. 전문상담자로서의 역할과 개인적인 역할의 경계가 모호하거나 자신의 성적 윤리성에 대해 지나치게 과신할 때 상담자는 성적 비행을 범하기 쉽다. 그러므로 성적 행동에 대한 경계선을 분명히 설정하고 이를 지켜야만 한다. 개인적인 문제로 인해 상담자와 내담자의 역할에 혼란을 일으켜 성적 비행을 범하는 사람들은 대개 〈표 2-3〉과 같이 잠재적 위험요소를 갖고 있다.

표 2-3 _ 성적 비행을 저지르는 상담자의 특징

대인관계 외형적 현상	내면적 원인
일 중심적 경향을 갖고 있거나 동료의 충고를 무시	자기 중심적 사고가 강함
부부간의 친밀감이 부족하거나 배우자와 가족에게 무관심	가정 밖에서의 사랑 갈구, 심리적 허탈감
성적인 위험을 가벼이 여기고 가정방문과 다른 만남에 기꺼이 참여	지나친 자신감과 성적 비행에 대한 개념부족
개인적 비밀이 지나치게 많음, 냉담하거나 완고하고 경건한 체하는 태도	지나친 열등감을 위장하려는 이중적인 모습
부주의한 금전관리와 부적절한 소비	돈에 대한 개념과 물질만능 사고

피터 루터(Rutter, 1989)는 상담에 열중하는 동안 남성과 여성 사이에 친밀감이 무르익을 수 있고 이 순간 상담자는 반드시 정서적, 성적 유혹에 대처할 준비가

되어 있어야 한다고 주장한다. 상담자는 보다 실질적으로 상담의 윤리적, 예방적, 치료적 문제들을 해결해 나갈 수 있도록 구체적인 대처방법을 강구해야 한다. 상담자라면 누구나 자신으로부터 도움을 받는 사람에게 감정적으로 끌리기 쉽다. 이것은 극히 정상적인 일이며 내담자에게 긍정적인 효과를 미치기도 한다. 그러나 자칫하면 이러한 관계는 상담자와 내담자 사이의 친밀감과 신뢰감을 넘어 급기야 성의 금지된 경계선까지 침범하게 된다. 성적 관계가 깊어졌을 때에는 이를 중단하려는 경향이 점점 줄어 문제가 커질 수 있다. 특히 상담자가 자신의 성적 취약성을 현실적으로 인정하려고 하지 않을 때 이러한 유혹에 빠질 가능성이 더 높다는 점을 잊지 말아야 한다(김연 역, 1997).

상담과정에서 일어나는 성적 비행 중 상당수가 전이와 역전이 현상에 대한 무지나 부정에서 비롯된다. 여성 내담자는 남성 상담자에게 유혹적인 행동과 생각을 전이할 수 있다. 상담자들은 종종 내담자의 신뢰, 존경, 애정 등 긍정적인 전이를 진정한 사랑과 타당한 성적 유혹으로 혼동하고, 현재의 감정을 진실한 사랑이라고 착각하게 된다. 이는 상담자들이 역전이 문제를 인식하고 이에 대처할 수 있는 훈련을 거의 받지 못한 데 따른 결과이다. 특히 상담자가 만족스러운 결혼생활을 영위하지 못하거나 아동기에 심리적인 외상을 겪었을 경우 여성에게 느끼는 억압된 적대감이나 복수심이 표출될 수 있다. 신뢰관계는 상담에서 중요한 요소지만, 상담자에게 성적 친밀함을 요구하는 것으로 잘못 해석되어 성적 관계로 발전될 수 있다.

성적 부정행위는 다양한 동기에 의해 유발될 수 있다. 성적인 만남이 과거의 상처를 치유해 주리라는 착각과 친밀감에 대한 기대가 그 동기로 작용할 수도 있고, 남성 상담자의 행동이 여성을 향한 암시적인 행동으로 발전될 수 있다. 그러나 성적 부정행위는 그 동기야 어찌되었건 간에 상담자와 내담자 모두에게 중대한 해악을 끼친다. 피해자 입장에서는 무능력감과 분노감, 피해의식 등의 감정적인 상처뿐만 아니라 상담자에 대한 불안감을 갖게 하여 심각한 해악을 입을 수 있다. 성적 부정행위가 시도되는 시점에서 상담자는 자신을 합리화하기보다 양심의 소리에 귀 기울이고 자신과 내담자 그리고 다른 가족들에게 미치는 영향을 고려하여 효과적으로 대처해야 한다.

내담자의 성적 부정행위 예방

내담자는 무엇 때문에 상담을 받게 되었고 왜 그 상담자를 택했으며, 처음에는 상담이 어떻게 진행되었는가를 정확하게 정리할 필요가 있다. 상담과정 중 치료된 것은 무엇이고, 언제부터 상담자와의 성적 관계가 시작되었는지, 정확하게 어떤 일이 있었는지, 파악해야 한다. 성적 행동에 어떤 느낌을 가졌고 어떻게 진전되었으며 성적 관계가 지속적인지 종결되었는지, 만약 종결되었다면 그 관계를 어떻게 느끼고 있는지에 대하여 〈표 2-4〉와 같이 단계별로 구조화된 평가를 통해 자신의 문제를 탐색해야 한다.

표 2-4 _ 단계별로 구조화된 평가내용

구분	내용
1단계	내담자의 현재 호소 문제
2단계	상담의 구체적인 내력(육하원칙)
3단계	상담시 성적 학대가 내담자에게 갖는 의미
4단계	상담시 성적 학대의 근원적 문제에 대한 부정/악화
5단계	내담자가 지각한 초기의 문제와 상담시 학대와의 관계
6단계	개입 필요성과 지원의 규명

상담과정에서 상담자들은 내담자에 대한 편견을 버려야 하며 강한 수치심이나 죄의식, 회피의 감정을 자극하는 사실을 폭로했을 때 용기 있는 행동임을 인지시켜 주고 반드시 칭찬하고 격려해 주어야 한다. 상담자는 내담자와 신뢰관계를 맺도록 성급하게 강요하는 일이 없어야 하며 신뢰를 쌓아 가는 과정은 자연스럽게 발전되어야 한다. 남성 상담자는 유혹적인 여성 내담자에 대해 이해하고, 금지된 경계를 침범하지 않도록 예방하고 준비하는 것이 필요하다. 내담

자가 상담자를 유혹하는 유형은 다음과 같다.

첫째, 자신의 행동이 유혹적임을 전혀 자각하지 못하고 관심을 집중시키기 위해 본능적으로 성욕을 자극하는 경우이다. 그들은 성적 문제를 비롯한 여러 가지 문제들을 해결하기 위한 방법으로 이러한 행동을 해 왔기 때문에 그것이 유혹이라는 사실조차 인식하지 못한다. 상담관계에서 상담자는 내담자의 존엄성을 보호하려는 특별한 의무감을 느끼고 여성 내담자들은 깊이 감춰진 자신의 비밀을 상담자에게 털어놓고 문제의 해결책을 찾으려고 노력한다.

둘째, 의도적인 바람둥이 여성으로 자신의 성적인 힘을 의도적으로 표출하는 경우다. 그들은 인간관계가 없어 공허감을 느끼므로 성행위를 통해서 안도감과 만족감을 추구한다. 이러한 여성들은 대부분 성적 · 정서적인 상대를 기대했다가 실패한 데서 오는 분노나 남성에 대한 복수심 때문에 상담자를 희생시키려 한다. 사실 유혹하는 사람들이 궁극적으로 추구하는 것은 성적 행동 자체가 아니며 단지 성행위 외에의 도움을 구하는 다른 방법에 무지할 뿐이다.

셋째, 적대적이고 교활한 요부의 유형이다. 이들은 상담자를 올가미에 걸어 당국에 넘겨 주거나 돈을 뺏으려는 책략으로 자신의 병적 현상을 행동으로 옮긴다. 경우에 따라 권위적인 인물에 대한 적대감을 은폐하면서 이들을 패배시키기로 결심하거나 법적 소송을 미끼로 타협을 통한 수익을 얻으려 한다. 물론 이와 같은 내담자에 의해 유혹을 받았다고 성적 비행 자체가 정당화되지는 않는다. 특히 내담자의 거짓 진술은 법적인 피해를 가져다줄 뿐 아니라, 상담자의 전문성과 윤리적 실천에 치명적 손상을 입힐 수 있다. 그러므로 사실상 과장이나 왜곡이 일어나지 않도록 사전에 철저한 예방의식이 필요하다. 상담자의 접촉이나 말, 눈길을 잘못 해석하는 내담자는 상담자가 실제로 행하지 않은 성적 비행을 보고하여 상담자를 곤경에 빠뜨릴 수 있음을 고려하여, 내담자의 잘못된 진술과 관련된 문제에 대해서 자신을 보호하는 방법을 개발할 필요가 있다. 상담자는 내담자와 관련된 불미스러운 사건에 연루되지 않도록 윤리강령을 철저히 준수하여 예외를 만들지 않도록 주의해야 한다. 혹시 결정하기 곤란한 문제에 봉착했을 경우에 동료 상담자와 슈퍼바이저에게 도움을 구하고 상담진행 과정을 기록하여 보관하는 것은 궁극적으로는 상담자와 내담자의 공통적인 문제를 방지하기 위한 방법이다(오윤선 역, 1996).

6) 상담자와 내담자의 윤리적 이중관계

이중관계(dual relationships)는 상담과 슈퍼비전에서 개인적인 관계를 포함하는 것이다. 물론 모든 이중관계가 불법이거나 비윤리적이라고 하기는 어렵지만 상담자는 내담자와의 관계에서 가능한 한 이중관계를 피해야 한다. 이중관계에는 상담자와 내담자 사이의 우정과 같은 사회적 관계, 상담실습생과 슈퍼바이저 사이의 의존적인 관계유지 등이 있으며 가장 재고의 여지가 없는 것은 내담자와의 성적 관계다.

상담자는 언제든지 상담자와 내담자의 관계를 넘는 이중관계에 빠질 수 있다. 이중관계는 상담자와 내담자 사이에 놓여 있는 직업적 경계를 파괴하는 상황을 포함한다. 상담자가 이중적 역할을 수행하는 까닭은, 상담자 자신이나 타인 혹은 내담자에 따라 기대하는 상담자의 의무와 책임이 다양하기 때문이다. 상담자는 지속적으로 상대에 따라 다른 역할을 하게 되는데 그 역할에 맞추어 수반되는 기대와 의무가 일치하지 않기 때문에 제각기 다른 역할로 인한 문제가 발생될 수 있다. 우리나라에서도, 전문상담자들이 상담과정에서 내담자와의 부적절한 성관계를 근거로 자격 정지 또는 취소를 당하는 일을 간혹 볼 수 있다. 학회까지 보고되어 징계를 받는 일은 극소수지만, 겉으로 드러나지 않는 불미스러운 일들이 예상보다 많을 것으로 추정된다. 이유 여하를 막론하고 상담과정 중 내담자와의 성적 접촉문제는 일반적 윤리 측면에서는 물론 사회적으로도 심각한 문제이고 처벌 수위도 엄격하게 다루어지고 있다.

글로소프(Glosoff, 1997), 헐리히와 코리(Herlihy & Corey, 1997), 키치너(Kitchener, 1998) 등은 전면적으로 내담자와의 이중적인 관계를 금지하지는 않지만, 이중적인 관계의 많은 부분에서 내담자에게 피해를 줄 수 있다는 입장을 동시에 표명하고 있다. 전문가의 윤리강령 중 상당수는 이중적인 관계를 피할 것을 권고하고 있으며 일부는 완전히 금지한다. 내담자가 입을 수 있는 피해를 방지하는 것은 전문가의 중요한 의무이다. 내담자의 복리를 위해 성실하고 헌신적으로 상담에 임하는 상담자라도 내담자가 입을 수 있는 피해를 항상 예견할 수 없기 때문에 결코 이중적인 관계를 가져서는 안 된다. 때로는 이중관계가 그 자체적으로는 비윤리적인 것이 아니라 할지라도 상담자와 내담자와의 관계를 분열시키고 파괴할 가능성을 지니고 있다. 윤리강령에서는 내담자와의 건전한 이중적 관계가 현실적으로 불가능하다는 입장을 표명하고 있다. 오히려 상담자는 내담자와의 경계를 분명하게 함으로써 내담자가 안고 있는 문제를 해결하거나 내담자의 인권존중에 주력할 수 있을 것이며 다른 문제들을 해결하는 데 도움이 될 것이다.

키치너(Kitchener, 1998), 손너(Sonne, 1994)는 상담 관련 전문가들이 자신의 능력이 손상되거나 내담자와 이중적인 관계를 가질 때 내담자에게 피해가 없을 것이라 정확하게 판단할 수 없다고 주장한다. 우리는 이중적인 관계가 내담자와의 우연한 접촉으로 인하여 발생할 수도 있고, 내담자에게 더 큰 이익을 주기 위한 의도의 예기치 못한 결과로서 나타나기도 한다는 사실을 알고 있다. 그럼에도 전문가를 위한 지침서에서 이중적인 관계를 피해야 한다고 권장하는 것은 이중적인 관계로 인해 상담자가 내담자에게 줄 수 있는 피해를 사전에 예방하기 위해서다(Sonne, 1994). 상담자가 내담자에게 실질적으로 이익을 가져다줄 수 있는 가능성이 많을지라도 만에 하나 피해를 줄 수 있는 상황이라면 무조건 피해야 한다. 내담자와 지켜야 할 경계를 명확히 구분하는 것은 상담과정의 기반을 튼튼히 마련해 주고 내담자의 권리를 보호하기 위함이다.

상담자가 친구이자, 연구조사자이자, 상담자이자, 교사일 때 각각의 위치에서 논쟁이 될 수 있는 문제를 파악해야 한다. 전문적인 관계에서 양쪽 모두의 역할을 수행하는 것은 상담의 목적을 이루는 데 방해가 될 수 있으며 다른 관계도 요원해질 수 있다. 전문적인 관계를 유지해 온 사람과 한 가지 이상의 관계를 갖는 것 역시 이중적인 관계에 해당한다. 내담자와 다양한 관계를 갖는 것은 전문가로서 상담자의 객관성을 흐릴 수 있고 상담과정에도 방해가 될 수 있으며, 내담자와의 정신적 공감대를 형성하는 과정에도 악영향을 미칠 수 있기 때문이다.

윤리강령에서는 내담자와 상담자 사이의 권력에 대해서 보다 자세히 언급하고 있다. 상담자가 권력을 남용함으로써 내담자에게 피해를 줄 수도 있다. 상담자가 각기 다른 역할을 수행함으로써 그에 따르는 의무와 책임도 달라지는 이중적인 관계는, 부분적으로 이러한 영향을 받을 수 있다. 상담자가 아무리 좋은 의도를 가지고 있다 할지라도 내담자에게 위험을 줄 수 있는 이중적인 관계는 애초부터 시작하지 말아야 한다. 그러한 관계를 피할 수 없다면 상담자는 내담자와 주어진 상황에서 입을 수 있는 피해에 대해서 의논해야 하며, 지속적인 상담을 진행하기 위해 내담자와 문서를 작성하는 등 신중한 논의가 필요하다 (Smith & Fitzpatrick, 1995).

상담자가 상담과정에서 부주의하게 정보를 누설할 수 있는 확률도 전문적인 관계를 벗어난 상담자의 행동으로 인해 점점 커지고 있다. 상황이 악화될 경우 상담자와 내담자 모두 전문적인 관계와 개인적인 관계의 경계 기준을 상실하게 되고, 상담을 받아야 할 내담자의 문제가 제일 중요하게 여겨야 할 중심에서 벗어날 수 밖에 없다. 상담과정에서 예기치 않게 내담자와의 비밀유지 약속이 지켜지지 않을 경우를 대비해야 한다. 상담자 스스로 이중적인 관계를 가지려는 생각의 동기를 분석하고 내담자를 보호하기 위한 대안적인 방법을 연구하라. 상담자가 이중관계의 위험에 빠지는 요인은 다음과 같이 세 가지 요인으로 정리할 수 있다.

첫째, 내담자가 상담자에게 느끼는 감정이 동요될 때 이중관계의 위험이 발생한다. 상담기간을 통해 내담자가 얻는 것은 인간관계를 유지하는 데 실질적으로 중요한 부분을 차지한다(Bergin & Garfield, 1994; Hubble Duncan, & Miller, 1999; Sexton & Whiston, 1994). 상담자들은 내담자의 생활에서 상담자가 다른 역할을 맡거나 내담자에게 개인적인 감정을 느끼는 경우에는 상담을 계속할 수 없다는 데 동의한다. 그렇지 않을 경우 상담자에 대한 내담자의 신임은 실

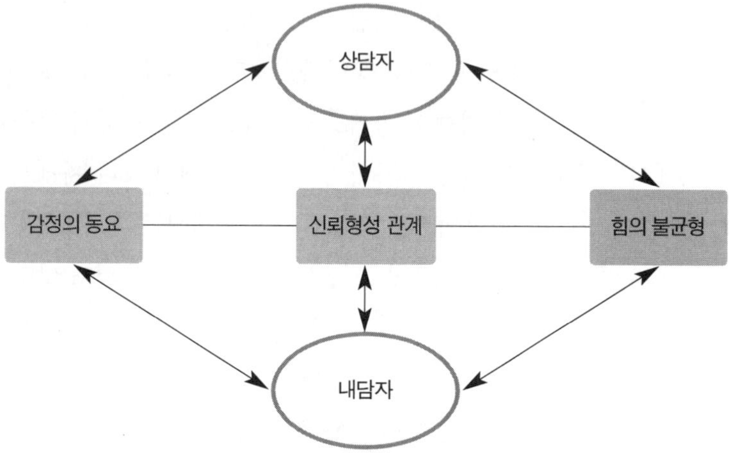

[그림 2-5] 상담자와 내담자의 이중관계

추되고 상호간의 규범이 더욱 모호해지면서 상담의 기대효과도 떨어질 것이다. 상담자의 역할, 내담자와의 경계를 분명히 구분짓는 상담자의 전문성과 의무에 대한 중립성, 그리고 이러한 상담자를 신임하는 내담자 모두가 성공적인 상담을 이루는 중요한 요소로 작용한다. 사적인 관계나 감정을 시도하는 경우에는 상담실의 문을 약간 열어 놓아서 동료 상담자가 있음을 상기시켜 주는 것이 효과적이다. 이런 경우라도 비밀이 보장되도록 하되, 내담자의 동의하에 상담을 녹음하는 것이 바람직하다.

둘째, 상담자와 내담자 간 신뢰형성 관계에서 상담자는 내담자의 권리를 증진시켜야 할 중요한 의무를 가지고 있다(Sonne, 1994). 의무와 책임을 다하지 않은 상담자는 내담자와의 가장 기본적인 약속을 어기는 것이다. 상담자가 내담자의 자율성과 자주성을 존중하는 것은 내담자가 상담을 통해 문제의 객관성을 얻기 위한 것이므로, 객관성을 냉정하거나 부주의한 태도로 혼동해서는 안 된다. 따뜻한 마음을 가지고 내담자의 문제를 해결하기 위해 열정적인 태도로 대하는 것이 바람직하다(Pope & Vasquez, 1998).

셋째, 상담자와 내담자 사이에는 힘의 불균형이 존재한다. 내담자는 자신의 욕구에는 부합하지 않지만 상담자의 지시대로 묵묵히 따르게 되며 쉽게 불만을 토로하지 않는다. 왜냐하면 내담자는 이로 인해 상담과정에서 부정적인 영향을 받지 않을까 하는 불안감을 가지고 있기 때문이다. 또한 내담자는 상담자가 제안한 사회적 만남을 거절하면 상담이 끝난 뒤에 보복을 가하지 않을까 하는 두려움을 가질 수 있다. 그러나 내담자의 자주성은 오히려 상담자와 이중관계를 가질 때 위험해질 수 있다(Kitchener, 1998).

이중관계에 대한 위험성을 판단하기 위하여, 특히 윤리적 규범체계들 간에 만장일치된 동의사항이 있다. 바로 내담자와의 성교는 비윤리적이라는 것이다. 정신치료적 행위가 통제되는 미국의 주에서도 이는 역시 불법이다. 그것은 정신건강 전문가와 내담자 간의 가장 기본적인 신뢰를 파괴하는 것으로 간주되며, 여러 내담자들에게 해롭게 비춰진다(Bouhoutsos, Holroyd, Lerman, Forer, & Greenberg, 1983).

내담자와의 성관계는 상담에 있어 가장 확실한 이중적 관계의 예가 된다. 이중관계는 전문적(형식적으로는 치료 또는 감독관계로 성립된) 요소에 부가적으로 사적이고 비전문적 요소를 포함하는 관계이다. 이중관계의 예는 ① 상담자 및 내담자 간의 우정 및 계획된 사회적 모임, ② 전문 서비스의 물물교환(상담의 대가를 그림으로 지불하는 화가 또는 상담자의 아이를 돌봐 주어 대가를 치르는 내담자), ③ 상담교육생과 전문감독자 간의 계획된 사회적 또는 성적 접촉, ④ 내담자에게 성적인 의도가 있거나 그러한 신체적 접촉(즉, 내담자는 성적 또는 신체적 충족 대상이 될 수 있다.) 등이 있다. 이중관계는 반드시 피해야 하지만 모든 이중관계가 다 불법이거나 비윤리적인 것은 아니다. 명확하게 비계획적이고 우연한 사회적 접촉은 비윤리적이라고 볼 수 없다. 예를 들어 상담자가 파티나 일반 모임에서 내담자를 우연히 만난 경우는 비난받을 수 없다. 다음과 같은 경우에도 비윤리적인 행위로 보지 않는다.

1. 상담학과 교수가 한 학생에게 깊은 인상을 받았다. 그녀가 졸업한 후, 교수는 그녀를

그가 경영하고 있는 상담사무실에 직원으로 고용하였다.

2. 상담자격 인증 지원자의 감독관은 수년의 감독기간 동안 피감시자를 알아 왔다. 공식적 감독기간이 끝난 후, 그들의 관계는 우정으로 발전하여 지속되었다.
3. 한 여성 상담자는 몇 년 전 상담을 종결한 이전 내담자와 우연히 마주친다. 그녀는 그 내담자가 현재 그녀가 필요로 하는 전문적 서비스에 종사하고 있음을 기억한다. 그래서 그녀는 이전 내담자로부터 그 서비스를 구매하고자 협상한다.

이러한 이중적 관계는 불법적이거나 비윤리적인 경우는 아니지만 자칫 잘못하면 비윤리적 관계로 발전될 여지가 있다. 일반적으로 이중적 관계는 내담자의 문제에만 초점을 맞추려는 전문적 목적성 또는 그 능력에 잠재적으로 해를 끼친다는 것이다. 상담자들의 부당한 태도뿐만 아니라 무의식적인 강압 또는 영향력은 감수성이 예민한 내담자들에게 해를 끼칠 수 있다. 일반적인 규칙에 따르면 이중관계를 피하거나 그러한 관계가 예상될 경우 윤리적 또는 법적 결과를 명확하게 염두에 두고 되도록 사전에 철저한 자기관리를 유지할 수 있어야 한다. 상담자나 내담자 모두 인간이기에 어떠한 자격인증위원회나 윤리기관도 감정을 통제할 수는 없다.

6. 상담윤리강령의 내용구성

상담자가 윤리적으로 바람직한 결정을 내리기 위해서는 윤리결정의 준거가 필요하며 그 준거로써 가장 큰 역할을 차지하는 것이 바로 윤리강령과 윤리원칙이다. 우리나라와 미국 상담전문기관의 상담윤리강령 구성을 비교 · 분석해 보면 윤리강령을 발전적 방향으로 보완할 수 있는 방법을 모색할 수 있다. 미국의 대표적 상담기관이라 할 수 있는 ACA와 APA 그리고 KCPA의 윤리강령을 살펴보면 공통적으로 전문과 원칙의 내용들로 구성되어 있으며 구성현황을 비교

표 2-5 _ 윤리강령 구성요소 현황

ACA	APA	KCPA
* 전문	* 전문	* 전문
** 각 실천원칙의 내용	** 각 실천원칙의 내용	** 각 실천원칙의 내용
1. 상담관계	1. 일반규범	1. 전문가의 태도
2. 비밀노트	2. 감정, 평가 및 중재	2. 사회적 책임
3. 전문적 책임	3. 광고 및 기타 공적진술	3. 인간 권리와 존엄성에 대한 존중
4. 다른 전문가들과의 관계	4. 치료	4. 상담관계
5. 평가 · 요구조사 · 해석	5. 사생활과 비밀보호	5. 정보의 비밀
6. 교수 · 훈련 그리고 감독	6. 교육 · 훈련 · 지도 · 감독 · 연구 · 발표	6. 상담 연구
7. 연구와 출판	7. 법정활동	7. 심리검사
8. 윤리적 논제 결정	8. 윤리문제 해결	8. 윤리문제 해결

하면 〈표 2-5〉와 같다(최원호, 2004).

대표적인 구성요소 위주로 전문내용을 살펴보면, [그림 2-6]과 같이 윤리강령의 구성은 공통적으로 인간의 존엄성과 가치를 존중하고 내담자의 복리 증진

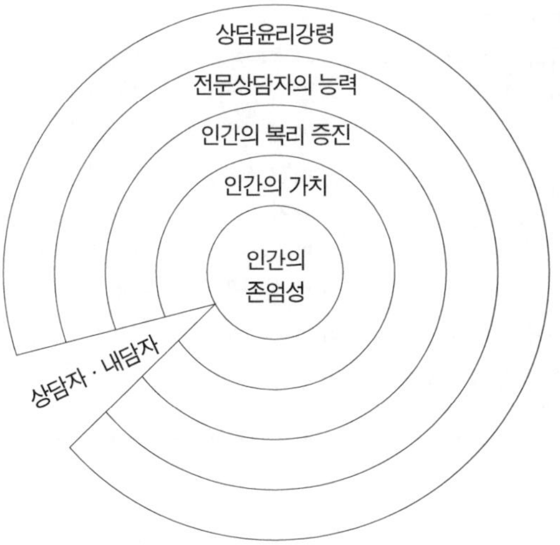

[그림 2-6] 윤리강령의 구성

및 전문가의 능력을 향상시키기 위한 목적을 제시하고 있으며 윤리적 문제를 해결하기 위한 기초과정을 바탕으로 구성하고 있음을 알 수 있다.

특히 KCPA의 윤리강령에서는 전문상담자의 태도와 사회적 책임을 강조하고 있다. 이는 한 인간으로서의 상담자와 내담자를 강조하는 인간 중심의 원리를 강조하며 인간성이 상실된 기능인으로서의 역할을 차단하기 위한 것임을 알 수 있다.

1) 상담관계(성적 친밀도)에 대한 내용

상담자는 내담자와 친밀해야 하는데, 이것이 지나치면 이성 간의 문제로 확대될 수 있다. 그러므로 윤리강령에서는 상담자와 내담자가 서로 이성을 잃지 않고 자신의 역할을 지키도록 구체적인 세부기준을 제시하고 있다. 그 실천원칙의 내용을 비교하면 〈표 2-6〉과 같다(최원호, 2004).

표 2-6_ 상담관계 실천원칙

구분	ACA	APA	KCPA
실천원칙	A. 상담관계 - 이중관계 회피 - 내담자와 성적 관계 금지 - 상관이나 부하직원과 상담 금지	3. 인간관계 - 관계형성 - 부부관계와 가족관계 - 현재 내담자와 성적 관계 금지 - 이전 성적 관계자 상담 금지 - 이전 내담자와 성적으로 친밀한 관계 금지	4. 상담관계 - 이중관계 금지 - 성적 관계 금지 - 여러 명의 내담자와 성적 관계 금지 - 다른 전문가 의뢰
공통점	① 전문상담자는 이중관계를 피해야 함 ② 내담자와 성적관계 금지 ③ 이전 내담자와 성적관계 금지		

- ACA의 윤리강령은 A단계에서부터 상담관계를 중심으로 강조하고 있는바, 이중적 관

계를 가능하면 피하라고 규정하고 있으며 행정적 · 감독적 · 평가적 관계에 있는 상사나 부하직원은 내담자로서 허용하지 않는다. 상담자는 내담자들과 어떤 종류의 성적인 관계도 가질 수 없으며, 과거에 성적으로 관계를 맺은 적이 있는 사람과는 상담을 하지 못한다. 또한 상담관계가 종료된 과거의 내담자라 할지라도 최소 2년 내에는 성적인 관계를 맺지 않아야 하며, 이에 대해 상세하게 기록하여 보고해야 할 의무가 있다(ACA 윤리강령 Section A. 5).

- APA의 경우에도 현재 내담자와 성적 관계를 맺어서는 안 되고, 이전에 성적 관계를 가졌던 사람을 내담자로 받아들여서도 안 되며, 상담종결 후 적어도 2년 내에는, 아주 특별한 경우를 제외하고 성적으로 친밀한 관계를 맺지 말아야 한다고 규정하고 있다(APA 윤리강령 Section 3).
- KCPA에서는 ACA와 APA와 마찬가지로 '전문상담자는 내담자와 상담 이외의 관계는 피해야 하고, 상담관계가 종결된 이후 최소 2년이 지난 후라도 성적 관계를 맺지 않으며 맺게 되는 경우 그것이 어떤 종류의 것이든 착취적인 관계가 아니라는 사실을 철저하게 검증해야 한다.' 또한 '전문상담자는 객관성과 전문적인 판단에 영향을 미칠 수 있는 이중관계는 피해야 한다.'고 규정하고 있다(KCPA 윤리강령 Section 4. 가., 나.).
- 전문상담자와 내담자 간에 일어나는 성적인 접촉은 비윤리적이고 특히 용서받을 수 없다는 사실에 대해서는 각종 단체에서 의견의 일치를 보이고 있다. '성적 관계는 비윤리적이다.'라는 규정은 내담자와 어떤 형태의 성적 관계도 맺어서는 안 된다는 것을 의미한다. 이것은 직접적인 성관계뿐 아니라 고의성을 띤 육체적인 접촉도 허용될 수 없음을 강조하는 것으로, 내담자뿐 아니라 동료나 스텝들과도 성적인 접촉을 해서는 안 된다고 규정하고 있다. 우리나라의 경우도 상담자와 내담자 사이에 점차적으로 성적인 관계를 형성할 수 있는 가능성이 높아질 것에 대비하여 상담윤리강령에 보다 구체적인 조항들을 삽입하고 있다. 한국상담심리학회 상담심리사 윤리문제 출제비율은 상담심리사 4급: 「상담 및 심리치료 이론」 과목에 객관식 3문항, 주관식 1문항을, 상담심리사 2급: 「상담심리학」 과목에 객관식 3문항, 주관식 1문항을 출제하여 상담심리사 지원자들에게 상담윤리강령을 숙지토록 하고 있어 다행이다.

상담자가 전문상담자로서 품행에 책임을 질 수 있고, 내담자를 대상으로 부정행위를 일으키지 않으려면 미리 예방조치를 하는 것이 최선의 방법이다. 무엇보다도 상담자들이 이 같은 행동을 하지 않도록 금지하는 구체적이고 엄격한 윤리강령의 기준을 세우는 일이 중요하다. 대개 상담기관의 주 대상은 여성으로, 그 이유는 분명하게 설명할 수 없지만 우울증, 심한 불안, 섭식장애 등 정서적인 문제들이 여성에게 더 많이 발견되는 경향이 있다. 물질남용, 반사회적 성격, 편집증적 성격장애는 남성에게서 더 많이 나타나지만 문제를 가지고 상담을 요청하는 내담자는 대다수가 여성들이다(Williams, 1987).

전문가와 비전문가를 막론하고 많은 상담자들이 여성 자체에 대한 이해나 인생경험의 사회적 측면에 대한 이해가 부족한 상태로 상담자의 역할을 담당하고 있다는 사실은 심각한 문제가 아닐 수 없다. 대부분의 남성 상담자들은 상담수련과정에서 내담자의 대부분을 차지하는 여성에 관한 과목은 단 한 코스도 배우지 않는다. 그 결과 여성 심리에 대해 무지하거나 여성에 대한 잘못된 생각으로 내담자와의 상담관계나 상담과정에서 오류를 범할 수 있다. 이로써 상담을 원하는 여성에게 진정한 위로를 줄 수 없거나 여성들에게서 나타나는 단순한 정서적 현상을 왜곡하고 오해할 수 있다.

여성 내담자가 상담실을 더 많이 찾는 현상에는 여러 가지 요인이 있을 수 있다. 대개 남성은 문화적으로 다른 사람에게 의존하거나 상담자에게 복종하며 지시를 따를 확률이 낮아 자신의 신체와 감정을 스스로 통제하고 문제를 해결하려 한다. 이에 반해 여성은 자신의 문제를 좀 더 민감하게 받아들이기 때문이라고 짐작해 볼 수 있다. 남성 상담자는 내담자의 말을 경청하면서도 여성들에게 무의식적 고정관념이나 신념체계를 통한 선입견을 갖고 있기 때문에 자칫하면 상담자의 태도와 신념이 상담과정에 방해요소로 작용할 수 있다. 그러므로 상담자는 고정관념에서 벗어나 내담자의 능력을 높이 존중하는 태도를 가져야 하며 여성 내담자는 분노를 어떻게 표현하고 갈등을 어떻게 조절하는지를 배워야 한다.

미국의 각 상담기관 윤리강령에는 이 문제와 관련하여 다음과 같은 사실들을 지적하고 있다. 첫째, 성적 관계는 그 자체로 비윤리적이다. 성관계가 강제적인 것이 아니라면 비윤리적이지 않다고 생각하는 사람들이 있는데 결코 그렇지 않다(Pope, Levenson, & Schover, 1979). 둘째, 내담자와 상담자는 어떤 유형의 성적 관계도 가져서는 안 된다. 직접적인 성관계뿐만 아니라 성과 관련된 말이나 육체적 접촉을 포함한 어떤 행동도 할 수 없다. 셋째, 상담자는 내담자뿐만 아니라, 상담자가 속한 기관을 관리 · 평가 또는 지도해야 할 책임이 있는 동료와 성적인 접촉을 해서는 안 된다. 넷째, 성에 관한 필름이나 녹화테이프 사용 시 주의해야 한다. 필요한 경우 전문가 또는 전문가의 동의가 있어야 하며 동의 없이 진행하면 역효과가 날 수 있기 때문에 미국의 윤리강령에는 상담자와 내담자 사이의 성적 표현을 비롯하여 성관계를 형성할 수 있는 성적 친밀감 그 자체를 금기시하고 있다. 상담자가 자신의 의식 속에 분명한 한계를 두고 내담자와의 성적 친밀감이 형성되지 않도록 긴장감을 늦추지 않게 하려는 것이다.

결론적으로, 성적 친밀감을 조절하기 위해서는 다음과 같은 몇 가지의 지침을 설정할 수 있다.

첫째, 상담자는 내담자의 성문제를 다루기 전에 자신의 성적 만족도, 성행동 과정 등을 충분히 인식하고 있어야 한다. 이는 성욕에 대한 반응양식으로 성역할, 성적 행동, 기분, 인내의 태도 등과 타인의 성적 접근에 대한 반응을 포함하는 것이다. 상담자가 의외로 자신의 성적인 문제를 해결하지 못하고 내담자의 문제를 해결하기 위해 노력할 때 잘못된 역전이 현상을 불러올 수 있다. 사람의 기본적인 가치관이 다르듯이 성에 대한 가치관 자체가 다름을 인정하고 남성과 여성으로서의 성역할이나 성적 행동 그리고 기본 태도가 각기 다름을 인정하는 것이 중요하다.

둘째, 상담자는 성에 관한 올바르고 기본적인 지식을 가져야 한다. 내담자는 상담자가 성문제에 해박할 것으로 기대하는 경향이 있다. 내담자는 대개 죄의식과 부끄러움을 느끼고 있으며 상담자에게 도움을 청하기까지 상당히 용기를 낸 것이다. 성이나 성욕에 관한 상담자의 지식이 내담자보다 적을 때 상담자는 당황하거나 내담자를 무안하게 만들 수 있다.

셋째, 상담자는 성문제에 관한 효과적인 상담이 가능할 수 있는, 개방적인 의사소통의 자세를 가지고 침착하게 상담에 임해야 한다. 특히 자신의 능력과 전문지식의 한계를 인정하고 그 한계를 넘어서는 상담은 하지 말아야 한다. 전문적 훈련이나 과정을 거치지 않은 상담자가 성 문제 상담 및 치료를 시도할 경우 오히려 서로에 대한 성적 친밀감으로 역전되는 사례가 발생할 수 있다. 그러므로 성문제의 구체적 상담은 가능한 한 전문적 훈련과 기술을 가진 전문상담자에게 의뢰하는 것이 좋고, 그렇지 않을 경우 필요에 따라 성문제 전문가에게 의뢰할 수 있는 준비를 갖추고 있어야 한다(이장호, 1995).

2) 비밀보호에 대한 내용 비교분석

윤리강령에는 내담자의 사생활을 존중해야 하고 모든 정보의 비밀을 지켜야 한다는 비밀보장과 사생활보호의 내용을 제시하고 있다. 그 구체적인 내용은 〈표 2-7〉과 같다(최원호, 2004).

표 2-7_ 비밀보호에 대한 실천원칙

구분	ACA	APA	KCPA
실천원칙	B. 비밀보호 B.1 내담자 권리 보호	5. 사생활과 비밀보호 – 비밀보호의 한계를 논하기 – 비밀을 유지하기 – 사생활의 침해를 최소화하기 – 기록의 보존 – 노출 – 자료의 기밀정보	5. 정보보호 – 사생활과 비밀보호 – 기록 – 비밀보호의 한계 – 집단상담과 가족상담 – 내담자의 정보사용 – 전산정보의 비밀보호
공통점	① 내담자의 사생활 보호 및 사생활 침해 최소화 ② 내담자의 비밀유지하기 ③ 비밀유지의 한계 알림		

- ACA의 윤리강령에서는, 상담자는 내담자의 사생활을 존중하고 불법적이고 보증되지 않은 비밀스러운 정보를 공개하지 않아야 하지만 내담자의 법적 대리인에 의해 권리가 포기될 수 있다고 규정하고 있다. 예외적으로 내담자와 다른 사람에게 절박한 위험상황일 경우 이를 막기 위하여 비밀을 공개할 수 있으며, 법적으로 공개를 요구할 경우에도 비밀을 공개할 수 있다고 명시하고 있다(ACA 윤리강령 Section B.).
- APA는 사생활과 비밀보호를 다른 단체보다 더 구체적으로 명시하고 있다. 이에 따르면 상담자는 내담자의 사생활침해를 최소화하기 위해서 실제 의사소통한 것과 관련된 정보에 대해 논의할 수 있으며, 법적으로 디당한 경우에는 내담자의 동의 없이 정보를 노출할 수 있지만 최소한의 수준으로 제한해야 한다(APA 윤리강령 Section 4.).
- KCPA는 정보의 보호에서 사생활과 내담자의 권리를 최대한 존중해야 할 의무를 상담자에게 부여하고 있다. 상담과 관련된 기록을 타인에게 공개할 때에는 내담자의 생명이나 사회의 안정을 위협하는 경우 내담자의 직접적인 동의를 얻어야만 가능하도록 규정하고 있다. 상담자는 내담자에게 비밀보호의 한계에 대하여 그 내용을 상담시작 전에 알려 주어야 한다. 특히 전자정보의 비밀보호를 위해서 컴퓨터를 사용함에 있어 제3자에게 내담자의 신상이 드러나지 않도록 조취를 취해야 한다.

3) 윤리적 문제 해결에 대한 내용

상담자는 내담자와의 윤리적 문제 해결을 위해 적용 가능한 모든 윤리강령을 숙지해야 한다. 상담자가 특별한 관심을 가져야 하는 실천원칙은 〈표 2-8〉과 같다(최원호, 2004).

상담의 비밀은 보장되어야 하지만 그럼에도 불구하고 비밀을 누설해야 하는 상황은 종종 발생한다. 다양한 윤리강령에서 비밀이 보장되어야 한다는 대원칙과 함께 비밀보장을 지킬 수 없을 경우, 비밀을 누설해야 할 때 상담자의 태도, 비밀보장의 한계성을 사전에 내담자에게 밝혀야 할 의무 등에 관한 내용을 수록

표 2-8 _ 윤리적 문제 해결에 대한 실천원칙

기관단체	ACA	APA	KCPA
실천원칙	H. 윤리적 논제 결정 - 기준에 대한 지식 - 의심스러운 위반 - 윤리적 규약 협력	1. 윤리적 문제 해결 - 윤리강령 숙지 - 윤리문제에 직면 - 윤리위반의 비공식적 해결 - 윤리위반의 보고	8. 윤리적 문제 해결 - 윤리위원회와 협력 - 위반
공통점	① 윤리기준이나 강령 숙지 ② 윤리적 규약 협력 ③ 윤리위반 보고 ④ 윤리를 잘못 이해하는 것은 비윤리적 사실		

하고 있다.

- ACA에서 상담자는 의심스러운 윤리적 위반 행위에 대해 지식이 있는 다른 상담자, 동료들의 의견을 고려하여 결정해야 한다고 명시한다(ACA 윤리강령 Section H.).
- APA에서 상담자는 적용가능한 모든 윤리강령을 숙지할 의무가 있음을 밝히고, 잘못 이해한 사실은 비윤리적 행위로 규정하고 있다. 소속단체와 윤리 간에 갈등이 있을 경우 갈등의 본질을 명백히 하고 윤리강령에 충실한 해결책을 찾도록 해야 한다. 명백한 윤리위반이 비공식적 방법으로 해결되지 않을 경우 윤리위원회에 위임할 것을 규정하고 있다(APA 윤리강령 Section 1. 01.-06.).
- KCPA에서는 ACA나 APA에서 규정하는 동일한 내용을 중심으로 윤리요강에 적용하고 있다(KCPA 윤리강령 Section 8. 가., 나.). KCPA에서는 회원들의 윤리의식을 강화하기 위하여 상담심리사 윤리강령뿐만 아니라, 윤리강령시행세칙을 개정하여 회원들의 윤리강령 위반 행위에 대하여 자체 윤리위원회를 소집하여 적절한 조취를 취하도록 규정하고 있다. 이는 한국상담윤리 발전에 적극적으로 기여할 수 있는 제도적인 보완이지만, 자칫 행정규정 개정사항에 국한될 것에 대비하여 실제적인 회원들의 윤리의식 함양을 위해 2008년도 상담심리사 자격검정시험에 윤리문제를 20% 주관식

서술형으로 출제토록 개정했다. 이러한 제도적 보완책을 통하여 상담자의 윤리의식을 강화시킬 수 있는 절대적인 계기를 마련한 이상, 점차적으로 상담윤리 재교육프로그램을 개발하여 연수과정에 적극 반영하는 직접적 계기가 될 것이다.

제3장 상담윤리교육

1. 상담윤리의 교육적 의미 2. 상담윤리교육의 이론적 접근 3. 상담윤리교육의 필요성
4. 상담윤리의 교육목표 5. 상담윤리의 영역별 교육내용

제3장

상담 윤리교육

1. 상담윤리의 교육적 의미

일반적인 '도덕교육'과 '상담윤리교육'의 관점과 교육목표에 차이가 있으며 상담윤리는 여러 영역 중에서도 '전문직윤리(professional ethics)'의 측면이라는 사실이 윤리적 의사결정에 있어 실로 어려운 문제로 대두되고 있다. 전문직윤리교육은 내담자의 비밀을 보호하고 내담자를 대하는 과정에서 일어날 수 있는 다양한 직무와 밀접한 연관성을 지니고 있다.

이러한 전문직윤리교육과 관련하여 혼동을 초래하는 이유는 근본적으로 용어의 개념 자체가 정립되지 않았기 때문이다. 도덕교육은 도덕적으로 완성된 인격의 도야를 목적으로 하지만, '상담윤리교육' 은 상담과정에서 상담과 관련된 내담자 중심의 근본적인 윤리적 내용에 대한 이해를 주된 목적으로 하기 때문이다. 상담윤리교육은 다음 네 가지의 차원을 포괄해야 한다.

첫째, 특정 상황을 윤리적인 문제로 인식하는 것이며 둘째, 그 상황의 도덕적 갈등 요소를 명료하게 분별하며 각 행위자의 입장을 이해하고 공감하는 것이다. 또한 셋째, 윤리의 원칙과 자신의 가치관, 사회문화적 관습 등 관련 요인들을 포괄적으로 고려하여 논리적·도덕적 추론을 하는 것이고 넷째, 예상되는 여러 장애에도 불구하고 자신이 내린 결론을 행동으로 옮기는 것이다.

특히 도덕교육에서 인지발달론을 발전시킨 콜버그(L. Kohlberg)에 의하면, 상담자와 내담자 그리고 내담자와 상담자라는 서로의 역할을 바꿔서 연기를 해보는 교육과정을 도입한다면 일방적인 주입식 강의 중심의 교육에서 찾을 수 없는 윤리의식을 심어 주는 데 직접적인 효과를 기대할 수 있다고 한다. 또한 다른 사람의 입장이 되어 보는 '역할채택능력'은 도덕적 판단능력의 발달을 위한 주요 요소로 작용한다. 이는 세상을 보는 관점이 다양함을 깨닫는 동시에 자신의 행동을 검토하고, 다른 사람들의 관점을 통해 세상을 보는 안목을 유형화시키는 능력이기 때문이다. 물론 콜버그의 인지발달론을 상담윤리교육에 그대로 적용하기에는 무리가 있지만, 현장에서 일어나는 윤리적 문제를 해결하기 위해서는 관련 당사자들의 관점을 이해하고 비판적으로 수용할 필요가 있으며 다음과 같이 콜버그의 이론을 응용할 수 있다.

첫째, 윤리적 구체성을 형성하라. 윤리적인 문제라고 하면 단순히 막연하고 추상적인 문제들이라고 생각하기 쉽다. 그러나 보다 현실적인 문제로 다가올 수 있도록 구체적인 사례나 토의 중심 내용으로 구성하면 흥미를 유발할 수 있으며 윤리에 대한 부정적인 선입견을 지울 수 있다. 상담에서 갈등을 다루는 데 있어 오로지 내담자에게만 초점을 맞출 것이 아니라, 갈등 그 자체가 바로 '자신'의 문제를 구체적으로 제시하며 보다 큰 정서적인 반향을 가져올 수 있으며 구체성을 띨 수 있는 '윤리적 문제'라고 이해하는 것이 첫걸음이다.

둘째, 다양한 윤리적 관점을 제시하라. 문제를 바라보는 입장을 상담자 입장이 아닌 내담자 입장으로 역할을 바꿔 생각할 경우 전혀 고려하지 못했던 "저런 관점에서도 이 문제를 이해할 수 있겠구나."라는 생각을 자연스럽게 할 수 있는 직접적인 계기가 마련된다. 이렇게 다양한 관점(perspective)에서 윤리적 문제를 바라보는 것은 윤리적으로 성숙한 전문상담자를 양성하는 과정이 될 것이다.

셋째, 공감대를 형성하는 계기를 마련하라. 학교 교과과정 중에 역할극을 통해 상담자와 내담자의 역할을 바꿔 보면 내담자의 역할을 맡은 다른 학생의 모습이나 상담자의 모습을 통해 자신과의 차이점을 자연스럽게 이해할 수 있다. 공감은 자신 이외의 사람과 자신과의 '동일시(identification)'를 통해서 가능하기에, 내담자의 모습이 곧 상담자의 모습과 동일할 때 공감대가 형성된다. 상담에서의 '공감(sympathy)'은 상담자와 내담자의 관계를 원활하게 하는 중요한 능력이며, 상담자의 인성교육에서도 반드시 필요하고 중요한 요인이다. 이러한 과정을 통하여 공감을 더욱 촉진시킬 뿐만 아니라, 상담이 설득이라는 논리적 차원을 뛰어넘어 정서적인 차원으로 공감대를 형성한다는 사실을 알 수 있다.

교육의 목적은, 사람에게 인격을 부여하는 데 있다. 교육은 단순히 학술이론을 가르치는 것과 달리 매우 복합적인 목적과 가치를 동시에 이루어 내는 과정이다. 이 점에서 심리학이나 상담학을 전공하는 학부과정 또는 대학원과정에서 상담윤리학을 정규교과목에 포함시키지 않는 것은 윤리교육의 필요성 및 중요성에 대한 인식 부재를 드러내는 것이다. 기본적으로 상담윤리란, '상담종사자로서 마땅히 지켜야 할 도리'라고 할 수 있다. 상담자의 윤리적 판단과 행동에는 윤리적 규칙이 있고 그 규칙을 뒷받침하는 원칙이 있으며, 그 원칙은 다시 윤리이론에 기초한다. 상담 분야에도 상담자가 윤리적 의무를 지키지 않았을 때 발생할 수 있는 상황은 다양하다. 상담자는 내담자 또는 다른 사람들에게 다양한 형태로 영향력을 행사하며 중대한 결과를 초래할 수 있기 때문에, 상담자에 대한 윤리의식을 고취하는 것은 중요한 과제이다. 상담윤리의 교육적 의미를 그림으로 나타내면 [그림 3-1]과 같다(최원호, 2000).

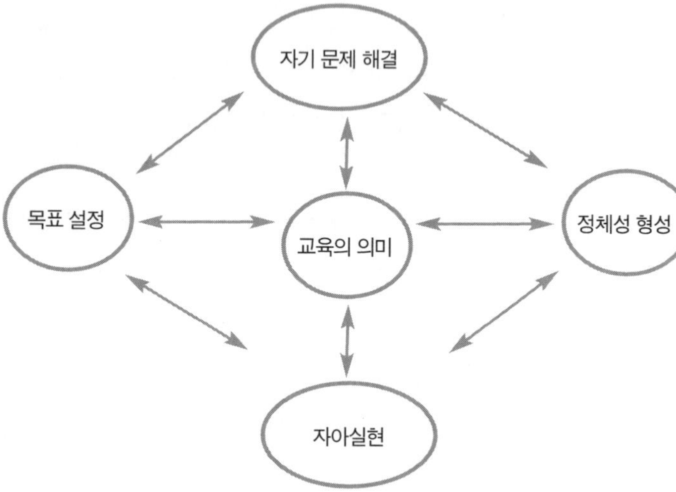

[그림 3-1] 상담윤리의 교육적 의미

[그림 3-1]에서 제시한 상담윤리교육의 의미를 풀어보면 다음과 같다.

첫째, 상담윤리교육은 상담과 관련되는 개인적, 사회적 혼란을 극복하고 자신의 문제를 해결하도록 도움을 준다. 오랫동안 억눌렸던 개인적 욕구들이 일시에 분출되어 최근 사회적 혼란이 야기되고 있으며, 사회를 이끌어 가고 지탱해 주는 가치관과 윤리관이 급변함에 따라 사회 구성원들은 혼란을 겪게 마련이다. 상담윤리교육의 측면도 이와 유사하다.

둘째, 상담과정에서 일어날 수 있는 현실적 문제 해결을 위한 상담자로서의 바람직한 윤리의식에 대한 교육을 통해 목표설정에 도움을 줄 수 있다. 상담을 공부하는 학생, 수련과정 중인 상담자에게 인간 이해의 관점에서 윤리의 필요성과 중요성을 깨닫게 하여 상담자로서 전문성을 높일 수 있다.

셋째, 상담윤리교육을 통해 자아실현과 인격완성의 의미를 파악케 하여 상담자로서 자신의 인생 설계에 기준점을 제공할 수 있다. 황금만능의 물신풍조가 팽배하는 사회 속에서 점점 윤리관이 파괴되며 가치관의 혼돈이 초래되는 가운데, 상담자로서의 윤리적 임무가 한층 중요시되는 시점에 놓여 있다. 사회적 혼돈을 극복하기 위해서는 상담자로서 삶의 목적, 자아실현 그리고 인격완성과 가치추구 등 건전한 가치관이 형성되어야 하며, 교육적 차원에서 좀 더 체계적인 학문적 연구가 선행되어야 한다.

넷째, 상담윤리교육을 통해 상담자로서 정체성(identity)을 형성할 수 있다. 정체성은 개개인으로 하여금 그가 속해 있는 단체에 대한 애착을 느끼게 하며, 시간적 영속성 속에서 자기라는 주체를 계속 지켜 나갈 개인의 의지를 가리키는 개념이다. 상담자의 정체성은 자신이 누구이며, 무엇을 하는 사람이며, 앞으로 어떻게 될 것인지 알려 주고 상담에 보다 적극적인 자세로 참여하게 하는 신념이라고 할 수 있다. 상담자의 자기정체감(self identity) 확립은, 상담자를 통한 내담자의 정체성 확립에 중요함과 동시에, 끊임없이 변화하는 사회 속에서 상담자 자신의 목표를 실현하려는 주관적 요소이다. 더구나 내담자와의 공감대를 형성하고 일체감과 친근감을 주게 되어 문제 해결에 있어 내담자의 적극적인 협조와 참여를 유도할 수 있다.

결국 이와 같은 상담윤리교육은 스스로의 행동변화를 전제로 하는 가치 덕목을 내면화하기 위한 교육활동이며 상담자의 윤리의식 강화를 위한 기본적 과제다. 앞으로는 전문가다운 윤리의식 향상을 위한 상담윤리교육과정이 운영될 수 있도록 기본 요건을 형성하는 것이 중요하다. 기존 이론 중심의 형식적 교육의 틀을 탈피하여 상담자의 삶이 곧 교육이 될 수 있는 윤리교육 형태를 추구하는 것이 무엇보다 중요하다.

2. 상담윤리교육의 이론적 접근

상담윤리는 새로운 도덕원리나 방법론에 대해 구체적으로 표명하거나 이론에 의존하는 학문이 아닌, 특별한 사실영역과 관련된 윤리학이라고 할 수 있다. 상담윤리는 응용윤리에 해당되므로, 일상적인 상황에서 그것에 의존하거나 또는 이것에 따라 논증하는 동일한 도덕원리와 규칙을 구성하고 있다. 이것은 상담윤리에서 이러한 친숙한 도덕규칙이 상담환경이라는 독특한 상황에 적용되는 것과 같다고 볼 수 있다. 결론적으로, 상담윤리는 새로운 원리 혹은 이론이 아니라, 특별한 관심영역에 적용되는 동일한 특수상황윤리라 할 수 있다. 그리하여 초창기의 윤리학자들은 이미 확립된 전통적 윤리이론(공리주의, 의무론, '덕' 이론 등)을 단지 구체적이고 도덕적인 문제에 적용시켜 그 해결책을 찾았다. 각각의 윤리이론은 그 토대가 다양하기 때문에 도덕적 문제에 대한 응답 역시 제각기 다른 입장이다.

윤리적 문제는 너무 복잡하여 전통적 윤리이론을 구체적 사례에 단순히 적용시키는 방식에 의해서는 해결되지 않는다. 전통적 윤리이론은 일반적이고 추상적인 데 반해, 실제적인 삶은 혼란스럽고 세부적이기 때문이다. 그러므로 전통적인 윤리이론을 도덕문제에 적용시켜 그 답을 연역적으로 도출하는 방법은, 적용하는 윤리이론에 대한 합의가 없는 경우 상담윤리의 문제 해결에 전혀 도움이 되지 않는다. 그리고 어떤 윤리이론을 사용할 것인가에 대한 합의가 있다 할지라도 그 합의만으로는 도덕적 다양성으로 인한 논쟁을 해결할 수 없다. 상담윤리에서는 상담과 관련된, 특수한 비윤리적 문제에 대해 구체적인 대답을 내려야 하는 경우가 많기 때문에 방법론에 대한 구체적인 합일점을 찾아야 한다. 전통적 윤리이론의 방법론이 가지고 있는 문제점을 해결하기 위해서 다음과 같은 접근방법을 제시할 수 있다.

첫째, 비윤리적 문제에 대해 전통적 윤리이론의 사용을 중단하고 대신에 원칙을 사용하여 해결을 시도한 접근방법이다. 이는 단일하게 높은 수준에 의존하지 않고 중간 수준의 원칙을 윤리문제에 적용시켜 도덕적 해결책을 추론해 내는 하향적이며 연역적인 방법이다. 이러한 접근방법을 따르는 대표적인 도덕이론은 '원칙주의'다. 일반적으로 원칙들은 도덕이론으로부터 나오고, 그 다음에 도덕판단을 하는 데 사용되는 특수한 규칙들이 파생된다. 그러나 원칙에 기초한 접근방법에서 원칙들은 이론의 바로 아래에 있고 규칙의 바로 위에 위치

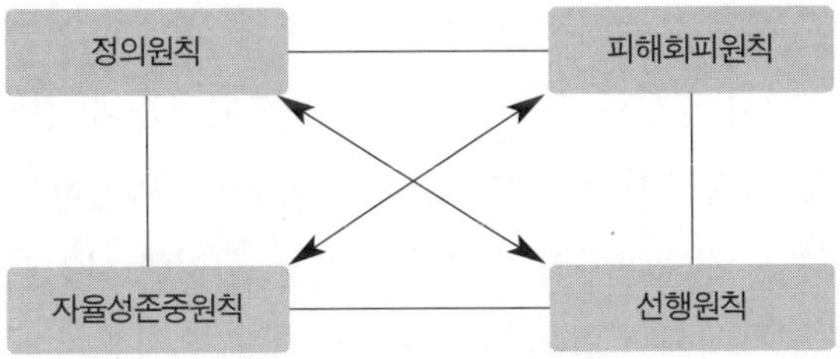

[그림 3-2] 원칙주의의 네 가지 원칙

한다. 원칙주의자들은 이러한 원칙들 중에 몇 가지의 원칙을 사용하여 윤리문제를 해결할 수 있다. 원칙주의의 네 가지 원칙은 [그림 3-2]와 같이 자율성존중원칙(respect for autonomy; 특히 내담자 자율성에 대한 존중을 포함), 피해회피원칙(nonmaleficence; 내담자에게 해를 회피하게 함을 말함), 선행원칙(beneficence; 선의 추구와 내담자의 복리를 강조함), 정의원칙(justice; 사람들을 동등하고 공정하게 취급함) 등이다. 기본적으로 정의와 선행원칙이 중심이 되어야 하며 이는 내담자의 피해를 줄이기 위해 자율성이 존중될 때 가능하다. 또한 이 원칙은 각각의 원칙에 대해 상호보완적인 관계를 추구한다. 원칙주의는 공리주의 또는 의무론의 방법과 같이 갈등을 판단하고 의무를 정당화하는 전체를 포괄하는 원칙을 갖지 않으며 도덕규범을 비교평가하고, 숙고하며, 해석함을 필요로 한다.

둘째, 사례에 기초한 접근방법(case based approach)이다. 이는 구체적인 도덕적 사례 분석을 통해 사례들을 유형화시켜 도덕적 문제에 대한 구체적인 해결책을 찾고자 하는 방법으로, 사례들을 반복해서 검토하고 그 사례들을 환경에 기초한 적합한 개념 혹은 공통의 도덕행위 규범이나 윤리의 원칙에 따라 정리하도록 요구한다. 이 방법은 구체적인 도덕문제에서 일반적인 도덕원리로 나아가는 상향적 방법이다. 이러한 귀납적 방법론의 대표적인 도덕이론은, '결의론(casuistry)' 으로서 사회적 관습이나 교회, 성서의 율법 등에 비추어 도덕적인 문제를 해결하려는 윤리이론이다. 결의론의 전략은 영미법 전통에서 도출된 불문

법과 똑같이 오랜 시간을 걸쳐서 원칙들이 도출된 것이다. 이와 같은 도덕원칙들은 현실적인 숙고와 경험에 의해 세련되게 유도되었는데, 결의론의 접근방식은 새로운 사건을 해결하기 위해 더 오래된 사례들을 이용하는 유비추론 방법을 주로 사용하였다. 결의론자의 접근법은 먼저, 이러한 사례의 특징을 확인하고 이 사례가 다른 사례에서 얻은 경험과 어느 정도 유사한지 여부를 따져 보면서, 관련된 선례와 다른 사례에서 얻은 경험을 확인한다. 그러나 결의론 분석은 과거의 사례나 선례에 너무 집착하는 위험성을 갖고 있다는 비판을 받고 있다.

셋째로, 공동체주의에 근거한 방법론이다. 이는 '원칙에 기초한 방법론'과 '사례에 기초한 방법론'에 한계를 느낀 사람들이 공동체주의에 관심을 보이기 시작하면서 발전된 접근방법이다. 다시 말해, 기존의 자유주의가 자율성을 지나치게 강조하는 데 따른 반작용으로부터 나왔다고 볼 수 있다. 공동체주의자들은, 인간은 본래적으로 공동의 가치에 의해서 만들어졌을 뿐 아니라 공동체의 생활을 통해서 선을 획득하기에 가장 적합한 존재라고 주장한다. 이들은 인간의 자율성을 지지하지만 자율적 인간은 고립되어 살 수 없기 때문에 윤리의 출발점을 개인보다는 공동체로 보며, 상담윤리의 문제는 우리 사회에 공동의 가치들이 결핍되었기 때문에 발생한다고 믿는다. 따라서 사회의 공동가치를 회복하지 않으면 그 사회의 구성원은 진정한 대화를 하기보다는 서로 비난하게 된다는 것이다.

지금까지 살펴본 것과 같이 윤리교육의 접근방법은 다양하므로 여러 가지 방법론을 통해 상담윤리문제에 접근할 수 있다. 위에서 열거한 것 중에서 그 어느 것도 윤리학의 완벽한 접근방법이 되지 못하고 있으나, 각각의 방법론마다 고유한 장점과 단점을 갖고 있다. 따라서 비윤리적 문제와 관련된 구체적 질문을 다루는 데 있어서 오직 하나의 도덕이론만으로 접근하는 것은 타당하지 않다. 특히 상담의 경우에도 서구에서 탄생하고 발전하여 온 제 기법이나 이론들을 사회 및 문화적 배경이 다른 우리의 현실에 그대로 적용하고 있어서 여러 가지 문제들을 낳고 있는 것처럼, 한국의 고유한 문화적 특성을 고려하여 접근하는 방법을 체계적으로 정립하는 토착상담의 이론적 바탕을 구성해야 한다.

윤리학과 상담의 이론적 관계

상담과정에서 발생하는 윤리적인 문제를 책임 있게 판단하기 위해서 철학적 문헌을 이용하는 방법이 있다. 그러한 문헌들은 전문적인 윤리와 윤리에 관한 철학자들의 저서를 한데 묶어 윤리적인 원리와 규범에 특별히 제시되어 있는 가설을 뒷받침해 준다(Freeman, 2000). 뿐만 아니라, 이러한 윤리적 문헌들은 상담자가 윤리적인 결정방법과 도덕적인 결정방법을 이해할 수 있는 원동력을 제공해 주기 때문에, 전문가의 행동양식에서부터 책임 있는 행동을 일깨워 주고 바람직하지 않은 상황이 일어났을 경우 윤리적 결정방법에서 무엇이 잘못되었는지를 해명할 수 있는 기반을 마련해 준다.

전문상담자는 상담과정에서 윤리적인 문제를 다룰 때 심사숙고해야 한다. 상담의 목적을 달성하기 위해서 상담자는 윤리적 결정방법을 선택할 수 있도록 새로운 방법을 모색해야 한다. 보다 진취적이고 개선된 방법으로 상담을 배우는 학생이나 상담실무자에게 상담자로서 지녀야 할 윤리의식의 중요성을 강조하는 것이 관건이다. 이는 상담자가 상담과정에서 딜레마에 빠졌을 때 객관적이고 합리적으로 대처할 수 있게 하는 가장 유용한 훈련이다. 전문가의 자질을 향상시키기 위한 이러한 학문의 주요 문헌들은 행동규칙과 규칙적용의 기준뿐만 아니라 도덕적 이상까지 다루고 있다(Cohen & Cohen, 1999).

윤리학의 문헌들은 윤리적인 문제 해결을 결정하는 기반을 제공하여 윤리에 대한 철학적인 시각을 가질 수 있도록 도와준다. 책임 있는 전문상담자가 되기 위해 노력하는 상담자는 내담자와의 상담을 성공적으로 이끌어 주는 매개체로서 그 역할을 수행해야만 한다. 상담에 적합한 자질과 역량을 공인받았을 경우, 상담자는 내담자에게 올바른 상담을 해 줄 수 있다. 전문상담자들은 몇 가지 중요한 문제를 해결하기 위한 중요한 기능과 역할을 갖고 있으며, 그들은 내담자를 상담할 수 있는 충분한 기술을 갖추고 있기 때문에 훌륭한 상담을 위해 정당한 요구를 할 수 있는 권리를 지니고 있다(Bergin & Garfield, 1994; Seligman, 1995; Sexton, Whiston, Bleuer, & Walz, 1997).

이와 같이 상담자들은 자신의 의무를 이행하는 데 최선을 다해야만 한다. 전문상담자는 내담자의 고통을 완화시키고 문제를 해결할 수 있다는 확신을 가질 때 비로소 그 능력을 발휘할 수 있다. 이를 위해 상담자는 ① 내담자와의 적절한 관계를 유지하기 위한 충분한 지식과 상담기술, 판단력을 지녀야 하고, ② 내담자의 인격과 자유를 존중해 주어야 한다. 그리고 ③ 상담자로서의 역할을 책임 있게 수행해야 하고, ④ 전문적인 상담치료가 신뢰를 받을 수 있는 방법을 모색, 활용해야 한다.

전문상담자로서 학부 또는 석사 · 박사학위과정을 마친 후에도 지속적인 연구활동을 통해 전문적인 상담에 활용할 수 있는 지식과 실제적인 훈련에 참여하는 자기계발이 중요하다. 상담자에게 자신의 능력을 인정하고, 전문적인 지식과 상담기술을 통해 발휘할 수 있도록 재교육의 기회를 제공하는 등의 교육 프로그램이 제도적으로 마련되어야 한다. 내담자는 상담자에게 상담과정에서 발생하는 자신의 문제와 관련하여 요구할 수 있는 권리를 가진다. 따라서 상담자가 내담자의 자유를 제한하거나 선택할 수 없게 하는 것은 바람직하지 못하다.

사회에서 요구하는 상담자의 윤리적 쟁점 및 판단기준과 근거를 제공하는 일반윤리학의 존재이유를 고려할 때, 상담윤리의 내용연구와 그 교육방법에 대해 관심을 기울여야 한다. 그럼에도 불구하고 학계의 분위기는 상담윤리와 관련된 이론정립 및 사례연구발표 등에는 특별한 관심을 보이지 않고 심지어 다른 분야보다 연구활동 및 교육활동에 있어 소극적이다. 이 장에서는 한국적 상담윤리의 교육내용을 구성하기 위한 선행연구로 상담자의 윤리교육에 대해서 윤리교육이 어떤 것인지, 왜 중요한지, 어떤 내용으로 가르쳐야 하는 것인지에 대한 구체적인 내용들을 논의할 것이다. 현실적으로 상담자를 가르치고 교육할 수 있는, '상담윤리'를 다룬 매뉴얼이나 교재 한 권 없는 시점에서, 상담자를 대상으로 하는 상담윤리학의 이론을 정립하는 것은 앞으로 상담윤리학 분야의 중대한 과제를 발전시킬 수 있는 직접적 계기가 될 것이다(최원호, 2000).

일반적으로 상담자들은 상담윤리가 특수한 경우에만 필요하다고 생각할 수 있다. 상담이, 수술을 위해 기기를 이용한다든지 화학적 약물을 투여하는 등의 행위가 아니라, 순수하게 대화로만 이루어지는 행위라고 생각하기 때문이다. 그러나 오히려 대인관계에서 진솔한 감정과 개인적 비밀을 이야기하는 과정에서 개인적 약점이 노출될 수 있다는 데 상담 관련 문제의 심각성이 있다. 상담자는 상담과정을 통하여 내담자의 일상생활에 깊이 관여하고 있으며 내담자가 호소하는 문제를 치유하기 위해서 더 많은 정보를 필요로 하게 된다. 상담자는 윤리적으로 가장 정직하고 진실한 마음으로 상담에 임해야 한다. 이러한 윤리적인 요구를 충족하기 위해서는 소속단체를 통한 보수교육 프로그램에 적극 참가해야 하며 내담자를 위하여 최선을 다하는 자세가 무엇보다도 중요하다. 상담자의 상담기술이나 새로운 방법의 도입도 중요하지만, 윤리적인 판단이 더 중요하게 작용하는 경우도 많다. 특히 내담자의 특정 문제와 결부되어 있을 때 문제 해결을 위한 윤리적 판단이 중요한 역할을 차지한다. 따라서 상담윤리는 일반적으로 생각하는 것보다 그 중요성이 크다.

종래의 교육이 전통적인 가치를 존중하고 지식을 전달하는 것에 주안점을 두었다면, 이제는 수동적 입장에서 지식을 수용하는 것이 아닌, 보다 자율적이고 적극적인 수요자 중심의 열린 교육을 강조해야 한다. 상담은 상담자라는 한 개인과 내담자라는 또 다른 개인의 만남을 통해 이루어지는 것으로, 경우에 따라 상담과정에서 윤리적 결단을 내릴 수밖에 없는 상황이 발생할 수 있음을 감안해야 한다. 상담과정에서 직면하는 윤리적 문제는 시기와 상황에 따라 다양한 형태를 지니고 있다. 마음의 상처를 치유하기 위해서는 내담자의 심리적 회복과 또 다른 대상자에 대한 용서와 이해를 바탕으로 하는 무조건적인 수용이 필수적이다. 그러나 무조건적인 수용의 과정에서 무엇이 옳고 그른가를 분명히 제시하지 않는다면, 오히려 가치관의 혼돈으로 더 많은 문제와 갈등을 초래할 수 있다. 전문상담자의 질적 수준을 향상시키고 공인된 윤리의식을 강조하여 상담자의 비윤리적인 사고가 상담자 자신뿐만 아니라 내담자에게 상처를 안겨주지 않도록 해야 한다.

상담자는 내담자에 의해 선택되고 결정되는 것을 전적으로 허락해야 한다. 내담자의 선택은 내담자의 온전한 성장 가능성을 가져다주기 때문에 상담자는 자신의 윤리적 입장을 강요하지 말아야 한다. 상담자가 자신의 가치를 내담자에게 주입시키려고 하거나 상담목표와 상담방법에 자신의 삶을 그대로 반영할 때 윤리적 문제를 야기할 수 있다. 윤리적으로 민감한 상담자일수록 자기 자신의 가치를 충분히 인지하면서도 내담자에게 자신의 가치를 개발하도록 용기를 불어넣는 긍정적 역할을 감당하게 된다(최원호, 2000).

3. 상담윤리교육의 필요성

우리나라의 상담 도입의 역사가 짧음에도 불구하고, 상담윤리는 매우 중요하게 대두되고 있다. 오늘날 상담윤리를 비롯한 모든 직업윤리의 근간을 이루는 의료윤리는 전 세계적으로 인정하고, 유래가 깊은 윤리적 원칙의 교범이라 할 수 있다. 최고의 의사윤리 선언인 히포크라테스 선서의 원문이 만들어진 시기가 기원전 6세기경인 것만 봐도 그러하다. 히포크라테스 선서에는 인류를 위한 봉사와 양심적인 진료 그리고 환자의 건강과 생명을 최우선으로 생각하며, 환자의 비밀을 지키고 인간 생명을 그 수태된 때로부터 존중한다는 등의 내용이 들어 있다. 따라서 의사가 되기 위해서는 누구를 막론하고 의학이 본질적으로 요구하는 이런 윤리성을 당연한 것으로 받아들여 왔다. 그래서 의료인들은 이러한 윤리적 의료행위의 맹세 자체를 자랑스럽게 여기며 실제 의료행위에서도 이를 원칙으로 적용하고 준수하려는 자세를 보이고 있다.

윤리적 문제는 사회가 발달할수록 더 빈번하게 일어나고 비인간적인 형태로 나타나는 특성을 지니고 있다. 최근 일어나고 있는 개인의 비윤리적 행위는 개인적 차원을 떠나 법적인 문제와 사회공론화 현상으로 인해 사회적 이슈로 번져 가고 있다. 지금 우리 사회는 자신의 행위에 대하여 철저하게 검증하고 검증받는 크로스체크(cross-check)의 경향을 띠고 있어, 일방적 행동을 일삼기보다는 소극적이고 방어적인 자세로 자신의 행위에 대한 윤리성 여부를 인정받지 않으면 안 되는 시대에 살고 있다.

따라서 윤리란 인간 행위의 좋고 나쁨 그리고 옳고 그름을 판단하는 실천철학의 의미로 받아들여지고 있다. 따라서 어떤 행위가 윤리적인지 비윤리적인지를 구분하는 것은, 좋고 나쁨과 옳고 그름을 판단할 수 있는 능력 여하에 절대적으로 좌우된다. 이전의 산업사회와 현재의 지식정보화사회는 구조적으로 엄청난 차이가 있을 뿐만 아니라, 윤리적 문제 역시 단순한 문제에서 복잡다양한 문제로 세포분열을 거듭하고 있어 특정 행위 자체에 대해 옳고 그름과 좋고 나쁨의 판단을 내리기는 결코 쉽지 않다. 이런 행위들은 행위의 윤리성 여부에 대한 별도의 전문교육을 받지 않는 한, 상담자 스스로도 그 행위의 옳고 그름을 판단하기조차 어려울 정도이며, 윤리를 가장한 교묘한 비윤리적 행위들이 숨겨져 있어 더 큰 파장을 불러일으키고 있다.

상담윤리 관련 문제는 일반 시민들의 인식이나 태도의 변화 때문에만 생겨난 것이 아니다. 상담의 학문적 입장과 인간 대 인간의 만남을 전제로 하는 관계 형성의 과정에서, 상담 전달과정이 복잡해지고 상담자와 내담자 간의 비윤리적 행위로 발생된 법적 · 사회적 문제가 확산됨에 따라 그 중요성이 대두되었다. 상담자의 인간관계에서 발생된 복잡다양한 문제를 해결함에 있어 인간적 행위에 대한 윤리적 판단이 매우 어려워진 건 사실이다. 뿐만 아니라, 상담자와 내담자 간 관계형성 자체의 변화가 윤리적 판단을 더욱 어렵게 만들었다. 일방적인 상담자 중심의 지시적 상담과 내담자 중심의 비지시적 상담에 있어서 전통적인 운용방법을 고수할 수 없게 되면서, 상담자와 내담자 간의 미묘한 온정주의적 감정교류가 윤리적 판단을 더욱 흐리게 하고 있다. 내담자와 상담자는 서로를 판단하고 비판하는 관계가 아닌 철저한 공감적 관계를 형성해야 하지만 오히려 반대 현상이 일어나고 있어, 예전과 다른 관계 변화의 흐름을 엿볼 수 있다. 상담자들이 무심코 저지르는 비윤리적 행위가 다른 상담자들에 의해 지적되고 밀고되는 일도 일어나고 있기 때문에 상담자는 스스로 자신의 행위가 갖는 윤리성 여부 판단에 민감하지 않을 수 없다.

결국 상담윤리는, 장차 상담자로 살아갈 학생들에게 그들이 겪게 될 여러 가지 윤리적 갈등 상황을 올바르게 인식하고 대처할 수 있도록 도와주는 동시에, 내담자가 좀 더 합리적으로 의사결정할 수 있도록 실질적인 도움을 제공해 주는 일이라고 할 수 있다. 따라서, 우리나라 상담관련 학과에서도 윤리교육 강좌를 강화해야 한다. 미국 등지에서 실시되고 있는 상담윤리교육의 내용이나 방법이 대부분 정규과목 수준으로 체계화되고 전문화되어 있는 것에 비하면, 우리나라는 학부나 대학원과정에서 정규 학점 과목으로 채택하지 않았거나 교육과정을 개설조차 하지 않은 학과도 다수 있다. 아직 우리나라에는 상담윤리 관련 윤리교육 학습목표나 적절한 교재개발이 전무한 상태여서 상담자의 윤리의식 형성교육에 더 큰 문제점이 제기될 것이다(최원호, 2000).

상담은 상담자에 의해 행해지기 때문에 상담자의 가치관, 윤리관, 사고방식 등이 내담자에게 절대적인 영향을 미치게 된다. 뿐만 아니라 상담의 목표는 내담자 스스로 문제 해결능력을 기르도록 도와주는 것이므로 상담 그 자체가 도덕적이어야 한다는 점에 상담윤리의 필요성이 있다. 상담이 추구하는 목표를 달성하기 위해서는 건전하고 올바른 상담윤리관이 확립되어야 한다.

상담자는 사회적으로도 높은 교육수준과 지속적인 전문교육과정을 거쳐 전문가로 인정되는 만큼, 상담자에게 요구되는 고도의 윤리의식을 간과할 수 없다. 상담자는 내담자에게 문제의 해결방법을 찾아 주는 안내자의 역할을 수행하고 있다. 내담자는 상담자에게 특별한 심리적 경계의식 없이 편안한 상태로 쉽게 마음을 열게 된다. 그 과정에서 윤리의식이 부족한 상담자가 내담자의 약점을 악용, 비윤리적인 접근을 시도하는 사례들이 종종 발생한다.

한편, 상담과정에는 상담이론만으로 설명할 수 없는 수많은 요인들이 내포되어 있다. 내담자의 인간 이해, 종교관, 삶의 의욕, 사회적 위상, 상담에 대한 인식부족, 가족관계, 교육수준, 경제수준 등 수많은 요인들이 변수로 작용하고 내담자의 갈등유발과 문제 해결에 영향을 끼친다. 따라서 상담자가 이러한 개인적 요인들에 대한 이해가 없으면 정상적인 상담을 전개할 수 없을 뿐만 아니라, 오히려 상담과정에서 여러 가지 윤리문제에 직면하게 된다. 상담자는 전공지식과 상담기술에 더하여 윤리적으로 건강한 인격을 지닐 때 내담자의 문제를 해결할 수 있고 동시에 훌륭한 상담자가 될 수 있다. 상담은 어느 학문 분야보다도 급속하게 발전하고 있는 분야 중 하나다. 이는, 과거보다 다양한 접근방법들로 상담이 가능해졌고 새로운 진단 및 상담방법을 개발한 연구의 결과라고 하겠다.

그러나 다양한 상담방법은 내담자의 문제 해결에 도움을 줄 수 있지만, 상담방법을 적용하는 과정이나 상담 후에 발생하는 비윤리적 행위로 인해 예상하지 못했던 문제들이 제기되고 있다. 다양한 윤리문제는 사회 각 분야에서 중요한 이슈로 작용하고 있으며 상담 관련 학계에서도 더 많은 관심과 적절한 대응책을 마련해야 한다. 상담과정에서 윤리적 문제와 갈등에 대한 해결책을 요구하고 있지만 이를 찾기란 쉬운 일이 아니다. 상담은 직접적인 만남을 주 대상으로 하기 때문에 인간관계 속에서 생각하지 못했던 윤리적인 갈등이 발생할 수 있으므로 상담자는 스스로의 행동을 신중하게 숙고해야 한다.

상담윤리교육의 목적은 예비 상담자들에게 상담수행능력을 갖추도록 하는 데 있다. 또한 이것은 상담자 양성을 위한 교육과정이 교육의 목적을 실현하는 데 적합한 수단이 되어야 함을 의미한다. 그럼에도 불구하고, 그동안 상담학계에서는 상담자를 양성하는 데에만 목적을 두었을 뿐 진정한 윤리의 교육적 의미를 가르치는 일에는 소홀하였다. 현재 상담 관련 학과과정이나 또는 상담교육기관 교육과정에는 주요 상담이론 과목만 포함되어 있고, 윤리교육과 관련된 교과는 찾아볼 수 없다. 이러한 문제들을 해결하기 위해서는 연속적인 상담윤리교육이 정착될 수 있는 교과과정의 개설이 필요하다. 상담윤리의 교육적 필요성에 대하여 다음과 같이 현실적 측면, 개인적 측면, 사회적 측면으로 나누어 살펴볼 수 있다(최원호, 2000).

첫째, 현실적인 측면에서 상담과정 중 상담자가 윤리적 책임을 회피하는 일들이 증가하고 있을 뿐만 아니라, 오히려 내담자의 문제를 악화시키고 더 많은 상처와 고통을 안겨 주는 현상들이 종종 일어나고 있다는 점에서 상담윤리교육이 필요하다. 한국적 상담의 토착화가 이루어질 수 있도록 하기 위해서는 보다 유능하고 생산적이며 전문적인 직업인을 양성할 수 있는 제도적 장치가 뒷받침되어야 한다. 자신의 삶에 만족과 보람을 느끼며 다른 사람을 위해 봉사하는 사람을 양성하기 위해서는 상담윤리교육의 중요성이 더욱 부각되어야 함은 대부분이 공감하는 사실이다. 오늘날 우리 사회의 도덕적 혼란과 가치의 왜곡은 사회문제를 야기할 뿐만 아니라, 옳은 일을 원하면서도 목적 달성을 위해서는 도덕성을 무시할 수 있다는 윤리적 딜레마를 자초하고 있다. 내담자의 인간관계, 내담자의 동기 부족, 타인에 의한 상담 방해, 상담자의 실수, 상담자의 개인적 문제 등 다양한 요인들이 상담과정에서 일어날 수 있는 부정적 현상을 자초하고 있다. 절대적인 도덕기준이 무너지고 이를 대신할 만한 새로운 가치체계를 찾지 못한 상태에서 개인의 자유만 강조하다 보니 사회적 무질서와 개인의 가치관 혼란이 더욱더 심각해지고 있는 실정이다.

둘째, 개인적 측면에서 윤리의식은 상담자가 상담과정에서 어떤 방식으로 행동해야 하는지에 대한 근거를 제공해 주고 있다. 상담자 개인의 윤리문제는 상담과정의 초기 면접부터 종결단계에 이르기까지 모든 과정에서 나타날 수 있다. 상담자로서의 사명과 목표, 지향해야 할 가치와 당위성 등이 모두 포함되기 때문에 그것은 상담이론이나 과정에 부수적인 것이 아니라, 상담의 가장 기본적인 문제로 인식되어야 한다. 개인의 도덕적 문제에 대한 해결은 의지와 자유결단에 의한 것으로, 다시 말하자면 의지는 자율을 말하며 결단은 자율적 의지의 선택적 결단을 말한다. 상담자에게는 일과 직업에 대한 올바른 가치관이나 윤리관의 형성이 요구되므로 상담자는 삶에 대한 목표 설정이 분명해야 한다. 상담자는 내담자에게 상당한 영향력을 미칠 수 있으므로 대부분의 상담자에게 전문가로서의 윤리의식교육이 절실하게 요구된다.

셋째, 사회적인 측면에서 윤리교육을 학교교육에서 강화함으로써 밝고 건강한 사회에 필요한 인재개발이 가능하다. 상담자와 내담자 간의 비윤리적이며 비도덕적인 행위는 문제 해결의 긍정적 효과를 가져다줄 수 없다. 상담자의 가치관 및 직업윤리의식 확립을 통하여 장래의 원만한 직업생활과 성공적인 자아상을 정립하고 사회복지 건설에 이바지할 수 있는 계기를 제공해 줄 수 있다.

상담자의 의식과 형태를 결정하는 것은 상담윤리 그 자체라고 할 수 있다. 상담자와 내담자의 관계가 어떻게 형성되느냐에 따라 상담의 효율성과 문제 해결의 결과는 달라질 수 있다. 상담자는 내담자가 호소하고 있는 문제에 대한 공감적 이해를 바탕으로 신뢰관계를 형성해야 한다. 내담자를 이해하려고 노력하는 노력 없이 올바른 상담이 이루어질 수 없다는 것은 너무나 당연하다.

상담은 전문직종이고, 상담자는 전문직 종사자로서 전문성을 확보하는 것이 중요하다. 상담자는 자신이 희망한다고 되는 것이 아니며, 또한 아무나 되어서도 안 된다. 상담자로서 전문지식과 기술에 능통해야 하며, 특히 심리학, 인간발달, 심리검사, 상담심리 등 심리학에 관한 제 이론을 겸비해야 한다. 더욱이 사회가 지식정보화 사회로 급변하는 시기에, 새로운 전문지식과 상담기술을 습득하기 위해서는 끊임없는 자기개발(自己開發)이 필수불가결한 요건이다. 전문적인 능력은 결코 하루아침에 만들어지는 것이 아니므로 평생 학습자로서의 자세를 지니고 있어야 한다.

상담윤리 교과목이 정규 교육과정 속에 포함되지 못한 채, 학문적 성격에 대한 이론적이고 체계적인 개념 정의 자체가 불분명한 것이 현실이다. 따라서 상담윤리교육의 필요성과 교육과정의 신설을 제도화하기 위해서는 전문상담자 양성과정에서부터 상담윤리의식 향상을 위한 적극적인 교육방법과 대책마련이 시급하다(최원호, 2000).

4. 상담윤리의 교육목표

상담자 또는 예비 상담자들에게 윤리적 의미를 가르치는 데 있어서 단순히 정보를 전달하는 것과 가시적 교육효과를 가져오는 것은 상당한 차이가 있을 수밖에 없다. 윤리적 교육은 정신적 가치를 수반하는 활동이기 때문에 '윤리적 가르침'이라는 말 자체도 정보만을 주입하는 것을 의미하지 않는다. 교육은 궁극적으로 '인간'을 길러 내는 일이다. '인간'은 그 개념에 있어서 사실적 용어로 정의할 수 없을 만큼 폭이 넓을 뿐만 아니라 그 특성은 정신적이며 정서적이다. 정신적인 것은 양(量)의 범주가 아니라 질(質)의 범주에 속하는 것으로 질적인 것은 범위를 정하기 어렵다. 결국 '교육'은 정신적이고 정서적인 수많은 요소로 구성될 수밖에 없다. 교과교육은 교육의 일부분이며 교육이 추구하는 목적을 성취하기 위한 수단으로서 부분은 전체가 지향하는 바에 따른다.

아직 그 실체가 뚜렷하게 파악되지 않는 연구 대상을 탐구하고자 할 때 가장 일반적으로 사용하는 방법이 '육하원칙'으로, 의문을 하나씩 풀어가는 데 효과적이다. '누가, 언제, 어디서, 무엇을, 왜, 어떻게'라는 기본적인 질문에 대한 답을 모두 찾아낸다면 그 대상물에 대해서 충분히 알게 되었다고 말할 수 있다는 의미다. 여기서는 '무엇'과 '왜' 그리고 '어떻게'라는 세 가지의 질문에 대한 답을 전개할 것인데, 그 이유는 다른 세 가지 질문들에 비해 상대적으로 상담윤리교육의 본질을 밝히는 데 중요한 의미를 갖기 때문이다. 이와 같은 육하원칙을 상담윤리교육의 방법을 찾는 데 활용할 수 있을 것이다.

먼저, '누가 상담윤리교육을 담당할 것인가?'라는 질문을 던질 수 있다. 이는 교육을 실제로 실시하는 과정에서 누가 주체가 되어야 하는가에 대한 물음이다. 이 질문은 다시 '교수 중심의 교육인가, 학생 중심의 교육인가, 아니면 그 교육의 주요한 최종수요자인 내담자, 기업이나 사회 중심의 교육인가, 학교에서 정규 교과로서 가르쳐야 할 내용인가 아니면 사회교육의 일환으로 광범위하게 실시되어야 할 내용인가?' 등 다양한 질문들을 낳을 수 있다. 그러나 이 책에서는 주로 학교에서 교수들이 수업시간에 가르치는 상담윤리교육을 대상으로 저술되기에 대개의 해답은 이미 자명한 것으로 볼 수 있어 언급하지 않는다. 대신 이 장에서는 '상담윤리교육의 내용은 무엇인가, 왜 상담윤리교육을 해야만 하는가, 그 내용을 어떻게 잘 가르칠 것인가?' 라는, 상담윤리교육의 본질에 관한 기본적 의문을 해소하고자 한다(최원호, 2000).

물론 교과의 영역을 구분하고 학습자에게 이를 고르게 이수하도록 하는 일은 쉬운 일이 아니지만 상담자에게 가장 필요한 것이 무엇인지를 알면서도 이를 교육과정에 반영하지 못하는 것은 더욱 안타까운 일이다. 전문상담교사제가 도입되고 전국적으로 상담교사를 희망하는 지원자가 급증하고 있지만, 이들을 대상으로 특별히 상담윤리교육과정을 고려하여 윤리의식을 높이려는 모습은 어디에서도 찾아볼 수 없다. 상담윤리교육과정의 특징은 교과내용을 학습자의 삶에 보다 가까이 놓으려는 것으로 교과 자체가 학습자의 삶과 괴리되어 학문 중심으로 흘러서는 안 된다.

상담윤리교육은 그 목적에 따라 일반교육과 전문가교육으로 구분할 수 있다. 현재 일반 대학에서 학부생을 대상으로 상담 관련 학과를 운영하고 있는 것과 대학마다 현직 교사들을 대상으로 전문상담교사제를 도입하여 전문가 양성과정을 통해 상담자를 배출하는 것에는 상당한 차이가 있다. 대학이나 대학원에서는 전문분야의 전문인을 양성하기 위한 교육이 이루어져야 한다. 즉, 이들 기관은 다른 교과에서 가르칠 수 없는 공리와 윤리적으로 연결되는 연역적 사고를 가르침으로써 상담자의 마음을 발달시키는 데 교육의 목적을 둔다.

특히 학부과정에서부터 예비 상담자에 대한 윤리교육의 중요성과 가르침에 대한 교과 편성 자체를 우선적으로 고려해야 한다. '가르침' 은 상당한 시일이 지난 후에도 그 교육적 효과가 발휘될 수 있기 때문에 교과는 삶의 본질을 바꾸어 놓을 수 있다. 교과의 심층에 개념의 명료성과 신념의 일관성만으로 파악되지 않는 부분이 있는 이유는, 삶이 그렇듯이, 교과의 심층에도 복합적이고 미묘한 의미가 겹겹이 쌓여 있기 때문이다. 교과는 삶의 축소판이지만, 단순한 축소판이 아니라 가치에 의해서 선별된 것인 동시에 그 내적 논리에 따라서 조직된 것이다. 교과의 언어가 교과마다 다르기 때문에 하나의 교과가 다른 교과와 구분될 수밖에 없으며 구분되지 않으면 그 교과는 존재할 수 없다. 교과를 구분하는 일은 교과의 특성을 파악하는 것이고, 교과의 특성을 파악하는 것은 교과의 논리를 파악하는 것이다.

상담윤리의 교육목표는 궁극적으로 상담자들이 내담자에게 공동생활에 필요한 윤리관을 확립시키도록 도와주는 데 있다. 상담자로서 윤리관을 확립한다는 것은 개인의 자율적인 판단능력과 인격을 계발하는 것이다. 이러한 개인의 판단능력 발달로 자신의 삶이 질적으로 향상될 뿐만 아니라, 내담자의 문제 해결에 보다 원론적인 원칙에 입각한 접근을 시도할 수 있다. 상담자의 이익이나 발전을 꾀하기보다는 공동체적 삶의 관계 형성을 통한 조화를 이루어야 한다. 공동체와의 조화를 위한 지혜와 절차를 가르치고 격려하는 교육과정을 통하여 다음과 같은 상담윤리의 교육목표를 달성할 수 있다(최원호, 2000).

첫째, 상담과정에서 가장 중요한 것은, 내담자로 하여금 자신이 도덕판단의 주체임을 명백히 인식시켜 주는 것이다. 상담의 목적은 내담자가 사회적 현상에 대한 자기 나름대로의 관점을 가지도록 하여 스스로 자율적인 판단능력을 행사하도록 하는 데 있다. 보다 구체적인 이론을 바탕으로 상담에서 왜 윤리가 필요하며 인간이 추구해야 할 가치는 무엇인지 성찰하고, 개인과 공동체적 삶의 조화를 생각할 수 있어야 한다.

둘째, 우리의 삶 속에 있는 도덕적 습관이나 행위들을 현실적 관점에서 새롭게 접근할 수 있어야 한다. 일상적인 가치관의 판단에 따른 선행 연구를 통하여 지식으로서의 윤리학적 접근보다 삶에 대한 해석의 관점에서 접근해야 한다. 이러한 목표를 효과적으로 달성하기 위해서는, 도덕적인 것에 대한 동서양의 차이를 인식하고 그 차이를 통해 과거에서 현재까지 변화된 과정들을 이해해야 한다. 순간적으로 생각하고 판단하는 삶의 가치관은 어떤 판단기준에 의해 형성된 것인지, 자신의 생각이 과연 윤리적 입장에서 어느 정도에 접근하고 있는지를 살펴볼 필요가 있는 것이다.

셋째, 상담자로서 현대사회의 제반윤리적 문제점을 이해함으로써 건전한 사회생활을 영위할 수 있는 의식과 태도를 지녀야 한다. 윤리적 입장에서 개인의 도덕적 삶의 완성과 더불어 공동체 속에서 삶의 원리를 가르쳐야 한다. 개인과 사회 중 어느 것을 더 강조하느냐에 따라 상담윤리교육의 내용과 방법이 달라질 수 있다. 한 인간으로서 진실한 삶을 살아갈 수 있도록 어느 한쪽에 치우치지 말아야 하기 때문에 교육을 통하여 상담자가 개인과 사회생활에 대헤 중립을 지킬 수 있도록 해야 한다. 상담자는 자신의 가치판단을 내담자에게 전가하지 말고, 또한 자신의 가치를 드러내면서도 그것을 내담자에게 주입시키지 말아야 한다. 따라서 교육목표를 달성하기 위해서, 상담자가 현대사회의 각종 생활 영역에서 요구되는 도덕적 행위는 어떤 것이고 그것은 왜 필요한지, 그것들이 상호 갈등할 때에 해결할 수 있는 효과적인 방법은 무엇인지 생각해야 한다. 정보화사회에서 특히 강조되어야 할 것은 도덕적 상상력(moral imagination)을 함양하는 것이다.

상담윤리교육의 위상을 그 본질에 비추어 바르게 세우기 위해서는 상담에 종사할 만한 수준 높은 예비 상담자를 양성하는 일이 가장 중요하다. 항상 그러한 것은 아니지만, 교육환경이 다소 열악하더라도 상담교사가 훌륭하면 상담과정에서의 문제 해결을 위한 실마리를 빨리 찾을 수 있다고 가정(假定)할 수 있다. 반면 상담환경이 아무리 훌륭하더라도 상담자의 능력이 부족하면 질 높은 상담을 기대할 수 없다. 상담교육의 핵심은 상담에 종사하는 사람들의 교육적 책무와 윤리의식에 직결되는 것으로 모든 상담자에게 귀착되는 문제다. 그러므로, 지금 예비 상담자들에게 가르치는 지식이 상담현장에서 상담자의 기능과 역할을 수행하는 데 과연 적합한 것인지를 재검토해야 한다. 물론 상담에 종사하는 상담자들의 모든 활동이 상담교육을 받는 동안에 획득한 지식에 의해서 좌우된다고 보기는 어렵지만, 상담교육과정 중 상담자의 역할 수행에 긍정적 영향을 미칠 것이라고 기대할 수 있다.

5. 상담윤리의 영역별 교육내용

상담윤리의 영역은 [그림 3-3]과 같이 크게 인지적 영역, 정의적 영역, 행동적 영역으로 구분된다. 인간의 행동은 어떠한 영역에서 통제되는 것이 아니라 집단과정의 인지와 정의와 행동의 통합적 산물이다. 인지 없는 행동이나 행동 없는 인지, 정의 없는 행동은 서로의 불일치를 초래한다. 윤리적 행동의 실천은 인지적 · 정의적 · 행동적 영역의 통합된 결과를 요구하고 있다.

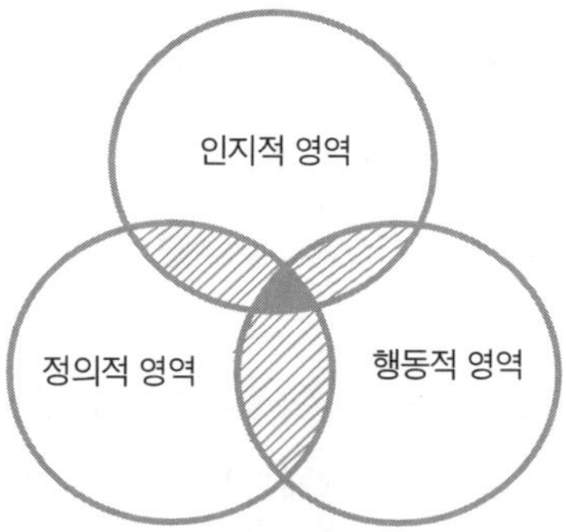

[그림 3-3] 상담윤리의 영역

1) 인지적 영역

인지적 영역이란, 온갖 사물을 알아보고 그것을 기억하며 추리해서 결론을 얻어 내고, 그로 인해 생긴 문제를 해결하는 등의 정신적인 과정이다. 인지적 영역은 오랜 세월 동안 심리학이나 철학 · 의학 분야의 중요한 주제가 되어 왔으며 인간의 마음, 두뇌를 다루고 있기 때문에, 인간의 정보처리과정이나 추론, 유추, 사고, 기억뿐만 아니라, 시각, 청각 등의 내용까지 포함하고 있다. 상담윤리적 입장에서 중요한 것은 인지적 영역이며, 그 영역 내에 자신과 타인, 즉 상담자와 내담자, 사회적 관계, 사회적 조직 및 기관에 대한 지각, 사고, 지식을 포함한다. 대부분 인간행동의 양상은 개인의 인지적 기능에서 나온다. 이것은 특히 아동의 사회적 행동에서 쉽게 발견할 수 있는데, 아동은 자신의 인지적 기능의 수준이 허용하는 만큼만 사회적이기 때문이다. 즉, 어떤 아동이 개인 간의 사회적 관계와 다른 사람과 상반된 입장에서 행동에 대한 결과를 이해하지 못한다면, 그에게 사회적으로 적절한 방식의 행동을 기대하기는 어렵다. 사람들은 타인과의 상호작용을 통하여 사회적 상황에 대해 평가하고, 특정 맥락에서 다른 사람과의 관계를 이해한다. 이것은 그들을 사회적 존재로서, 상호작용하는 동료로서 인식하여 다른 사람의 사고와 감정을 예상하고 반영토록 한다. 즉, 상담자와 내담자와의 애착관계나 친구와의 관계, 협동과제의 성공적 완성과 같은 관계형성을 위한 것이다.

교육을 많이 받고 전문가적인 성취감이 높은 사람일수록 일반적인 사람보다 자신의 지식과 경험과 판단력으로 미래를 생각하기 쉽다(Pope, 1990). 그러나 이러한 지적인 전문가들이라고 해서 내담자와 부정행위를 저지르지 않을 것이라고 속단할 수는 없다. 특히 성적인 부정행위가 그러한데, 누가 성적인 부정행위를 저지르고 이런 일이 얼마나 자주 발생하고 있는지에 관한 문제는 상담자의 윤리강령을 다루는 분야에서 별도로 연구해야 할 과제다(Pope, 1994).

성적인 피해를 입은 내담자들이 깊은 상처를 안고 있는지 예측할 수 있지만 그 피해가 얼마나 광범위한지는 설명하기 어렵다. 이러한 이유로 인해서 우리는 상담자가 내담자에게 저지르는 부정행위의 범위가 어느 정도인지 신중하게 평가해야 할 필요성을 다시 한 번 확인할 수 있다. 인지적 영역 중에서 일차적으로 강조할 수 있는 것은, 상담자와 내담자의 성적인 접촉을 금지하는 규범이 매우 엄격하다는 사실이다. 결과적으로 규범을 위반한 상담자들은 그들의 감정에도 손상을 가져올 뿐만 아니라, 개인적인 유대관계에도 부정적인 영향을 끼칠 수 있다. 결국 자신의 자존심을 상실하고 죄의식을 느끼며 개인의 사회적 활동에서도 막대한 지장을 받게 될 것이다(Herman et al., 1987).

전문상담자가 내담자와 성적인 부정행위를 했다는 것을 알게 되면 어떤 내담자도 상담을 받으려 하지 않을 것이다. 상담자의 부정행위와 관련하여 우리가 가르쳐야 할 인지적 내용의 정보들은 부정행위의 정의, 부정행위의 종류와 방법, 내담자의 피해와 심각성, 부정행위와 관련 법규와 정책들, 기술적 대응방안들의 사례 등이 있다. 현재 상담윤리교육이라는 이름으로 시행되고 있는 교육 자체도 별로 없지만, 대부분의 교육내용들은 이 인지적 영역의 정보전달에 그치고 있으며 이러한 부정행위를 소개하는 정도에 불과하다. 충분한 교육이 되지 않는 현실 속에서 부정행위와 관련한 당사자들의 갈등구조도 급박하게 변화하고 있기 때문에 환경적 변화에 따른 가치관 확립이 중요하다.

인지적 영역의 내용구성에 있어서, [그림 3-4]와 같이 무엇이 나쁜 행위이고 얼마나 나쁜가에 대한 정보는 어느 정도 잘 축적되어 있다. 하지만 그것이 왜 나쁜 행위이고 항상 누구에게나 나쁜지에 대한 윤리적 사고를 촉진할 수 있는 내용들은 부족하다. 물론 사실적 정보를 가르치는 것만으로도 효과를 거둘 수 있겠지만, 상담윤리교육을 실시할 때에는 정보보다는 사실에 대한 판단기준과 그 기준의 정당화 문제에 대해 초점을 두는 변화가 필요하다.

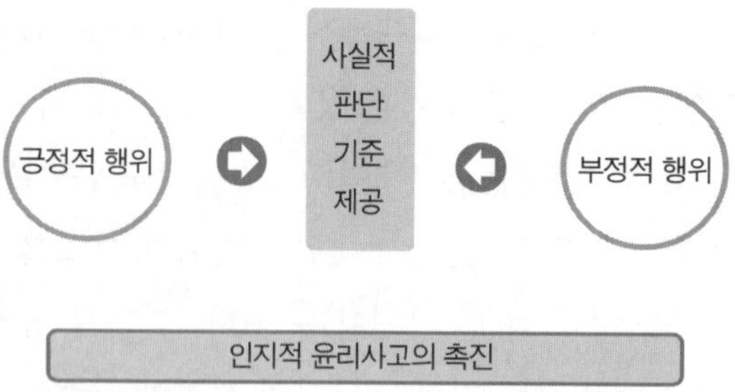

[그림 3-4] 인지적 영역의 구성

내담자와의 성적 접촉이 아닌 일반적인 접촉이라 할지라도 상담기간 동안 내담자와 결코 접촉해서는 안 되는지에 관한 문제는 아직도 논란에 휩싸여 있다(Durana, 1998). 악수를 하고 손과 팔, 어깨 등을 만지거나 또는 포옹을 하는 등 서로의 믿음과 우정의 표현을 하는 육체적인 접촉은 성적인 접촉이라 할 수 없다. 다소 논란이 있지만 내담자와 접촉하는 것은 상담자가 지켜야 할 경계선의 기준을 흐릴 수 있고 서로 전문적인 관계보다 개인적인 관계로 여겨진다(Guntheil & Gabbard, 1993). 반면에, 레비(Levy, 1976), 스미스, 클랜스 그리고 이메스(Smith, Clance, & Imes, 1998), 민터와 스트러브(Minter & Struve, 1998) 등은 내담자와의 적절한 접촉이 내담자의 적극적인 상담 참여를 유도할 수 있으며 상담과정에도 변화를 줄 수 있는 계기가 된다고 믿고 있다. 한 가지 일치하는 결론은 육체적인 접촉이 가장 많이 발생하는 것은 남성 상담자와 여성 내담자의 경우이며, 대개 남성 상담자가 먼저 접촉을 시도한다는 것이다. 그러나 일반적으로 내담자와 자주 접촉을 하는 상담자들은 그렇지 않은 상담자들보다 성적인 부정행위를 저지르는 비율이 낮다(Pope, 1990). 상담자의 윤리규범에서는 상담자의 성적인 부정행위나 내담자의 이익을 고려하지 않는 행동에 관한 조항을 제외하고는 이러한 문제에 대해서 직접적으로 언급하지 않고 있다. 하지만 상담자가 저지를 수 있는 근본적인 부정행위를 차단하기 위해서는 몇 가지 사항을 유념해야 한다.

첫째, 상담자는 자신이 내담자와 접촉한 이유와 동기를 명확하게 설명할 수 있어야 한다. 내담자와 접촉한 것이, 단지 자신이 자유롭게 접촉하는 것을 좋아하기 때문이라고 주장하는 전문가들은 그러한 행동의 동기나 개인적인 성 습관을 언급함으로써 내담자의 요구나 상담의 목적을 충분히 설명하기 어렵다. 오히려 내담자와의 오해의 소지만 확대되고 감정의 갈등을 초래하는 결과를 가져다줄 수 있다.

둘째, 상담자가 내담자에게 강한 개인적 감정을 느꼈을 때는 가벼운 접촉이라도 조심해야 한다. 내담자를 위하는 것이기보다, 상담자 개인의 욕구로 비추어질 위험이 크기 때문이다. 상담자가 내담자에게 개인적인 감정을 강하게 느끼게 되면 설사 접촉을 하지 않는다 할지라도, 내담자와의 경계가 흔들릴 수 있고 만약 접촉을 하게 된다면 상황은 더욱 악화될 것이다. 민터와 스트러브(Minter & Struve, 1998)는 상담의 내용이 성적인 문제이거나 내담자가 자제력이 부족할 때, 가능한 한 직접적인 상담은 피해야 한다고 주장한다. 코리(Corey, 1998)와 같은 학자들은 내담자에게 느끼는 감정을 자제하지 못하는 행동을 하거나 자신의 행동이 불안한 상담자는 내담자와의 접촉을 피해야 한다고 주장했다.

셋째, 윌슨과 메이슨(Willson & Masson, 1986)은 내담자가 상담자의 접촉을 불쾌하게 여길 경우 상담자는 반드시 접촉을 피해야 한다고 제안한다. 내담자들은 상담자의 접촉을 다른 뜻으로 오해할 수 있으며 상담을 해야 하는 자신의 문제에 대해서 오히려 혼란을 느끼거나 주의를 빼앗길 수 있다(Vasquez, 1988). 상담 초기에 내담자와 육체적인 접촉을 함으로써 내담자가 상담을 그만두는 일까지도 발생할 수 있다. 또한 악수를 제외한 육체적인 접촉은 삼갈 것을 권유하는 일부 학자들도 있지만, 대부분은 육체적인 접촉을 하더라도 현명하고 분별 있게 행동하기를 제안하고 있다.

넷째, 커테이와 레비에러(Kertay & Reviere, 1993)는 상담자가 내담자와 성적인 것이 아닌 가벼운 육체적인 접촉에 대해 서로의 생각을 함께 논의하는 것이 바람직하며 육체적인 접촉이 발생하기 이전에 미리 내담자의 의사를 물어볼 것을 권장하고 있다. 또한 가정환경이나 경험으로 미루어 보아 접촉하는 것을 거부하지 않는 내담자라 할지라도 내담자의 상태를 판단해야 한다(Durana, 1998). 물론 상담자의 그러한 행동은 내담자와의 유대감이나 공감대를 형성하는 데 보탬이 될 것이다.

내담자는 가벼운 접촉을 하는 것에 대해 상당히 긍정적이며, 다수의 내담자는 가벼운 육체적 접촉이 그들이 가지고 있는 문제를 해결하기 위해서 중요하다고 여긴다. 명확한 결론을 내릴 수는 없지만 신중한 행동에서 나오는 접촉이라면, 상담에 긍정적으로 작용할 것이다. 동시에 현명한 상담자는 내담자와 정신적인 유대감을 형성하기 위해 자신의 행동에 신중을 기함으로써 내담자가 추구하는 목표를 달성할 수 있다.

결국 위에 열거한 학자들은 내담자와의 부도덕한 만남이 위험을 초래할 수 있다는 데 의견 일치를 보이고 있다. 어떤 형태를 막론하고 반드시 내담자의 긍정적인 동의하에 이루어져야 한다. 사회적 지위가 높은 사람은 대개 지위가 낮은 사람보다 좀 더 자유롭게 접촉할 수 있다. 이와 마찬가지로 상담자의 입장에서 내담자에게 접촉할 수 있는 기회는, 내담자의 입장에서 상담자에게 접촉을 할 수 있는 기회보다 더 많다. 따라서 상담자가 전문가로서의 위치와 능력을 고려하지 않고 만남을 주도하는 것은 권력남용으로 이어질 소지가 있다.

가이브(Geib, 1982)는 내담자와의 접촉을 긍정적인 부분으로 받아들일 수 있는 요소에 대해서 다섯 가지 가설을 세웠는데, 그것은 다음과 같다.

① 내담자와의 육체적인 접촉, 성적인 감정, 상담과정에서 지켜야 할 내담자와의 경계선에 대한 확실한 정의
② 상담과정 동안 내담자에 대한 일관적인 자제력
③ 전문적인 관계로서의 친밀감의 일관성
④ 상담자의 이익보다 내담자를 위한 신뢰와 믿음
⑤ 성공적인 상담에 대한 기대와 그에 부응하는 상담자의 능력

2) 정의적 영역

정의적 영역에서는 감정적 정서, 수용 또는 거부의 태도 등이 강조된다. 정의적 목표는 선정된 현상에 단순히 주의를 기울이는 것에서부터 복잡하면서도 내면적으로 일관성 있는 인격과 양심에 이르기까지 넓은 범위에 걸쳐 있다. 상담자가 상담자의 부정행위와 관련된 이론적 지식을 충분히 안다고 해서 그 문제를 전적으로 해결할 수 있는 것은 아니다. 상담자에게는 심리적 동기가 필요하고, 부정행위 그 자체가 비도덕적인 것이라는 신념이 필요하다. 정의적 영역에 입각한 접근은 부정행위에 대한 내담자와 상담자의 피해를 다양한 사례별로 심

도 있게 알려 주되, 정서적 반응을 촉발시키는 교수학습방법이다. 상담자의 무분별한 신체접촉 때문에 프라이버시가 침해되고 인간으로서의 존엄성까지 유린당한 피해자의 사례를 살펴보는 것이다. 〈표 3-1〉에서와 같이 이러한 실제 사례를 소개하면서 상담자로 하여금 도덕적 분노와 공감을 일으키도록 하는 수업전략이 이에 해당된다.

표 3-1 _ 정의적 영역 구성

정의적 영역	감정, 정서, 수용, 거부 등
상담자	심리적 동기 필요 부정행위에 대한 신념
교육목표	다양한 피해사례 정보 제공 피해사례에 대한 부정적 정서반응 유발 도덕적 분노, 공감 형성
교육방법	1단계: 부정행위 설명 → 정보 전달 2단계: 역할극 수업 → 직간접경험 → 피드백 제공

상담자가 별로 대수롭지 않게 생각하며 내담자를 돕기 위한 과정의 일환으로 시도하는 신체적 접촉이 왜 나쁜 것인지, 얼마만큼 나쁜 것인지에 대해 토론하고 성토하는 수업진행도 시도해 볼 만하다. 이는 인지적 정보 전달의 영역과 중복되는 것처럼 보일 수도 있지만 1단계에서 부정행위의 피해에 대한 설명이 정보의 전달에 초점을 둔 것임에 반해, 2단계 수업에서는 역할극의 일종으로 그 피해를 직간접적으로 경험하게 하여 그 문제에 대해 분노하고 공감하도록 하는 정서적 반응전략 위주라는 점에서 차이가 있다. 2단계 수업은 상담윤리의 도덕적 특성이 잘 드러나는 수업이므로, 상담윤리교육에 있어서 매우 효과적이다. 2단계 수업에 임했던 상담자 중 상당수가 내담자에게 성적인 매력을 느껴 본 경험이 있고, 자신의 감정에 죄의식을 느끼고 화가 나기까지 했다고 한다(Pope, Keith-Spiegel, & Tabachnick, 1986; Rodolfa et al., 1994; Stake & Oliver, 1991).

포프, 손너 그리고 홀로이드(Pope, Sonne, & Holroyd, 1993)는 이러한 문제는 여전히 해결해야 할 문제로 남아 있다고 주장한다. 상담자들이 저지른 성적인 부정행위가 비교적 큰 문제로 여겨지고 있는 가운데 전문가들이 내담자나 다른 사람들에게 느끼는 성적인 매력은 어떻게 간주되어야 할지 의문이다. 만일 내담자에게 성적인 매력을 느꼈다면, 그 자체로 전문가의 윤리성에 위배되는지에 대한 자기반성을 유도해야 한다. 물론 상담자 자신이 내담자에게 느낀 성적인 감정을 스스로 각성하는 것은 지극히 평범한 일이고 필요한 과정이다. 최소한 자신의 행동에 대한 죄의식을 느끼고 전문가의 위치로 돌아가야 한다.

이와 같은 상담자의 행동을 부정행위로만 볼 수 없는 이유는, 상담자 자신이 성적인 욕구가 생겼다고 하여 상담실 밖으로까지 그 감정을 가지고 나가지는 않았기 때문이다. 상담자의 이러한 감정들은 개인적인 생활이나 내담자와의 상담으로 충분히 사라질 수 있다. 상담자가 내담자에게 느낄 수 있는 성적인 감정을 이성적으로 조절한다면, 앞으로도 계속 효과적인 상담을 이어 나갈 수 있다. 상담자가 내담자에게 순간적으로 성적인 감정을 느꼈다고 해서 상담에 참여하던 내담자가 마음의 문을 닫는 것도 아니고 내담자가 가지고 있는 문제를 해결하는 데 상담자의 주의가 분산되는 것도 아니며 윤리적으로 문제를 일으킬 만한 소지가 있는 것도 아니다(Pope et al., 1993).

그러나 만일 상담자가 내담자에게 느끼는 성적인 감정이 자주 일어나거나 그 감정이 오래 지속될 경우에는 더욱 신중해야 한다. 이러한 상황에서 상대에게 느끼는 성적인 감정을 이성적으로 해결하기 위해서는, 다른 동료들과 의논하거나 지도자들의 조언을 받는 것도 현명한 방법이다. 그러므로 상담자는 이러한 감정의 원인을 이해하고 상담에 전념하기 위해 주위의 충고를 받아들여야 한다. 그러는 동안에는 성적인 감정을 느낄 수 없는 내담자들을 위주로 상담을 해야 할 것이다(Ladany, O' Brien, Hill, Melincoff, Knox, & Peterson, 1997).

상담자가 내담자에게 가지고 있는 자신의 감정을 밝히는 것에 대해서는 의견상의 차이가 있다. 깁슨과 포프(Gibson & Pope, 1993)는 단호하게 이러한 행동은 그 자체로 비윤리적이라고 주장한다. 반면 감정을 드러내는 상담자의 행동을 우호적인 태도로 보는 시각도 있다. 굿이어와 슈메이트(Goodyear & Shumate, 1996)는 상담자들이 내담자에게 느끼는 매력을 표현할 때, 내담자에 대한 진정한 사랑의 표현이 아니라 내담자를 격려하고 위로하는 단순한 느낌의 표현을 해야 한다고 주장하였다.

상담 중에 계속하여 내담자에게 성적인 매력을 느끼거나 다른 상담자에게 내담자를 소개하려고 할 때 상담자는 자신이 내담자에게 느낀 감정을 솔직하게 말해야만 하는지 혼돈스러울 것이다. 이 경우 우선 내담자는 자신이 다른 상담자와 상담을 해야 하는 이유가 무엇인지 모르는 상태에서 뭔가 이상하다는 점을 느낄 수 있다. 이러한 상황에서 상담자는 내담자의 문제 해결에 중심을 두고 자신의 솔직한 감정을 이야기함으로써 내담자에게 피해를 줄 수 있고 상담과정에 방해가 될 수 있음을 고백하는 셈이다. 자신이 안고 있는 문제를 해결하기 위해 상담자를 찾은 내담자에게 상담자가 개인적인 감정을 가지고 있다는 사실을 드러내는 것은 내담자에게, 실제로 큰 부담과 위험을 안겨 줄 수 있다.

내담자에게 성적인 감정을 가져 본 경험이 있는 상담자는 내담자가 자신에게 성적인 호감을 표현한다면 어떻게 행동해야 하는가? 포프 등(Pope et al., 1993)은 상담자가 자신의 감정을 드러낼 때 치료적 명분이 분명했고 내담자에게 피해를 줄 소지가 없으며 자신의 감정을 행동으로 옮길 의도가 없다 할지라도 자신의 감정을 드러내는 데 조심해야 한다고 하였다.

엡스타인과 사이먼(Epstein & Simon, 1990)은 정신건강 관련 전문가들이 내담자와의 성적인 접촉을 가질 위험성 여부를 판단할 수 있도록 도와주는 지침을 발간하였다. 여기에는 상담자 스스로에게 던질 수 있는 다음의 질문이 제시되어 있다.

① 당신은 당신의 배우자나 그 밖의 중요한 사람보다 상담을 하고 있는 내담자에게 더 큰 성적 만족감을 느끼는가?
② 당신은 내담자가 당신과 성적인 관계를 갖는 것에 대해 긍정적인 태도를

보여야만 내담자가 안고 있는 문제를 해결하는 데 도움이 되리라고 생각하는가?

③ 내담자를 생각하거나 내담자를 만난다는 생각을 할 때 흥분을 느끼는가?

④ 내담자와 성적인 관계를 갖는 공상에 빠지기도 하는가?

⑤ 내담자가 당신을 유혹하는 성적인 행동을 할 때 자신에게 성적인 매력이 있다는 뜻으로 받아들여 본 적이 있는가?

⑥ 악수 외에 내담자와 육체적인 접촉을 한 적이 있는가?

⑦ 상담시간 이후에 내담자와 개인적인 자리를 함께한 적이 있는가?

저자는 〈표 3-2〉에서 상담자의 성적 접촉 가능성에 대한 예비증상 자가 체크리스트를 제시하고자 한다.

표 3-2_ 상담자 성적 접촉 예비증상 자가 체크리스트

다음의 문항을 읽고 당신에게 해당하는 것에 체크하세요.		
상담과정에서 자꾸 내담자가 눈에 들어온다.	□ 예	□ 아니요
일과 후에, 배우자가 아닌 내담자의 미소가 떠오른다.	□ 예	□ 아니요
일과 후에, 내담자를 만나기 위해 시도한 적이 있다.	□ 예	□ 아니요
배우자가 있음에도 애인을 몰래 사귀는 사람들이 부럽다.	□ 예	□ 아니요
배우자보다 더 잘나가는 내담자가 부럽다.	□ 예	□ 아니요
배우자를 사랑하는 것 같긴 한데 왠지 마음이 허전하다.	□ 예	□ 아니요
내담자가 진정 내가 원하는 이상형이란 생각이 자주 든다.	□ 예	□ 아니요
내담자를 사랑하기 시작한 것 같다.	□ 예	□ 아니요
내담자와의 잠자리를 상상하곤 한다.	□ 예	□ 아니요
배우자와의 잠자리가 싫다.	□ 예	□ 아니요
'예' 라고 응답한 문항이 4개 이상이면 슈퍼바이저의 상담이 필요하다.		

3) 행동적 영역

상담자의 성적 부정행위가 어떤 경향이고 왜 해결이 어려운지를 충분히 알게 된 상담자들은, 문제의 심각성을 실감하고 내담자인 피해자들의 고통과 분노에 공감하면서 부정행위문제를 반드시 해결하겠다고 다짐할 것이다. 상담자들이 부정행위에 대한 해결책을 모색한다고 해도 개인적 노력만으로는 불충분하다. 비윤리적이고 성적 가치관이 붕괴되고 있는 현대사회에서, 한두 사람의 의지나 특정 집단들만의 노력으로 성적 부정행위를 막기에는 역부족이다. 각 상담자들의 각성과 집단적 연대가 있어야 하고, 그 연대적 노력이 문제 해결 후에도 상시적인 상담활동을 조직화하는 계기를 마련하는 것이 필요하다.

전문상담자 또는 학생들이 스스로 비슷한 의지를 가진 사람들을 모아 연대를 결성하고, 관련 상담단체들과 힘을 합쳐 문제를 근절하려고 노력하는 등 학회 차원에서의 활동이 지속되어야 한다. 따라서 상담자의 부정행위에 대해서 각자 나름대로의 대책을 세워 보고, 이를 실천하는 '개인적 차원의 실천'과 이 문제와 관련해 누구에게 도움을 청하고 누구를 도울 수 있는가를 모색해 보고, 실제로 그러한 기관이나 단체로부터 도움을 받는 '사회적 차원의 실천'이 병행되어야 한다. 특히 성적 문제는 개인의 마음과 생각을 바꾸고 반성을 하는 것만으로 해결할 수 없는 '사회적 문제'다. 그 해결은, 필연적으로 내담자와의 상호작용 속에서만 이루어질 수 있기 때문에 실제 행동경험과 실천기능을 강조하는 윤리적 수업은 상담윤리교육의 완성을 기한다는 면에서 중요하다.

자기파괴적인 성향이 있는 내담자를 상담하기 위해 전문적인 동료들의 조언을 구하기란 실로 어려운 일이다. 내담자의 말에 마음을 열고 주의 깊게 들어주며 적극적인 태도를 보이는 전문상담자들은 내담자로 하여금 어떠한 개인적인 비밀도 털어놓을 수 있는 환경을 조성해 준다. 내담자가 자신을 능력 있는 상담자로 여길지를 의심하는 상담자라면 내담자를 다른 상담자에게 소개하는 방법이 바람직하다. 내담자는 자신이 상담자의 제안을 거절했을 때 다른 피해를 입을까 봐 두려워하게 되고, 자신이 거절한 것에 대해 어떠한 불이익이 없음에도 불구하고 전문적인 관계에 있어서 불안을 경험하게 된다.

특히 APA 윤리강령(Section 3. 02.)에서는 "심리학자들은 성희롱을 해서는 안 된다. 성희롱은 육체적 유혹인 성적 교사죄에 해당되며 구두상으로나 비구두상으로나 상대에게 성적인 구애를 하는 행동이다. 성희롱은 심리학자들이 자신의 역할을 다하지 못함으로써 부도덕한 행동에 관련하여 발생하게 되는 것이다."라고 규정하고 있다.

상담자들이 자신의 내담자에게 성적인 매력을 느낄 수 있는 것은 거의 보편적인 현상이라고 할 수 있을지 모르지만, 모든 상담자들이 성적인 매력을 느낀 내담자에게 행동을 보여 주는 것은 아니며 대다수는 자신의 느낌을 이성적으로 제어한다. 내담자와의 상담이 끝난 후 2년이 지나고 나서 성적인 관계를 가지는 것일지라도 그것은 분명 상담자로서 비윤리적인 행동이며, 이러한 행동은 허용될 수 있는 특수한 상황에서만 정당화될 수 있다.

상담자들은 상담 초기에, 내담자와 서로 충분한 믿음을 가지고 있으며 개인적인 감정을 배제하고 상담을 적절하게 종결시키며 상담기간 동안 윤리적인 자세로 상담에 임할 수 있는 전문적인 상담자를 지향하고자 한다. 여러 상담윤리강령에서도 상담이 끝나기 전 어느 시점에서 내담자와의 성적인 관계를 의도하고 있는 상담자라면 누구나 처벌대상에 포함된다고 밝히고 있다.

고틀립(M. C. Gottlieb)은 이러한 문제에 관한 전문가의 이론을 더욱 명확화하는 데 일조하였다. 그는 내담자와의 상담을 윤리적인 측면에서 고려하고 평가할 수 있는 상담자의 세 가지 양상을 다음과 같이 제시하였다.

첫 번째는 상담자의 능력이다. 상담자의 능력이야말로 상담의 질을 높이는 동시에 상담자의 권위를 세워 준다. 전문적인 상담자라고 해도 내담자에게 가질 수 있는 개인적인 감정을 이성적으로 해결할 수 있는 좋은 방법을 가지고 있지는 않다. 또한 현재나 과거의 내담자와 성적인 관계를 가지고 있는 상담자의 입장에서는, 내담자에 대한 개인적인 감정을 지금까지 적절하게 해결해 왔는지

심사숙고하지 않았다면 부도덕한 행동으로 간주될 수 있다(Hartlaub, Martin, & Rhine, 1986).

두 번째는 상담기간이다. 상담기간은 실제로 상담자의 능력에 포함되어 있는 중요한 요소다. 상담기간이 길어질수록 상담자가 내담자를 제어할 수 있는 힘은 더욱 커지게 마련이다. 상담의 기간을 명확하게 정함으로써, 내담자는 상담이 끝난 후에 부가적인 상담을 받지 않을 수 있다. 상담이 끝난 후의 시간은 상담의 본질을 흐리게 할 뿐만 아니라, 상담자에게 성적인 감정을 느낀 내담자는 상담자와 성적인 관계를 기대하는 오해를 가질 수 있다. 상담자에게 강한 성적 매력을 느낀 내담자는 그들의 권리를 위해서라도 성적인 관계를 피해야 한다. 상담자들도 의식적으로나 무의식적으로나 상담의 초점을 다른 곳으로 바꿀 수 있다. 왜냐하면 상담 후 내담자와 접촉 가능성이 있기 때문에 상담자 윤리강령에서 지나치게 벗어난 사례를 예외로 간주하여서는 안 된다. ACA와 APA의 윤리강령에서는, 상담자가 전문적인 관계를 유지하고 있는 다른 사람들을 위해 현재의 내담자와 성적인 접촉을 하는 부정행위에 대한 처벌과 금지를 확장하고 있다.

4) 통합적 도덕성의 구성요소

상담윤리교육도 도덕교육의 한 부분임을 분명히 인식한다면, 상담윤리교육과 관련된 교수학습이론이 기존 도덕교육의 교수학습이론과 다르지 않다는 점을 이해할 수 있다. 과거 덕목 중심 이론이나 가치교육이론, 인지적 발달단계이론 등의 장단점과 특징들을 종합적으로 고찰해 보면, 상담윤리교육에 적합한 이론은 리코나(T. Lickona)로 대표되는 '통합적 도덕성이론' 이라고 할 수 있다. 왜냐하면 사회적 문제의 발생에 따른 요청에 부응하여 연구되는 '응용윤리적 성격의 분과' 라는 점에서, 상담윤리교육이 지향하는 교육의 목표는 상담자의 부정행위에 따른 윤리적 쟁점들에 대해 '잘 아는 사람' 이나 '올바로 행동하겠다는 의욕과 의지를 가진 사람' 이나 '문제 해결을 위해 잘 행동하는 사람' 만으로는 불충분하기 때문이다. 우리가 목표로 삼아야 할 인간상은 다음과 같다.

① 상담자는 내담자와의 부정행위로 인한 성적 접촉에 관해 제기되는 윤리적 문제의 갈등구조와 윤리적 특성에 대해서 충분히 잘 알고 있어야 하고,
② 그 문제에 대해 아는 것을 넘어서 그것이 정말로 도덕적으로 나쁘고 잘못된 일이라는 것을 마음속 깊이 느끼고, 해결하려는 강한 의욕을 갖는 사람이어야 하며,
③ 실제로 그 문제를 해결하기 위해 올바른 질차에 따라 적절한 행동을 할 수 있고, 필요한 도움을 제대로 찾아낼 수 있는, 행동력 있는 사람인 것이다.

진정한 의미에서의 상담윤리교육은 상담자의 부정행위가 무엇인지를 가르쳐 주는 것만으로 끝나서는 안 된다. 그것이 얼마나 나쁘고 왜 나쁜 것인가를 충분히 알려 주는 일은 분명 중요하다. 다만, 그것은 상담윤리교육의 첫 단계에 지나지 않을 뿐이다. 두 번째 단계에서 우리는 상담자로 하여금 진정으로 내담자와의 성적 접촉을 예방하고 근절하기 위해 그에 맞서 싸우려는 의지와 감정을

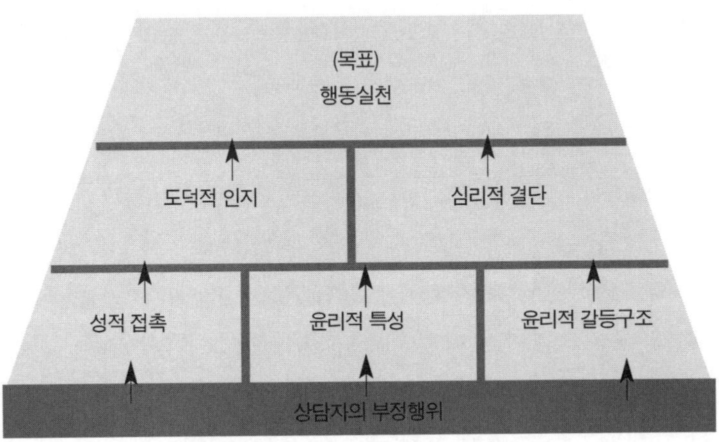

[그림 3-5] 통합적 도덕성 구성목표

불러일으킬 수 있어야 한다. 그것을 제대로 수행하지 못한다면, 상담윤리교육이 오히려 내담자와의 성적 접촉을 위한 안내교육으로 전락되기 쉽다. 세 번째 단계에서는 이론적으로 뿐만 아니라 실제적으로 문제가 발생했을 때 충분히 이해하고 해결을 위한 의지를 가진 상담자들이 구체적으로 어떤 행동을 취해야 하는지를 가르쳐야 한다(최원호, 2000).

제4장 상담윤리의 교육과정

제4장

상담윤리의 교육과정

1. 상담윤리의 교육과정

이제까지 상담윤리교육에서 다루어야 할 내용의 범위를 밝히면서 상담윤리교육이 '무엇' 인가를 살펴보았고, 법률적이고 기술적인 윤리교육방안들의 장단점과 한계를 분석하면서 '왜' 상담윤리교육에 관심을 기울여야 하는지 살펴보았다.

현재 우리나라는 몇몇 대학을 제외하고는 학부에 상담학과를 두고 있지 않으며 개설대학도 주로 종교적 상담과목을 위주로 운영되고 있다. 상담이 전문직으로 발전하기 위해서는 학부에서부터 상담학과를 설치 · 운영하는 것이 가장 효과적이며, 이것은 상담학과를 하나의 독립된 학문으로 자리 잡게 하는 데에도 크게 기여할 것이다. 상담의 전문성은 높은 수준의 상담이론체계를 형성하고 발전시킬 수 있느냐에 달려 있다. 상담학과 설치로 상담학에 전념하는 학문집단이 발생하면서 학문적 진보가 빨라질 것이다. 현재 대학원 또는 교육대학원의 교육학과, 심리학과, 사회복지학과 등에도 교육상담, 상담심리, 상담교육 등의 전공을 두고 2년간의 교육이 진행되고 있지만 교육기간이 비교적 짧은데다 다른 전문직종에 비해 정체성 확립에 어려움을 겪고 있다.

상담자를 대상으로 하는 상담윤리교육을 학부과정이나 대학원과정에서만 다룰 것이 아니라, 전문상담자의 자격취득과정에서부터 정규 교과목으로 채택해야 한다. 현재 대다수의 상담 관련 유사학과에서 상담윤리 혹은 윤리교육에 대한 교육과정이나 별도의 프로그램 자체가 거의 전무한 상태이다 보니 윤리의식 자체가 경시되고 있다. 상담학과 교육과정뿐만 아니라 졸업 후 전문상담자로서의 재교육과정에서도 윤리교육을 강화하여야 한다는 데는 대다수가 동의하고 있다. 그러나 교육목표와 교육방법, 그에 따른 결과에 대한 기대 수준과 평가방법이 무엇인지 제대로 규명된 바가 없다(최원호, 2004). 그 원인을 찾는 것이 쉬운 일은 아니지만 일단 별도의 교육시간을 확보하기 힘든 교과일정 또는 학부교육이나 대학원과정에서 임상 위주의 이론과 실제에 치중하고 있는 것을 그 원인으로 꼽을 수 있다. 상담윤리에 관한 전공교수 부족과 교육 프로그램 부재 또한 전공과목을 개설하기가 어려운 또다른 이유일 것이다.

대학에서 상담윤리학을 정규 교과과정에 포함시켜야 함에도 불구하고 현재의 상담심리 개설 대학 중 상담윤리를 정규 과목으로 개설하고 있는 것은 일부에 그치고 있고, 나머지 대학에서는 개설조차 하지 않고 있다. 더구나 전문상담교사 자격증을 수여하는 교육대학원의 교육상담 또는 상담심리 전공과정에서조차 상담윤리를 전공필수과목은커녕, 선택과목으로도 개설하지 않고 있으며 대학원과정 역시 비슷하다. 상담윤리가 정규 교과목으로 개설되지 않는 이유는 상담윤리학을 전공한 교수진의 부족 때문이기도 하지만 본질적으로는 상담윤리의 교육과정 개설에 대한 기본 개념이 부족해서다.

한국인의 윤리의식과 관련한 다양한 문제가 제기되는 상황에서 윤리적 문제를 해결할 수 있는 예방 차원의 교육 프로그램 개발이 활성화되어야 한다. 이를 위해 관련 학자들이 한 자리에 모여 머리를 맞대고 숙고하여 시대에 맞는 새로운 한국적 '상담윤리'를 정립해야 할 과제를 안고 있다. 교육은 비의도적인 교육과 의도적인 교육으로 크게 구별할 수 있다. 가정에서 무심코 보여 주는 부모의 평소 언행이 자녀들에게 영향을 미치는 것처럼, 명확한 교육목적과 내용, 계획적인 지도가 없어도 교육의 영향력은 행사될 수 있다. 비의도적이라 하더라도 학습자가 의식하지 못하는 사이에 흡수되는 것이 교육이며, 삶의 과정은 매우 강력한 교육적 효과를 지니고 있다. 의도적 교육은 이러한 비의도적 교육의 기반 위에 이루어지는 것으로, 학교교육이 대표적이라 할 수 있다.

우리는 상담윤리의 교육과정 자체를 비의도적이고 비형식적 · 비계획적 · 비조직적으로 행할 것이 아니라, 명확한 상담윤리체제를 확립하기 위해 교육적 의도를 가지고 뚜렷한 교육목적과 가치를 담은 내용들로 효과적인 교육이 진행되도록 해야 한다. 의도적 교육을 확립하기 위해서는, 상담학과 개설 학교의 담당 교수 선정부터 이를 전공필수과목으로 배정하는 학사 제도적 장치 마련까지 현실적 방안이 시행되어야 할 것이다(최원호, 2004).

2. 상담윤리의 교육내용과 방법

1) 상담윤리의 교육내용

상담윤리를 교육함에 있어서, 우선 교육을 담당할 교수가 주체가 되어 상담윤리교육의 뚜렷한 목표와 내용을 설계하여 교육과정을 편성하여야 한다. 상담자의 비윤리적이고 비도덕적인 행위를 막기 위해서 의도적 교육과, 비의도적 교육의 힘을 병행하는 것이 좋다. 교육적 변화를 가져오려면 우선 담당 지도교수가 윤리적으로 변해야 하고, 교육과정이 달라져야 하며, 학습방법이 개선되어야 한다. 학과 신설에 따른 교육과정의 심의결정에 직접적인 영향력을 끼칠 수 있는 제도적 뒷받침이 필요하며 교과교육 전문가들에 의해 교재가 개발되어야 한다. 지금까지 각종 학회 또는 협회 단위에서 만들어진, 윤리강령 중심의 해설자료만 난무했을 뿐 실제적인 상담윤리의 공통 교재는 개발된 것이 없다. 우선 상담윤리교육의 정착을 위해서 교재 개발이 선행되고 윤리학적 입장에서 상담 발전을 지속시킬 수 있는 다양한 후속 연구가 활발히 이루어져야 할 것이다. 특히 상담윤리 교육과정에서 가르쳐야 할 주된 교과내용은 〈표 4-1〉과 같다.

표 4-1 _ 상담윤리 주요 교과내용

구분	주요 내용
오리엔테이션	상담윤리와 상담자의 중요성, 내담자의 권리
인간관	긍정적 인간 이해, 삶의 태도와 자세
상담윤리 접근법	윤리적 이해와 상담 이해 접목
윤리적 원칙	자율성, 선행, 사회정의 등
윤리강령 및 외국윤리 사례	윤리강령 분석
사례연구	내담자 중심 상담의 다양한 사례 등

상담윤리교육과정을 효율적으로 진행하기 위해, 상담학과 또는 유사학부는 1학년 2학기에 상담윤리 이론과목을 개설하고 2학년 1학기에는 상담윤리 유형별 사례문제 중심의 교육과정을 개설해야 한다. 상담윤리교육에 있어서 어느 정도의 시간이 필요한지는 일률적으로 말하기 힘들다. 가령 기본적인 윤리개념과 함께 비교적 빈번한 상담윤리적 갈등상황을 강의나 토론으로 다루자면 최소한 28시간이 필요하다. 이것은 주당 2시간씩 한 학기 동안의 분량이며 2학점을 부여하면 충분하다. 총 28시간 정도의 교육은 가장 기본적인 것으로 강의내용이 윤리적 갈등상황일 경우 사례 토의를 위해서 최소 주당 3시간 이상이 필요하며, 학기당 42시간이면 교육효과 면에서 매우 유용하다. 이것은 학생들로 하여금 상담과정에서 발생할 수 있는 윤리적 갈등상황을 보다 생생하게 이해하고

또 현실감 있게 문제를 풀어나가는 훈련이 되기 때문이다. 지속적인 상담윤리 교육의 정착을 위해서 상담윤리협의회를 구성하여 다양한 학술활동을 전개할 수 있도록 동기를 제공해야 한다(최원호, 2004).

상담윤리교과 이론교육과정은 상담교사 양성에 준하는 교육과정을 개발하기 위한 독특한 영역으로 상담윤리교과가 무엇이고, 그것을 왜 가르치며, 어떻게 가르칠 것인가에 대해 논의한다. 상담교사를 양성하는 교육은 일반 대학의 상담학과와는 달리 지식의 본질을 파악하고 그 가치를 사정하며 학습자의 필요에 따라 지식을 선택하고 해석할 수 있는 능력을 기르는 데 목적이 있다. '가르치는 일'을 가르치는 교육은 매우 중요하며 인간의 정신적 능력을 고양시켜 인간에게 인격을 부여한다.

상담교사의 경우, 일반교사와 마찬가지로 상담 관련 교과를 가르치는 목적이 무엇이고 교과내용 가운데 무엇에 중점을 두어야 하며, 그것을 어떻게 가르쳐야 하는지 염두에 두어야 한다. 상담강좌는 각 대학의 실정에 따라 개별로 개설할 수도 있고, 몇 개를 통합하여 개설할 수도 있으며, 교과내용강의에 포함하여 강의할 수도 있다. 중요한 것은 교과이론강의가 교과내용으로부터 거리를 두어서 안 된다는 점이며, 윤리교과목을 선택이 아닌 필수과목으로 배정해야 한다는 것이다.

윤리교과이론을 강조하는 이유는 교과교육을 그에 맞게 해야 한다는 데 있다. 이러한 관점에서 전문상담교사 양성과정과 일반 학부의 상담학은 목적과 특징이 서로 구별되어야 한다. 이것이 교사 양성대학의 본질을 구성하는 핵(核)이며 이것이 잘 이루어져야만 고유 목적을 수행하게 되고 그렇지 못할 경우 교사 양성대학은 고유 목적을 상실한 채 표류하게 될 것이다. 교육이론은 상담교사뿐만 아니라 일반교사의 특성을 형성하는 가장 핵심적인 교육내용이다.

교육이론은 교사 양성을 위한 기초 이론으로서 '가르침과 배움'을 기반으로 하며, 상담교사를 양성하는 대학이 교육이론을 교육과정의 기반으로 삼고 있는지 여부가 중요하다. 교과를 가르치고 내담자를 상담하며 학생들과 함께 생활하는 능력은 상담교사들의 상담수행능력을 결정짓는 중요한 요인이다. 대학에서 교육이론강좌를 개설할 때 다른 교과목과 조화와 균형을 유지해야 하는 것은 물론, 교사교육의 목적과 목표를 성취할 수 있도록 배려되어야 한다. 교육이론의 실제적 분야는 상담교사들이 상담을 수행하는 과정에서 직접 활용되는 내용을 다루는 강좌들이어야 한다.

2) 상담윤리의 교육방법

상담윤리의 이론교육이 예비 상담교사에게 윤리에 관한 총체적 안목과 교육을 이끌어 갈 수 있는 능력을 길러 준다면, 상담윤리교과교육은 상담교사들에게 윤리적 상담방법에 관한 교육능력을 길러 주는 데 목적을 둔다. 상담교사교육은 다른 교육과 구별된다. 교사가 되는 과정은 타 직종에 종사할 사람들이 받는 교육과 다른 부분이 많고 그렇지 않으면 상담교사교육이라고 할 수 없다.

상담교사교육은 교사들을 단지 교과전문가로 키우는 것이 아니라 정신적·심리적인 '스승'으로 길러야 하는 어려움을 안고 있다. 이와 같이 복합적인 성격의 상담교사교육은 지금까지 제시한 것과 같이 틀에 짜인 교육과정을 가지고 이루어질 수 있는 것이 아니다. 상담자 양성과정에서부터 개인에게 발현된 특기와 적성은 훗날 상담자가 되어 내담자의 상담활동을 지도하는 원동력이 된다. 상담자는 우선 '인간'으로서의 덕목을 갖추고 다방면의 학문과 사상에 관한 깊이 있는 지식과 신념을 지녀야 한다. 또한 상담을 진행할 수 있는 능력을 지녀야 하며, 내담자에게 삶의 귀감이 될 수 있는 인격을 갖추는 것이 급선무다.

내담자의 인지적, 정의적 행동 변화에 지대한 영향을 미치는 요인이 바로 상담자의 인격이다. 상담교사를 양성하는 대학의 일반적 교육풍토가 뿌리내리고, 학습자의 지적, 정의적 및 신체적 특성이 형성되어야 한다. 상담자의 자질이나 능력은 상담자가 소유하고 있거나 상담을 이끌어 나가는 지적 능력, 신념, 태도

등의 복합체라 할 수 있다. 상담교사의 학습자 지도행위는 일반인이 획득하지 못한 지식과 기능에 속한다는 가정도 중요하다. 그러한 전문성은 개별 학습자에 대하여 이타주의적 관심과 애정을 쏟아야 하는 특성을 갖고 있다. 상담교사 또는 예비 상담자 선발과정에 충분한 주의를 기울여야 하며 상담자로서의 적성과 흥미가 일치하는지 객관적인 평가기준을 통해 점검할 수 있다. 상담교사는 인성적 자질을 필수적으로 갖추어야 하기 때문에 정상적 성격의 지원자여야 하며 〈표 4-2〉에서와 같이 삶에 대한 긍정적인 태도나 생활관, 인간애, 봉사정신과 희생정신, 진지한 탐구력 등을 구비하여야 한다.

표 4-2_ 전문상담교사의 자질

버딘(Burdin)	로저스(Rogers)
가치계발능력	학습자의 호기심 유발
자원발견능력	개인의 관심과 흥미 선택
학습처방능력	학습과 탐구욕구 충족
학문관계파악	질문 & 탐색 분위기 조성
평생교육능력	모든 존재의 변화 인식
지역사회 학습지도력	
전문적 연구수행	
전문적 교수능력	

버딘(Burdin)은 전문적인 교육자(상담교사)의 자질을 역할기능 수행측면에서 다음과 같이 기술하고 있다.

① 가치계발능력: 민주적 가치와 조화로운 가치 탐색능력
② 자원발견능력: 학습자료 및 정보를 능률적으로 수집, 분석, 활용할 수 있는 능력
③ 학습처방능력: 다양한 검사자료를 활용하여 학습상태를 파악하고 처방할

수 있는 능력

④ 학문 간 관계를 파악하는 능력: 학문 간 관계를 비판적으로 분석 · 종합 · 평가할 수 있는 능력

⑤ 인간관계의 계도능력: 개인-가정-학교-사회생활의 관계를 파악하는 능력

⑥ 평생교육 및 여가활동 상담능력: 분화되는 직업세계에 대한 학생의 대응능력 및 여가의 효율적인 활용에 대한 상담과 지도능력

⑦ 지역사회에 관한 학습지도력: 지역사회를 학습의 장으로 활용할 수 있음은 물론, 지역사회에 봉사할 수 있는 생활태도와 능력

⑧ 전문적 연구 수행력: 현장교육 연구 수행력과 연구 수행과정을 지도할 수 있는 능력

⑨ 미래 지향성 및 현실 수용력: 밝은 미래에 대한 계획을 수립할 수 있고, 현재의 생활에 긍정적으로 참여할 수 있는 능력

⑩ 전문적인 교수능력: 학습지도를 계획, 실천, 평가할 수 있는 능력

인본주의 심리학자로 유명한 칼 로저스(C. Rogers)에 따르면, 상담교사는 학습촉진자로서 학습방법이나 변화하는 사회에 적응할 수 있는 능력을 숙달시키며, 지식의 변화 · 발전하는 특성을 이해시키고, 지식 추구의 과정이 안정과 발전의 기초라는 것을 깨닫도록 도와줄 수 있어야 한다고 주장한다. 이와 관련하여 그는 상담자의 구체적인 교수활동 내용을 다음과 같이 진술한다. ① 학습자의 호기심과 내적 동기를 유발시키는 일, ② 개인의 관심이나 흥미에 따라 새로운 방향을 선택할 수 있도록 허용하는 일, ③ 학습자의 탐구 욕구를 충족시키는 일, ④ 모든 것을 질문할 수 있고 탐색할 수 있도록 분위기 조성, ⑤ 존재하는 모든 것이 변화과정에 있음을 인식시키는 일 등이다. 이는 학습촉진자로서 상담교사가 갖추어야 할 진실성, 존중감, 수용성, 신뢰성 및 공감적 이해력 등을 시사해 주고 있다.

슈텐베르크(Shuttenberg)는 21세기 교사교육의 방향을 ① 학문의 이해, ② 수업의 이해, ③ 인간 발달의 이해 영역으로 보고, 교육자들이 제일 많이 나열한

항목을 이 세 영역에 분류하여 포함시켜 교사가 갖추어야 할 자질을 〈표 4-3〉과 같이 제시한다.

표 4-3 _ 상담교사가 갖추어야 할 자질

학문의 이해(교수내용)	수업의 이해(교수과정)	인간 발달의 이해(자아와 타인관계)
• 학문을 사랑하고 지적 추구에 만족한다. • 자기 의사를 말과 글로 잘 표현한다. • 독서능력이 있으며 광범위한 독서를 한다. • 전문지식을 갖춘다.	• 학습자의 학습수준을 전달할 수 있다. • 학습자의 학습양식을 진단할 수 있다. • 다양한 수업방법을 활용할 수 있다. • 개별지도와 집단지도방법을 안다. • 문화구조를 이해하고 그 속에서 활동하는 방법을 안다. • 정보화사회에 적극 참여할 수 있다.	• 인간 자아와 발달개념을 이해한다. • 현실적이고 건전한 자아개념을 갖고 있다. • 개인의 장 · 단점을 알고 그에 따라 성장목표를 세울 수 있다. • 개인의 감정과 생각을 잘 나타내게 유도할 수 있다. • 여러 관점에서 사물을 관찰할 수 있다. • 많은 사람들과 원만한 관계를 맺을 수 있다.

콤즈(Combs)는 훌륭한 교사가 갖추어야 할 능력을 인지적 특성과 정의적 특성으로 구별하여 제시하고 있다. 우선 인지적 측면의 자질조건은 다음과 같다. ① 인간에 대한 민감성과 공감적 이해력을 갖추어야 한다. ② 능동적이고 적극적인 자아개념을 갖고 있어야 한다. ③ 자신 및 학습자에게 적합한 교수방법을 터득하는 능력을 갖추어야 한다. 다음으로 정의적 측면의 자질조건은 다음과 같다. ① 인간행동에 대하여 정확하고 긍정적이며 적합한 신념을 갖추어야 한다. ② 주위 환경을 정확하게 인식할 수 있고 지각할 수 있어야 한다. ③ 자기 자신을 신뢰할 만하고 필요하며 가치 있는 존재로 볼 수 있어야 한다. 결국 상담교사의 자질로서 인지적 능력보다는 사회에서 수용할 수 있는 정의적 특성과 봉사나 희생을 필요로 하는 사회적 활동능력을 중요시하고 있음을 알 수 있다.

콤즈는 또 천성적인 잠재력에 의존하기보다는 원만하고 조화로운 인간관계를 통한 생활 중심 교육능력을 중요시하고 있다. 특히 상담교사의 인성 측면을 구체적으로 살펴보면 다음과 같다.

① 상담교사와 학생 상호작용에 관련되는 상담교사의 성격: 학생과 원만하고 활달한 인간관계를 맺는 능력, 학생과의 개인적 · 개별적 대화능력
② 상담교사의 인성과 교실의 정서적 분위기: 바람직하고 효과적인 학습 분위기를 형성할 수 있는 능력 및 정서적 경험, 전반적인 학습과정이 개인적인 느낌, 희망, 수용적이고 진지한 상호작용 능력
③ 학습자의 기대에 미치는 상담교사의 성격과 태도: 밝고 명랑하고 쾌활하며 진지한 태도
④ 학생들과 개별적인 인간관계를 유지하고 발전시킬 수 있는 능력, 학급의 정서적 학습 분위기를 조성할 수 있는 능력, 학생들을 긍정적이고 희망적으로 다루는 생활습관
⑤ 상담교사 자신의 건전한 정신건강
⑥ 상담교사교육에 대한 적극적인 참여와 이를 통한 전문적 자질 함양 자세 및 실천 능력

연문희 등은 우수한 현직 교사가 갖는 기본능력이나 인성특성은 교직 희망자의 교직적성과 연계된다는 전제 하에 바람직한 교직적성 구성요소를 다음과 같이 구체적으로 기술하고 있다.

① 능력측면: 창의력, 언어능력, 판단력
② 태도측면: 개방성, 확고한 교직관, 사랑과 봉사정신
③ 흥미측면: 다양성, 학습자에 대한 관심, 사실과 정보에 대한 관심, 진지하게 연구하는 자세
④ 성격측면: 사려성, 정서안정, 지배성, 객관성, 협동성, 정의감, 윤리성, 관

용성, 명랑성, 자신감, 안전감, 자주성, 진취성, 비판성.

미래지향적인 교육적 패러다임의 정착을 위한 방안으로써 상담에 종사하게 될 예비 상담교사의 적성 신장을 위한 교육과정을 면밀히 분석 · 검토하여 새로운 표준 교육과정을 연구 · 개발할 필요성이 제기되고 있다(최원호, 2004).

3. 윤리적 결정과정의 주요 원칙

상담은 객관성을 유지할 수 있는 상담자의 능력과 내담자의 문제 해결을 위해 최선을 다하려는 상담자의 노력에 따라 그 결과가 달라질 수 있다. 상담자가 윤리적 결정을 내리는 과정의 일차적인 목표는, 모든 윤리적인 원리를 절충하여 적절한 방안을 찾는 것이다. 이때 상담자는 내담자가 입을 수 있는 상처까지 고려하여 결정을 내려야 한다. 상담자가 내담자와 상담 이외의 개인적 관계를 가질 때 객관성을 잃고 내담자를 대할 수 있으며 내담자의 믿음이 흔들릴 수 있다. 가장 기본적인 단계에서 상담자의 도덕성을 판단하는 것은 딜레마를 해결하는 데 도움을 줄 것이며, 특히 상담자가 도덕적 이론과 현실 사이의 관계를 충분히 분석할 때 상담자로서 윤리의식의 가치관을 인정할 수 있다.

상담과정에서 발생하는 윤리적 문제가 상충하거나 어떠한 대안을 선택했다 할지라도 문제가 여전히 남을 경우 윤리적 재결정을 내려야 한다. 키치너(Kitchener, 1984)는 〈표 4-4〉와 같이 전문적인 상담을 위한 다섯 가지 윤리적 원칙을 제시했는데, 그것은 자율성 존중의 원칙, 타인에게 피해를 주지 않기 위한 무해성의 원칙(악행 금지의 원칙), 선을 행하는 자선의 원칙, 공정성 혹은 정의의 원칙 그리고 약속을 이행하는 성실의 원칙이다.

표 4-4_ 윤리적 결정과정의 주요 원칙

주요 원칙	내용
자율성 존중의 원칙	내담자의 의사결정권 인정
무해성의 원칙	내담자에게 상처를 주거나 해를 주지 않음
자선의 원칙	최선을 다해 내담자를 돕고 공공복리 증진
정의의 원칙	인종, 성, 문화, 나이, 능력 등에 관계없이 공평하고 평등한 처우
성실성의 원칙	윤리적 의무를 이행

자율성 존중의 원칙

이성적인 개인은 스스로 결정권을 가질 수 있어야 한다는 것을 의미한다. 자율성이란, 자기 스스로의 원칙에 따라 행동하거나 자기 스스로 자신을 통제하며 절제하는 것이다. 이는 도덕적 의미로, 무엇이 최선의 이익인지를 결정할 자격이 있음을 뜻하므로, 자신의 선택과 결정에 따라 행위를 할 때 '자율적' 이라고 할 수 있다. 인간은 어떤 목적을 위한 수단이 아니라 그 자체가 목적이다. 그러므로 상담자는 내담자의 고유한 가치를 인정하고 존중해야 하며, 내담자를 상담자 자신의 의지대로 조종할 수 있는 대상으로 취급하지 말아야 한다.

내담자에게 자율성을 부여하는 것은 내담자 스스로 무엇을 해야 할지 결정하도록 동기를 부여한다는 점에서 매우 중요하다. 내담자의 선택을 존중하지 않고서, 상담의 목표를 달성했다고 하는 것은 아무런 의미가 없다. 비록 내담자가 자신의 심리 또는 정서적인 문제 등의 이유로 상담자에게 도움을 요청하고 있지만, 여전히 자율성을 지닌 인격적 존재라는 사실을 상담자는 항상 인식하고 있어야 한다. 하지만 여기에도 예외는 있다. 상황에 따라서 자율성이 거부되거나 제한될 수도 있기 때문이다. 상담의 목표 중 하나가 내담자의 자율성을 향상시켜 주는 데 있을 정도로 내담자 보호 차원의 자율성 존중은 중요하다. 그렇다고 자율성이 절대적이거나 무조건적 가치를 지니는 것은 아니다. 자율성 존중의 원칙은 윤리적 곤경으로부터 상담자와 내담자 모두를 보호하기 위한 원칙이다. 예를 들어 타인에게 해를 끼칠 여지가 다분한 내담자는 스스로가 상담자의 판단을 신중히 받아들여야 한다. 자율성 존중의 원칙은, 인간이라면 모두 고유한 존엄성을 가지고 있고 스스로 최상의 것을 선택할 권리가 있다는 전제 하에 개인의 선택이 상담자의 강요에 의해서 행할 수 없다는 의미로써 받아들여야 한다(Beauchamp & Chlidress, 1989).

무해성의 원칙(악행 금지의 원칙)

상담자는 내담자에게 도움을 주고 복리를 증진시키는 방법으로 행동해야 한다. 전문상담자는 상담과정 중에 무엇이 진실인지 확실히 분간해 내는 상담윤리를 지니고 있어야 하며, 의사는 환자를 치료하면서 결코 그들에게 상처를 주거나 해를 끼치지 말아야 한다(한국의료윤리교육학회, 2001). 다른 사람을 돕는 것은 도덕적 요구사항 중 가장 기초가 되는 우선적 의무다. 상담자는 자신에게 내담자의 문제 해결을 위해 노력할 의무가 있는 것을 깨달아야 하며, 그것이 선행을 행하는 데 필수적이고 당연한 것으로 받아들여져야 한다. 결론적으로, 무해성의 원칙은 피해를 주는 행위를 회피하는 것을 넘어서 내담자를 적극적인 행동으로 돕는 것까지 요구하므로 '선행의 원칙' 이라고 할 수도 있다.

의학윤리에서 무해성의 원칙, 즉 악행 금지의 원칙은, 다른 많은 사람에게 이익을 주는 경우일지라도 환자 당사자에게는 어떠한 해도 끼쳐서는 안 된다는 의미다. 상담윤리에 적용해 본다면, 상담과정 중 상담자는 내담자에게 어떠한 해도 끼치지 않도록 해야 한다는 것이다. 또한 악행 금지의 원칙은 다른 사람에게 해악을 끼치지 말라는 것으로(no harm principle) 전문상담자뿐만 아니라, 모든 사람이 준수해야 할 의무사항이다. 여기서 악행이란 부당하게(doing unjustly) 행하거나 잘못된 행동으로 상담자가 내담자에게 의도적인 해를 끼치거나 권리를 침해하는 것까지 포함한다. 내담자가 상담과정에서 부정적 영향으로 상담에 동의하지 않는 경우도 마찬가지다. 일반적으로 '선행의 원칙' 으로서의 측면보다 '악행 금지의 원칙' 으로서의 측면이 우선시된다. 그 이유는, 상담자가 내담자에게 피해를 주지 않을 소극적인 의무가 도움을 주어야 하는 적극적인 의무보다 상담윤리상 더 중요하다고 인식되기 때문이다.

상담자가 상담을 긍정적인 방향으로 이끌어 나가기 위해 내담자에게 접근하여 그 효과를 평가할 수 있는 것은 선행의 원칙에 따른 것이다. 그러므로 상담자는 내담자의 정신적 상태와 정서적 불안정, 파괴적인 행동의 경향 등을 주의 깊게 들여다볼 줄 알아야 한다. 또한 상담자는 상담관계에서 신뢰성을 잃으면 곧 내담자에게 큰 해를 줄 수 있다는 사실을 명심해야 하며 자신의 판단이나 평가가 내담자의 가족에게 줄 수 있는 피해도 고려해야 한다. 미국의 윤리학자 프랑케나(W. Frankena)는 악행 금지의 원칙과 선행의 원칙을 통합하여 다음 4가지의 의무를 제시한 바 있다(황경식 역, 1984). ① 피해를 주지 말라. ② 피해를 예방하라. ③ 피해를 줄 수 있는 것을 제거하라. ④ 선을 증진하라. 그는 이러한 4가지 의무가 서로 상충할 수 있음을 염두에 두면서도 앞의 의무가 뒤의 의무에 비해 우선한다고 밝혔다.

상담자는 내담자에게 해악을 끼치는 행위를 하지 말아야 한다. 이것은 상담과정에서 내담자에게 신체적 또는 정신적으로 피해나 상처를 주어서는 안 된다는 의미로, 상담자는 자신이 지녀야 할 의무 · 기술 · 자격 등이 구체적으로 무엇인지 정확하게 알고 있어야 한다. 저자는 자신의 능력을 벗어난 내담자를 상담하려 시도하거나, 내담자에게 문제 해결의 기미가 보이지 않는데도 불구하고 상담을 연장시켜 진행하는 것도 해악의 일종이라 생각한다. 상담 보류와 중단의 문제, 전문기관의 지식을 받아들이는 결정 등은 내담자의 의견과 상담자의 전문적 지식에 따라 신중하게 내려야 한다. 한편 어떤 행위가 좋은 결과를 낳는다고 해서 반드시 그 행위가 정당화되지는 않는다. 공리주의자들은 의도했든 의도하지 않았든, 우리가 나쁜 결과를 피해야 할 도덕적 의무를 지닌다고 주장한다. 그러나 현실적으로 악행과 선행은 불가분의 관계일 가능성이 높다. 또한, 예견되지 못한 결과로 피해를 입는 경우에는, 의도된 결과가 아니어서 그 행위가 도덕적으로 허용될 수가 있으므로 논란의 여지가 남아 있다.

악행 금지의 원칙은 내담자의 치유라는 보다 큰 목적을 위해서 피해와 해악을 끼치지 말고 피해를 줄 수 있는 위험까지도 만들지 말라는 의미로 해석된다. 이것은 상담자가 내담자에게 아무런 도움을 못 주고 도리어 해가 되어 그 기준이 지켜지지 않을 때도 성립된다. 선행이란 일상적으로 친절한 행위, 사려 깊은 행위, 동정적인 행위, 자비로운 행위, 이타주의적 행위, 착하고 어진 행실 등을 지칭한다. 타인의 고통을 덜어 주기 위해 해를 끼치지 말아야 하는 것을 소극적 의무(negative duty)라 하고, 이로써 타인에게 행복을 안겨 주기 위해 노력하고 도와주어야 하는 것을 적극적 의무(positive duty)라 한다. 따라서 타인에게 해를 끼치지 않기 위해 배려하는 행위를 선행이라 정리할 수 있다. 선행의 원칙은 타인에게 해를 끼치지 말라는 소극적인 의무와 타인의 이익을 증진시키라는 적극적인 의무를 요구하고 있다(Frankena, 1973). 선행의 원칙에 요구되는 의무가 무엇인지 정확히 가려내기는 어려운 일이다. 적절한 성행동과 관련된 목록을 제공하는 것은 불가능한 일이지만, 대부분의 사람들은 합리적인지 비합리적인지에 대한 느낌을 가지고 있다. 상담자들의 행동이, 선행의 의무를 지키고 있는지 아닌지를 판단하는 것은 바로 이런 느낌이다.

자선의 원칙

자선이란, 상담자가 내담자에게 이익을 가져다줄 수 있는 전문적 활동에 종사하는 것을 일컫는다. 윤리적 의무가 반드시 긍정적 결과를 보장하지는 않는다. 다만 최선을 다해 타인을 도와야 하고 상담이 성공적이지 못할 경우 그에 대처하는 대안을 제시해 줄 뿐이다. 상담자는 상담을 받고 싶어하는 내담자를 도와주어야 할 의무가 있다. 자선의 원칙은 모든 사람, 즉 현재 상담을 받는 사람과 앞으로 상담을 받을 수 있는 사람들 모두에게 베풀어야 할 의무다. 또한 상담자는 자신의 능력껏 상담에 임하여 공공복리 증진에 힘써야 한다. 무능한 상담자는 내담자를 도울 수 없고 내담자와의 상담관계에서도 좋은 효과를 기대할 수 없다. 따라서 내담자가 상담 전보다 호전되지 않았는데도 상담을 지속적으로 유지했다면 그 상담자는 자선의 원칙을 위반한 것이다. 그러므로 상담자가 내담자에게 이익이 되는 것이 무엇인지 알고 선택하는 것은 윤리적인 딜레마를 해결하는 데 큰 도움이 된다. 무능한 상담자는 내담자가 겪은 상처를 피하려 하지만 유능한 상담자는 내담자에게 해를 주지 않는 중재의 역할을 하는 것으로 자선을 베푼다.

정의의 원칙

정의는 개인 간의 올바른 도리 또는 사회를 구성하고 유지하는 공정한 도리다. 또한 철학적 개념에서 지혜, 용기, 절제의 완전한 조화를 이르기도 한다. 또한 정의는 '각자에게 각자의 몫을 돌려주는 것'으로 정의(definition)될 수 있다. 예컨대 한 달 동안 열심히 일한 노동자에게는 그에 맞는 임금을 주어야 하고, 남의 물건을 훔친 도둑에게는 그에 걸맞는 처벌이 가해져야 정의로운 사회가 될 수 있다. 처벌과 관련된 정의를 형사적 정의라 하는데, 이는 주로 형법을 통해 구체화된다. 보상과 관련된 정의를 시정적 정의라 하며, 이는 민법을 통하여 구체화된다. 정의가 각자의 몫을 평등하게 나눠주는 것이라면, 그것을 결정하는 방법은 무엇인가? 이에 대해 우리는 "같은 것은 같게 취급하고 다른 것은 다르게 취급하라(Equal must be treated equally, and unequel must be treated unequally)."라고 말할 수 있다. 이것이 바로 아리스토텔레스(Aristoteles)가 말하는 형식적 정의의 원칙(principle of formal justice)이다(Kitchener, 1984).

결국, 아리스토텔레스에 의하면, 정의는 곧 평등인 셈이며 배분적 정의는 비례적 평등인 셈이다. 상담자는 정의의 원칙으로 내담자에게 다가가야 하며, 특히 인종, 성, 연령, 문화, 개인의 능력에 대한 편견에서 벗어나야 한다. 왜냐하면 이러한 것에 편견을 갖는 것은 명백히 부당한 행위이기 때문이다. 정의를 행하는 것이 편견을 피하는 것보다 더 어려운 일이다. 상담자는 공중을 위한 편의를 제공해야 할 의무가 있다.

성실성의 원칙

성실은 약속을 이행하고 진실을 유지하는 것이며 윤리적 의무를 지속적으로 지켜 나가는 것이다. 상담자는 신용을 지키는 일이 때론 불편하고 불쾌하더라도 자신에게 내담자의 문제를 해결할 수 있는 열쇠가 걸려 있음을 잊어서는 안 된다. 상담자는 거짓으로 상담에 임해서는 안 되며 억지로 정직한 척하는 것도 상담자의 윤리에 어긋난다. 내담자가 말하는 방식이 다소 지루하다거나 내담자가 자신과 상반되는 정치적 성향을 지녔어도 상담자는 내담자의 경향을 성실하게 반아들여야 한다. 성실의 원칙은 또한 조사기관의 사기 행각에 주의를 줄 수 있는 기본 원칙이다. 윤리적인 딜레마에 빠져 있는 상담자는 어떠한 방법을 택하는 것이 가장 충실한 것인지 스스로 반문해 보아야 한다.

앞에서 제시한 다섯 가지 원칙들을 적용시켜 보면 이들 사이에 상반되거나 일치하지 않는 부분이 엿보인다. 자주성 존중의 원칙은 자유와 그 판단에 따른 책임을 강조하는 반면, 무해성의 원칙은 올바른 판단 때문에 다른 사람이 입을 수 있는 피해를 강조한다. 성실성의 원칙은 내담자와의 약속을 지켜야 하는 신용에 대해 역설하지만, 자선의 원칙에 따르면 비밀을 누설하는 것이 전체를 위한 가장 좋은 선택일 수도 있다. 일부 학자들은 윤리원칙 가운데 선행의 원칙이 가장 중요하다고 주장하면서 그것이 다른 원칙보다 먼저 이루어져야 한다고 강조한다(Beauchamp & Chlidress, 1994).

4. 상담윤리 의사결정모형

현대를 살아가는 상담자에게는 삶의 행동과 생활방식에 대해 좀 더 도덕적이고 윤리적인 본을 보일 필요성이 요구되고 있다. 특히 상담자의 무책임한 행동은 내담자의 상처를 배가시키는 결과를 초래하기 때문에 상담자의 윤리적 결정모형 마련이 매우 중요하다. 어려운 문제에 직면하여 안절부절못하거나 상황판단의 기준이 없을 때 학문적 이론이 필요하듯 내담자의 문제 해결에 대하여 좀 더 바람직한 도덕적 판단과 윤리적 결정을 내릴 줄 아는 상담자의 태도와 행동이 요구된다. 상담은 대인관계에서 발생하는 인간적 갈등을 극복하기 위한 것으로, 동일한 문제라 할지라도 개인의 생활환경적 요인에 따라 각기 다른 양상을 띤다. 특히 내담자와의 관계에서 상담의 윤리적 결정을 내리기 위한 분명한 기준과 모형이 제시될 때 상담자는 내담자와의 관계에서 보다 명확한 윤리적 결단을 내릴 수 있다(최원호, 2004).

메이어(Mayer)는 윤리적으로 문제가 있는 상황에서 개인의 행동에 영향을 미치는 세 가지 요인을 제시하였다. 그것은 윤리적 혹은 비윤리적으로 행동하고자 하는 개인의 의지, 비윤리적 행위를 하게 될 기회의 존재 유무, 행위에 따라 예상되는 기대결과이다. 이러한 요인들은 개인의 윤리적 가치 혹은 상황에 따라 변할 가능성이 크기 때문에 윤리적 의사결정에 영향을 미칠 수 있다. 이러한 변수를 제거하거나 감소시키고 윤리적 의사결정이나 행동을 촉진하는 변수를 증가시킬 때 윤리의식이 향상된다. 현대사회의 윤리의식 부재로 인하여 다양한 문제들이 제기되는 만큼 윤리결정의 준거가 될 수 있는 역할의 모형을 개발해야 할 필요성이 더욱 커지고 있다. 대표적인 것으로 드레인(J. F. Drane)의 윤리결정모형과 슈타들러(H. A. Stadler)의 윤리결정모형이 있다.

1) 드레인의 윤리결정모형

드레인은 윤리결정모형을 직관적 수준과 비판적 평가 수준의 두 가지로 크게 구분하여 제시한다. 직관적 수준은, 상담과정에서 상담자의 직관에 따라 윤리결정을 내려야 하므로 즉각적인 판단과 행동이 요구되는 수준이다. 즉, 직관은 논리적 구조를 생각하거나 판단 · 추론 등을 개입시키지 않고, 대상을 직접적으로 인식하도록 하는 것이다. 상담자가 항상 직관적 수준에 따라 결정을 내릴 수 있는 것은 아니지만 필요하다고 인정될 경우 상담자는 자신의 경험과 보편적인 도덕감(ordinary moral sense)을 근거로 어떤 결정을 내릴 수 있다(Kitchener, 1984). 예를 들어 내담자가 자살을 시도하는 위기상황에서는, 상담자의 직관적 윤리결정이 중요한 비중을 차지한다. 그러나 급박한 상황이 아닐 경우 상담자의 직관적 결정으로 인해 오히려 상담과정이 어려워질 수 있으며 만족스럽지 못한 결과를 초래할 수 있으므로 염두에 두어야 한다. 따라서 상담자의 순간적인 직관이 도덕적 판단의 준거가 될 수 없음을 인정해야 한다. 이 모형을 그림으로 니티내 보면 [그림 4-1]과 같다.

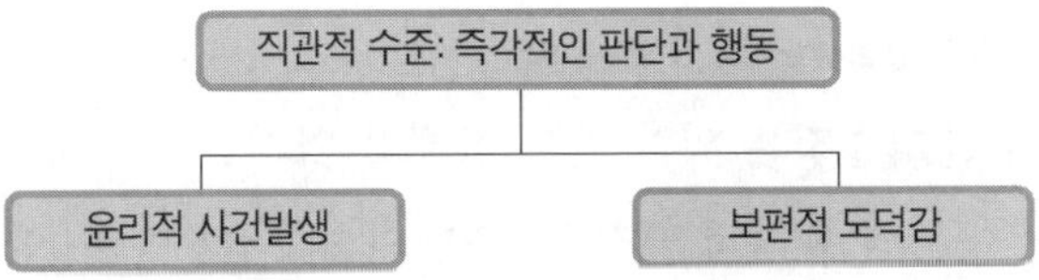

[그림 4-1] 드레인의 윤리결정모형 1

[그림 4-2]에서 보면 비판적이고 분석적인 윤리판단을 내리기 위해서 상담자는 윤리강령을 접하게 된다. 각 사례에 따라 적절하게 대응하기 위해서는 윤리강령의 구체적인 내용들을 잘 알고 있어야 한다. 이러한 윤리강령의 이론적 근거를 제공하는 것이 윤리원칙이므로 어떤 윤리문제를 해결하고자 할 때 가장 큰 역할을 하는 것은 윤리강령과 윤리원칙이라 할 수 있다. 윤리이론은 윤리원칙이 갈등상태에 놓여 있을 때 논의되는 것으로 다양한 이론적 배경이 바탕에 깔려 있다.

개인차가 있을 수 있지만 모든 상담자가 윤리적 결정을 공정히 할 수 있을 만큼 도덕적인 직관을 가지고 있는 것은 아니다. 더욱이 인간이 아무리 이성적 존재라 할지라도 개인의 윤리적 가치체계를 일정한 틀에 의한 원칙적 판단으로 결정하기에는 한계가 있다. 윤리적 문제는 개인의 상황과 환경에 따라 해석이 달

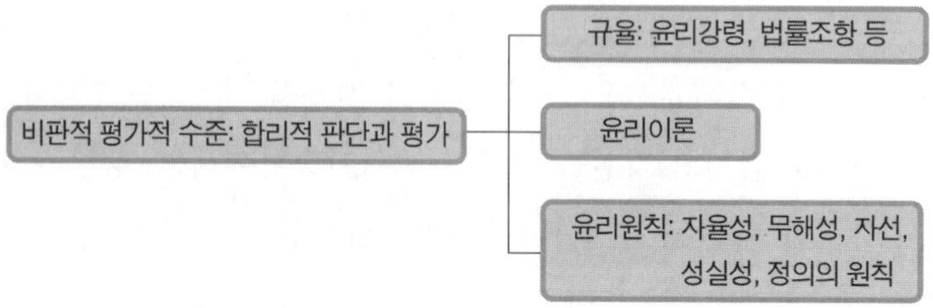

[그림 4-2] 드레인의 윤리결정모형 2

라질 수 있으며, 윤리결정과 관련된 문제가 복잡하여 즉각적인 판단이 어려운 경우도 있다. 또 동료와의 차이가 있을 수 있고, 사회계약이나 습관, 법의 판결에 따라 다를 수 있다(Kitchener, 1984).

직관적 수준의 윤리결정은 위와 같은 한계가 있지만 그 나름의 장점도 가지고 있다. 직관적 수준의 윤리적 결정은 '내면의 눈'이라 할 수 있는 '직관'의 힘을 중시한다. 특히 직관주의자들은 인간이 추구해야 할 목적, 즉 선의 가치를 '직관'을 통해 알 수 있다고 말한다(심성보, 1995). 인간은 행위의 시비를 직관적으로 판별하는 선천적 능력을 구비하고 있다. 상담자는 내담자에게 바람직한 도덕적, 윤리적 판단을 내리는 역할을 수행하므로 당시 상황에 적합한 지시적 혹은 비지시적 방법을 선택해야 한다. 내담자가 도덕적, 윤리적 판단을 올바르게 내릴 수 있도록 도움을 주는 것이 상담자의 중요한 기능과 역할이다. 그러므로 상담자는 일정 수준 이상의 윤리학적 상담원리를 가지고 사고할 수 있는 능력을 가져야 한다.

예술작품을 보면서 아름답다고 할 때 그것은 감각을 통해 감지되거나 관찰을 통해 검증되는 추론의 결과가 아니라, 직관이라는 '내면의 눈(inner eye)'을 통해서 파악된 것이다(심성보, 1995). 이것은 직관이라는 의미의 영어 단어 'intuition'이 라틴어의 'intueor(응시하다)'라는 말에서 파생되었다는 사실에서도 확인할 수 있다. 윤리결정을 위한 직관적 수준은 특히 도덕적 판단의 '자율성'을 보장한다는 점에서 상담자의 도덕적 자율성을 함양하는 데 도움을 준다. 그러나 직관주의는 신리나 실재를 분별적 사고가 아닌 직관으로만 인식하다 보니 자연적인 것과 비자연적인 것의 개념 구별이 애매하다는 점과 직관을 통해 도덕의 근본 원리를 추구하는 것이 지나치게 '임의적' 이라는 비판을 받기도 한다. 상담자의 윤리결정을 위해서는 좀 더 비판적이고 평가적인 수준이 필요하다(Hare, 1981). 직관적인 수준에서 윤리적 결정을 내리지 못할 경우 비판적 · 평가적 수준의 윤리적 결정방법을 선택할 수 있다(Kitchener, 1984).

이러한 결정방법의 첫 단계는 전문적인 기관의 윤리강령이나 법을 참고로 하는 규율(rules)단계이며, 그 다음은 윤리강령의 근원이며 들의 역할을 하는 원직(principles)단계, 그리고 마지막은 이러한 원칙이 갈등상태에 있을 때 고려해야 할 이론(theory)단계다. 비판적 수준의 사고는 논리적 제약조건 아래서 행위자 자신이 도덕원리를 선택하고 그것에 따라 도덕적 판단이 이루어지는 사고를 말한다. 비판적 수준에서 '논리'는 도덕적 판단을 구성하는 개념들이 지니고 있는 '논리적 속성' 을 뜻하고 '사실'은 도덕적 판단을 내리는 데 관련된 '사실적 속성' 을 뜻한다.

도덕적 사실은 행위와 행위자에 대한 사실로서 '도덕적 사실' 뿐만 아니라 '도덕과 무관한 사실' 도 포함한다. 이것은 마치 '좋은 벽돌' 이라고 했을 때 '좋다' 는 것이 단순히 깨어지지 않고 모양 좋게 만들어졌다는 의미만 갖는 것이 아니라, '아치' 의 구성요소로써 전체의 당위 목적과 조화되는 '전체론적(holistic)' 의미까지 같이 갖고 있는 것과 마찬가지이다(심성보, 1995). 이러한 관점에서 도덕적 판단은 '객관성'을 중요시하며 '객관적' 이라는 말은 인간의 깨달음이나 반응과는 독립적으로 존재함을 의미한다. 보다 중요한 점은 일반 사물이 존재하는 것과 마찬가지로 도덕적 '사실' 이 존재한다는 것이다.

규율단계는 윤리강령(professional code)과 법률조항(law) 등에 의해 윤리적 결정을 내리는 단계이다. 윤리강령은 윤리적 관리와 실천을 위한 기본방침을 공식화한 것으로, 강령을 제정함으로써 비윤리적인 행동의 가능성을 미연에 방지하고 구성원들의 윤리적 행동과 문화를 촉진시키려는 것이다. 당면한 윤리문제에 적절히 대응할 수 있도록 조직 또는 단체 특성에 맞는 구체적인 항목을 만들어 놓고 문제 해결에 직접적인 역할을 수행할 수 있어야 하는 것이다.

윤리원칙은 도덕적 규율이나 상담윤리강령보다 더 일반적인 것이다. 법률조항이 윤리적 결정과 관련된 모든 상황에 세부적인 사항을 규정해 둘 수 없기 때문에 윤리적 결정이 어려운 경우 그 준거를 제공하기 위한 원칙을 두는 것이다. 윤리강령의 이론적 근거를 제공하는 것이 윤리원칙이며, 어떤 윤리문제를 해결하고자 할 때 가장 큰 역할을 하는 것도 윤리원칙이다.

2) 슈타들러의 윤리결정모형

슈타들러의 윤리결정모형은 드레인의 윤리결정모형과 유사하지만 윤리결정요인 중 비밀보장과 관련된 부분에 더 많은 관심을 가진다. 슈타들러(1990)가 제시한 윤리결정모형은 [그림 4-3]과 같이 4단계로 나누어져 있고 각 단계마다 다시 구체적인 항목을 두어 결정을 내리도록 하고 있다.

제1단계에서는 대립되는 윤리원칙을 명료하게 밝힌다. 여기에는 무해성, 자선, 자율성, 정의의 원칙이 포함된다. 드레인과 비교할 때 윤리원칙 순서에서 차이를 보이는데, 드레인이 내담자의 자율성을 최우선 원칙으로 삼는 반면, 슈타들러는 무해성의 원칙을 최우선 순위로 삼는다. 그러나 그는 성실성의 원칙을 삭제함으로써 상담자와 내담자의 관계에서 이를 배제하였다.

제2단계는 합리적인 윤리적 전략수립단계다. 전략의 수립은 정보의 수집, 수집된 정보에 대한 분석 및 종합, 윤리원칙의 순위 배정, 전문적 자질을 갖춘 동료와의 상의 등 4단계를 거쳐 이루어지며, 이러한 과정을 거치는 것은 상담자 개인의 한계를 극복하고 보다 합리적인 전략을 세우기 위함이다.

제3단계는 제2단계에서 수립한 내용을 행동으로 옮기기 위한 준비단계로써, 6단계의 과정을 거쳐 이루어진다. 첫 번째, 상담자 자신이 상담에서 바라는 결과를 자문하여 이에 대한 분명한 답을 구한다. 두 번째, 그러한 상담결과를 위

제1단계: 대립되는 윤리원칙의 명료화

윤리원칙: ① 무해성 ② 자선 ③ 자율성 ④ 정의

제2단계: 합리적인 윤리적 전략수립

① 정보 수집 → ② 정보의 활용 → ③ 윤리원칙의 순위 배정 → ④ 동료와의 상의

제3단계: 행동개시를 위한 준비

① 원하는 결과 규명
② 원하는 결과를 위한 행동 선정
③ 설정된 행동의 결과 평가
④ 가치의 갈등 규명
⑤ 행동과정 결정
⑥ 행동의 시험화

제4단계: 행동화

① 자아 강화
② 행동의 구체적 단계 재확인
③ 결정된 행동을 실행
④ 평가과정을 통한 피드백

[그림 4-3] 슈타들러의 윤리결정모형

해 해야 할 행동을 선정한다. 세 번째, 행동결과가 내담자, 내담자 가족 등 관련인들에게 어떤 영향을 미칠지에 대해 평가한다. 네 번째, 기대되는 가치들 간의 갈등을 규명한다. 다섯 번째, 내담자에게 가장 도움이 되고 위험이 적은 일련의 행동과정을 결정한다. 여섯 번째, 실제 행동으로 옮기기 위한 준비를 위해 그 행동이 지니는 대중성과 보편타당함, 정의로움 등을 파악하여 문제가 없도록 한다.

제4단계는 준비된 행동을 실행하는 단계로 4단계의 과정을 거친다. 첫 번째, 계획된 행동을 실행하기 위해 상담자 자신의 자아를 강화한다. 상담자 스스로

가 자신이 하고자 하는 행동에 대해 확신을 가지는 것이 무엇보다도 중요하기 때문에 자아를 강화할 필요성이 강조된다. 두 번째, 행동의 구체적 단계를 재확인한다. 세 번째, 결정된 행동과정을 실제행동으로 옮긴다. 네 번째, 실제로 행동한 결과에 대해 평가한다. 평가과정을 통해 실제적 행동에 대한 피드백을 얻을 수 있다.

3) 윤리적 상호 의사결정모형

윤리결정모형에 대한 드레인과 슈타들러의 접근법은 그 나름대로 장점과 단점을 가지고 있다. 드레인의 윤리결정모형은 직관적 수준과 비판적 수준을 구별하고, 비판적 수준을 다시 3단계의 과정으로 구체화시킨 점이 윤리결정에 상당한 기여를 하였다. 슈타들러의 윤리결정모형은 합리적 결정을 위한 단계별 과정을 비교적 구체적으로 제시하고 있다. 그러나 드레인은 윤리적 문제 발생을 유형별로 구분하지 않고 직관적 수준의 평가를 하였고, 슈타들러는 각각의 단계나 과정을 명확히 구분하지 않았으므로, 상담자가 적절히 참고할 수는 있겠지만 윤리결정의 분명한 근거를 제시한 것이라고 보기는 어렵다(이형득, 1988). 그 결과 이들 모형은 상담자들이 윤리이론에 대하여 많은 지식을 가지고 있다 해도 실제 상황에서 적용하는 데는 어려움이 있다.

저자는 상담자들이 좀 더 체계적으로 윤리적 의사결정을 내릴 수 있도록 드레인과 슈타들러의 장점을 취하고 윤리적 의사결정에 영향을 미치는 요인들을 세부적으로 추가하여 [그림 4-4]와 같이 제시하였다(최원호, 2004).

문제를 직관적 판단에 의해서만 평가할 수 없는 것처럼 모든 문제를 비판적 평가수준에 따라 결정할 수도 없는 것이다. 문제의 유형에 따라 직관적으로 평가하는 것이, 합리적인 전략을 수립하여 행동을 결정하는 슈타들러의 방법보다 상담과정에서 더 큰 효과를 가져다줄 수 있다.

저자는 윤리적 문제의 유형을 3가지로 구분하고 각각의 경우에 대해 서로 다

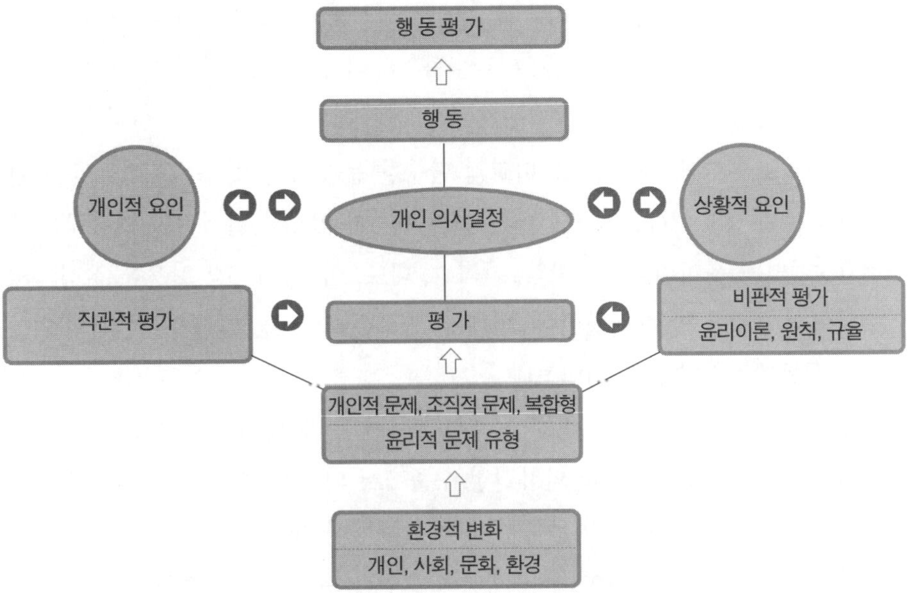

[그림 4-4] 윤리적 상호 의사결정모형

른 방식으로 접근할 것을 제안하였다. 첫째, 개인적 문제의 유형으로 이는 개인적 요인에 의해 문제가 발생하고 해결의 실마리 또한 개인에게 있는 경우다. 둘째, 조직적 문제의 유형으로 이는 개인의 영향력을 벗어난 조직적 요인에 의해 문제가 발생하고, 문제 해결의 열쇠 또한 조직에 달린 경우다. 셋째는 개인과 조직과 외부 환경적 요인의 복합적 유형이다. 개인의 문제가 외부 요인과 결합하여 조직의 문제로 확산되어서 어느 한 부분을 조치하는 것으로는 문제를 해결할 수 없는 형태를 말한다.

이와 같이 문제발생의 본질과 해결의 열쇠가 되는 원인을 규명하는 것은 직관적 평가와 비판적 평가를 판단하는 기준이 될 수 있다. 윤리적 문제가 개인문제의 유형일 경우, 상담자의 즉각적인 판단과 행동으로 문제 해결에 필요한 대기시간을 줄여 위기 상황에서 효과를 발휘할 수 있다. 그러나 문제가 복합적 유형일 경우 직관적 수준의 평가는 오히려 문제 해결의 걸림돌이 될 수 있다. 복합적 문제유형은 드레인의 비판적 평가수준과 슈타들러의 윤리원칙, 이론 및 규율과 단계별 합리적 전략 등을 두루 참조하여 접근하는 것이 훨씬 효과적이다(최원호, 2004).

개인적 요인의 문제유형 중 비교적 단순한 문제에 한해서는 직관적 평가가 효과적일 수 있다. 개인적 요인에는 여러 가지가 있으나 결정적인 영향력을 행사할 수 있는 윤리의식, 즉 지식, 가치관, 태도, 의도, 자아강도 등은 상담자의 도덕의식 수준을 말하는 것이다. 이때 실제의 윤리의식은 일반생활에서의 의식이나 행동의 도덕수준을 의미한다.

상황적 요인에는 개인의 내재적 변수가 아닌 조직적, 사회적, 문화적인 요인들이 포함되어 있기 때문에 의사결정 수준에서 외재적 변수에 의해 정해진다. 개인직무상황, 조직문화, 업무특성 및 역할수행에 따른 책임의식 등은 단순히 영향력만 행사하는 것이 아니라, 개인적 요인과 결합해 복합적인 문제로 확산될 내재적 불안요인을 갖고 있다. 조직 자체가 윤리적 문제를 해결하기 위해 지향하는 구체적이고 실제적인 윤리의식은 잠재적 윤리의식과 밀접한 상관관계가 있다. 개인생활에서의 윤리의식과 사회환경적 윤리기준의 차이에 따라 의사결정을 내릴 수 있는 선택의 폭은 좁아질 것이다. 상황에 따라 조직의 목표 달성이나 실적 향상을 위해 개인적인 윤리의식은 포기한 채 조직의 타락한 윤리의식으로 빠져드는 일도 종종 발생할 수 있다. 그러므로 의사결정과정에서 개인적 요인과 상황적 요인 간의 차이를 규명하려는 신중한 의사결정이 요구된다.

5. 상담학과 교육과정 편성 및 운영

상담 관련 교과를 통해 예비 상담자들에게 어떠한 목표를 성취시켜야 할 것인지 면밀하게 고려하는 일은 중요하다. 전문직으로서 상담에 대한 정체성 확립

차원에서 다른 교육 관련 전공보다 표준교육과정 모형 개발이 시급하다. 단순히 지식이나 상담기술을 주입시키는 교육이 아니라, 상담자로서의 사명감과 책무성을 일깨워 줄 수 있는 교육과정을 개발해야 한다. 정규 대학에서 상담을 전공한 상담자와 비공식적인 단체에서 단기간에 걸쳐 상담 관련 자격증을 취득한 상담자 사이에 현격한 차별성을 두어야 한다. 이를 위해서는 구체적으로 상담자로서의 분명한 사명감, 내담자를 대하는 관점, 대인관계의 관계형성 등이 요구된다.

상담자에게 필요한, 인간 이해와 상담방법에 관한 일반적 원리와 실천력 배양에 필수적인 교과목을 설정하는 것은 체계적이고 실제적인 인성교육을 수행하기 위한 교육과정의 구성요소다. 상담교사가 갖추어야 할 인성특성은 전문직 종사자로서 마땅히 갖추어야 할 자질이라고 생각된다. 상담 관련 교과 중에는 동일한 주제이면서 다른 교과목 명칭으로 개설되는 교과목이 많아 이들을 통합하여 구성할 수도 있다. 그러나 명칭만을 고려하여 인위적으로 교과목을 묶는 것은 무리가 따르므로 실제적인 목표와 내용 및 교수방법, 나아가 학습(탐구)방법까지 개정할 필요성이 있다(최원호, 2004).

상담과정에서 내담자의 특성을 이해하여 교육적으로 상담을 이끌어 가기 위해서는 전문적인 능력 배양이 필수적이다. 따라서, 상담자는 심리학을 이론적 배경으로 삼아 전문적인 상담기법과 지식을 실천할 수 있는 전반적인 능력을 함양해야 한다. 특히, 상담 관련 교과내용을 구성하여 운영할 때 전문적인 내용과 함께 상담하는 방법, 즉 내담자들을 인간적으로 이해하고 상담진행 과정의 방법과 기법을 충실히 습득시켜 활용할 수 있는 능력을 함양하는 일이 매우 중요하다. 뿐만 아니라, 상담학 교과내용 구성의 특성화를 위해 정보화시대에 대응하고 보다 새롭고 복잡다양한 문제를 해결하는 데 실제로 활용될 수 있도록 교과내용을 바꾸어야 한다.

상담자에게는 반드시 전인교육이 필요하다. 상담자는 인간의 지적, 정의적, 의지적 심리특성과 신체적 특성을 조화롭게 향상시켜 발전해 나갈 수 있어야 한다. 우선적으로 상담자의 건전한 도덕과 윤리가 정립되고 실현될 수 있는 교육이 효과적으로 이루어져야 한다. 이를 위해 유사학과와 실질적으로 차별화되는 상담이론교육과정의 내용 구성과 운영이 요구된다. 이러한 것이 현실적으로 반영될 때 장차 상담을 이끌어 나갈 유능하고 참신한 상담교사 양성에 기여할 수 있을 것이다. 더불어 담당 교수의 의지와 결단에 의한 노력이 절실히 요구되는 것은 비록 전문상담교사 교육에 적합한 교육이론교과과정을 마련한다고 해도 담당 교수의 의지와 노력이 없으면 소기의 목적을 달성하기가 어렵기 때문이다. 교육현장에서 요구되는 능력과 함께 미래지향적인 준비 능력을 갖춘 상담교사 양성 프로그램 마련이 중요하다(최원호, 2004).

1) 상담학과 교육과정

최근 몇 년 사이에 기독교, 불교, 천주교 관련 학교들을 중심으로 상담 관련 학과가 뚜렷한 증가추세를 보이고 있다. 이들 학과들은 설립자의 건학이념을 바탕으로 신설학과의 정체성을 확보하기 위해 노력하고 있지만 학문적 배경에서 독창성을 발견하지는 못하는 실정이다. 그 원인은 무엇보다도 교과교육의 중요성을 확실하게 인식하지 못한 데 있다. 이와 같은 경향은 전국의 대학을 대상으로 하는 해당학과의 전공별 평가를 통해 점점 바뀌게 될 것이다. 이러한 평가를 통해 현재 교육과정으로 편성 · 운영되고 있는 과정 중에 '상담교사 또는 상담자' 가 양성되고 이 일을 성공적으로 수행하는 데 꼭 필요한 교육과정이 빠져 있는 것은 아닌지 다시 점검해 볼 필요성이 있다. 물론 각 대학교마다 학과 특성이 있으므로 그 특성과 학문적 연계성을 고려하여 조화를 이루는 운영의 묘미를 발휘할 수 있어야 한다.

현재까지 상담교사 양성의 체제는, 일반적인 교사를 먼저 만들고 나서 현직 교사를 대상으로 해당 학과 전문연수과정을 거쳐 상담교사를 양성하는 것이 대부분이었으나, 이제는 대학원과정에서 별도로 전문상담교사를 양성하고 있다.

무엇보다도 상담자는 일반적으로 다른 사람에 비해 인품과 덕성이 있어야 하며 상대방의 말에 귀 기울일 줄 아는 자세와 남을 배려하는 마음과 심리적 통찰이 필요하다. 상담자는 스스로의 의지와 지속적인 자기분석과 냉엄한 자기반성을 게을리 하지 않는 훈련을 통해 다른 사람에게 도움을 줄 수 있는 상담자의 역할을 감당하게 된다. 상담학과는 학생들로 하여금 내담자의 문제 해결을 위한 이론적 배경에 필요한 지식과 능력을 길러 주는 것을 교육의 일차적 목적으로 삼고 있다. 2002년 9월 10일 교육인적자원부(현 교육과학기술부)는 교육인적자원부령 제807호로 '전문상담교사'가 되기 위해서는 교원자격검정령 제19조(무시험검정의 방법 및 합격기준)에 따라 〈표 4-5〉와 같이 18학점 이상을 반드시 이수하도록 규정하였다.

표 4-5 _ 전문상담교사 양성과정의 이수과목과 학점(교원자격검정령 시행규칙 제12조의 2 관련)

구분	이수영역 또는 과목	소요최저이수	
		1급	2급
필수	심리검사, 성격심리, 발달심리, 특수아상담, 집단상담, 가족상담, 진로상담, 상담이론과 실제	14학점 이상 (7과목 이상)	14학점 이상 (7과목 이상)
	상담실습 및 사례연구		
선택	아동발달, 학습심리, 행동수정, 생활지도 연구, 이상심리, 청년발달, 영재아 상담, 학습부진아, 사회변화와 직업의 세계, 학교심리, 적응심리, 사이버상담, 성상담, 학습상담, 인지심리, 심리학개론, 사회심리, 생리(생물)심리, 인간관계론, 특수교육학개론, 학교부적응상담	4학점 이상 (2과목 이상)	28학점 이상 (14과목 이상)

비고: 전문상담교사(1급) 양성과정의 경우 '상담실습 및 사례연구'는 학점(교과목) 이수는 하지 아니하나, 2종 이상의 사례연구·발표를 하고 20시간 이상의 실습을 하여야 한다.

교육부에서는 또 '부전공' 제도라 하여 다른 교과의 대학생들에게 21학점(대개 7과목)을 공부하면 부전공 상담교사 자격을 주고 있으며, 현재는 일선 교사들에게도 방학 중에 약 600여 시간의 연수를 마치면 역시 전문상담교사 자격을 주고 있다. 중장기적 관점에서 볼 때 이는 잉여 인력을 양산할 수 있어 문제가 된다. 일반 교사가 방학 중에 600시간을 연수받는 것으로 전문상담교사가 된다는 것 자체가 상당한 문제점을 안고 있다.

물론 전문상담교사로 활동하지 못하더라도 상담자의 관점에서 학생에게 접근하여 문제를 해결하는 데 직접적인 도움을 주는 효과를 기대할 수도 있다.하지만 문제는 지금부터 전문상담교사로 양성되는 이들이 현장에 배치될 시점이 기존 교사가 전문상담교사 연수과정을 거쳐 상담실을 운영하게 되는 시기와 겹쳐지므로 정작 전문상담교사로 임명을 받게 될 예비 후보자들이 대기상태로 남아 있을 수밖에 없으리라는 점이다. 더욱이 여기에는 제도적 모순이 있다. 일반 교사의 경우, 방학기간을 이용하여 한 학기 정도 상담연수를 마치면 자격증을 취득할 수 있기 때문에, 교육대학원에서 수년간의 석사과정을 마치기 위해 시간적 · 경제적 부담을 감수하고서 전문상담교사 자격취득을 할 필요성이 없기 때문이다.

그 결과 현재 전국에 있는 교육대학원의 상담전공 지원자가 급격히 감소하고 있으며, 교육과학기술부로부터 인가된 정원조차 채우지 못하여 학교경영의 악순환을 가중시키는 부작용을 초래하고 있다. 초중등학교의 상담교사를 양성하기 위해서는 대학의 교육과정을 보다 객관적인 기준에 따라 편성할 수 있는 준거가 필요하다(최원호, 2004).

교과를 가르치는 상담교사는 기본적으로 해당 교과의 내용에 관해 포괄적이고 깊이 있게 이해해야 한다. 만약 그 교과가 능력이나 기능의 수련을 위주로 하는 것이라면 해당 능력과 기능을 다 갖추어야 학생의 개인적 문제를 포괄적으로 이해하고 적절한 처방을 내릴 수 있는 상담교사가 될 수 있다.

2) 상담윤리 학습목표의 설정

현재 상담학과를 설치 · 운영하는 대학은 극히 일부에 불과하지만 점차적으로 상담학과 개설이 증가할 것에 대비하여 표준교과과정을 개설할 필요가 있다. 지금도 대학원별로 각기 다른 명칭의 상담과 교육이 시행되고 있으나 상담자 양성프로그램이 상담전문직이 요구하는 최소한의 기준을 만족시키지 못하고 있다. 표준교과과정의 개설은 전문상담자를 양성하기 위해서도 꼭 필요한 일이며, 상담의 영역을 자리 잡게 하는 데 큰 도움이 될 것이다. 표준교과목은 상담윤리과목을 개설함에 있어 한 학기 동안 진행될 주별 학습목표 및 교육내용을 표준화시킨 것이다. 학습목표의 설정은 단원의 구성요소를 중심으로 교과목표와 수업목표의 중간목표를 설정하여 단원을 세분화함으로써 목표에 제시된 것을 숙달시킬 수 있는 것으로 주로 인지적 영역과 기능적 영역의 목표가 이에 해당된다.

바람직한 상담윤리교육의 내용은 그 대학의 교육목표와 밀접한 관계가 있다. 물론 대학에 따라 교육목표가 다를 수 있듯이 대학에서 가르치는 상담윤리교육의 내용도 다르다. 그러나 앞서 윤리교육의 필요성에서 언급했듯이, 대부분의 상담윤리교육은 대체로 학생들이 상담자가 된 뒤에 일상적인 상담행위에서 경험하게 될 윤리적 갈등 상황에 대한 인식과 이에 대한 올바른 대처방향이 주된 목표다. 물론 상담행위나 상황의 윤리성 여부 판단을 위해서는 최소한 윤리 전반에 관한 이론과 윤리원칙, 예컨대 공리주의(utilitarianism)나 의무론(deontology)과 같은 윤리학설과 자율성의 원칙, 무해성의 원칙, 선행의 원칙 그리고 정의의 원칙과 같은 윤리원칙들이 총론적으로 교육되어야 한다. 이와 같은 견해에 따르면 상담윤리교육은 원칙적으로 법적, 종교적 문제와 연관을 맺고 있기 때문에 사례 중심으로 접근하는 것이 효과적이다. 사례를 다루는 경우 몇 가지 주의할 점이 있다. 즉, 학생들은 사례에 앞서 강의를 통한 기본 윤리개념과 갈등상황에 대한 폭넓은 윤리적 이해가 필요하다. 이와 관련해서 상담윤리교육은 윤리 전반에 대한 강의를 듣고 실제 임상경험을 곁들이는 본과 3학년이나 4학년에서 사례 중심의 토의수업이 이루어지는 것이 가장 바람직하다. 말하자면, 상담윤리교육은 내용이나 방법에 있어서 되도록 다른 여러 분야와 수평적 통합(horizontal integration)을 이루는 것이 효과적이며, 동시에 가능한 한 상담교육 전과정에 걸쳐 단계적인 교육이 이루어지는 수직적 통합(vertical integration)을 이룬다면 매우 이상적이라고 할 수 있다(최원호, 2004).

상담행위와 관련된 모든 윤리적 갈등 상황은 상담자 스스로가 상담의 윤리적 특성을 망각했거나 잘 모르는 데서 생기는 것이다. 그러므로 좀 더 기본적인 윤리원칙과 갈등상황에 대한 구체적 윤리지침을 이해하지 않고서는 원만한 상담을 수행할 수 없다. 상담윤리는 상담자의 충실한 상담이 진행될 수 있도록 하기 위해 가장 적절하게 활용될 수 있고 없어서는 안 되는 기본 과목이다. 따라서 이것은 어떤 형태로든 반드시 상담교육과정 중에 포함되는 것이 바람직하다. 학습목표를 수립함에 있어 단계를 어떻게 잡을 것인지는 단원의 성격에 따라 달라질 수 있지만 주별 학습목표는 다음 〈표 4-6〉과 같이 구성할 수 있다(최원호, 2004).

표 4-6 주별 학습목적 및 학습목표

주차	학습목적	학습목표
제1~2주차: 윤리란 무엇인가?	이 단원을 통하여 학생들이 철학의 개념과 철학에서 윤리학의 위치, 윤리와 법의 차이를 이해하고, 윤리적인 영역에 법이 개입하게 되는 이유를 인식하도록 한다.	1. 윤리가 무엇인지 윤리적 개념을 정의할 수 있어야 한다. 2. 윤리의 본질, 윤리의 주요 관점을 설명할 수 있어야 한다. 3. 윤리의식과 윤리규범의 한계와 차이점을 설명할 수 있어야 한다. 4. 윤리적 판단기준이 무엇인지를 설명할 수 있어야 한다. 5. 윤리의 이론적 전개와 도덕원리를 비교할 수 있어야 한다.
제3~4주차: 직업과 직업윤리	이 단원을 통하여 다양한 직업적 특성과 그 직업이 요구하는 윤리적 의미와 중요성을 알게 하여 직업의 전문 윤리의식을 이해하도록 한다.	1. 직업의 의미와 전문직업의 개념을 정의할 수 있어야 한다. 2. 전문직 종사자가 되기 위해서는 어떤 과정을 거쳐야 하는지, 전문직종과 일반직종의 차이점은 무엇인지 설명할 수 있어야 한다. 3. 전문직종별 윤리기준과 전문직 종사자의 윤리의식의 차이점을 설명할 수 있어야 한다. 4. 전문직종 윤리강령의 특수성이 무엇인지를 설명할 수 있어야 한다.
제5주차: 상담이란 무엇인가?	이 단원을 통하여 상담의 정의를 살펴보고 상담자의 역할과 내담자와의 관계를 정립함으로써 상담전문가와 다른 전문직 종사자와의 유사점과 차이점을 알아보고 상담의 특수성을 이해하도록 한다.	1. 상담의 의미와 개념을 정의할 수 있어야 한다. 2. 상담자의 역할과 내담자의 문제 해결을 위한 접근방법 및 관계형성의 중요성을 비교·설명할 수 있어야 한다. 3. 한 인간으로서 상담자의 진실성과 상담과정에 대한 과정별 역할을 설명할 수 있어야 한다.

제6주차: 상담윤리란 무엇인가?	이 단원을 통하여 학생들이 상담윤리를 배워야 하는 이유와 상담윤리문제에 접근하는 방법에 대해 인식하고, 우리나라의 상담과 상담윤리교육의 필요성과 중요성을 이해하도록 한다.	1. 상담윤리를 공부해야 하는 목적과 이유를 설명할 수 있어야 한다. 2. 상담에서 상담윤리의 기능과 역할을 설명할 수 있어야 한다. 3. 상담윤리의 영역에 포함되는 주제를 나열할 수 있어야 한다. 4. 상담윤리의 문제에 접근하는 방법을 설명할 수 있어야 한다. 5. 상담윤리의 필요성 및 중요성을 사례 중심으로 설명할 수 있어야 한다.
제7주차: 상담윤리원칙(1)	이 단원을 통하여 학생들이 자율성 존중의 원칙과 악행 금지의 원칙에 대하여 이해하고, 비윤리적 상담행위로 인하여 내담자에게 나쁜 결과를 가져올 수 있는 상황을 파악할 수 있도록 한다.	1. 자율성 존중의 원칙과 악행 금지의 원칙을 정의할 수 있어야 한다. 2. 내담자의 자율성을 존중해야 하는 이유를 설명할 수 있어야 한다. 3. 자율성 존중과 악행 금지의 구체화된 예들을 설명할 수 있어야 한다. 4. 나쁜 결과를 피할 수 있는 방법과 그러한 결과가 발생하였을 때 적절한 태도를 설명할 수 있어야 한다.
제8주차: 상담윤리원칙(2)	이 단원을 통하여 학생들은 선행의 원칙과 정의의 원칙에 대하여 이해하고, 선행의 원칙과 내담자의 자율성 존중의 원칙이 충돌하는 온정적 간섭주의의 상황을 이해할 수 있도록 한다.	1. 선행의 원칙과 정의의 원칙이 무엇인지 정의할 수 있어야 한다. 2. 정의(justice)에 대한 형식적 정의(definition)와 실질적 정의를 비교하여 설명할 수 있어야 한다. 3. 상담과정에서 상담자의 개입이나 자기노출을 적극적으로 설명할 수 있어야 한다.
제9주차: 상담에서 상담자와 내담자의 관계 형성	이 단원을 통하여 상담자와 내담자의 관계 형성에 신뢰를 줄 수 있는 여러 요인이 무엇인지, 각 요인을 실제 상담과정에 적용할 때 발생할 수 있는 문제점이 무엇인지 파악할 수 있도록 한다.	1. 상담자와 내담자 관계의 여러 가지 모형(절대순응, 협조자, 공동참여)을 나열하고 설명할 수 있어야 한다. 2. 내담자와 상담자가 신뢰를 유지하는 데 필요한 요인(정직, 용기, 신중, 예의, 의사소통)들을 나열하고 설명할 수 있어야 한다. 3. 내담자에게 상담자의 자기노출이나 진실 말하기, 비밀유지의 어려움이 무엇인지를 설명할 수 있어야 한다.
제10주차: 상담에서 상담자와 다른 상담자의 관계 형성에 따른 문제점	이 단원을 통하여 학생들이 상담자가 되었을 때 같이 일하게 되는 다른 상담자와의 관계를 어떻게 유지해야 하는가에 대해 파악할 수 있도록 한다.	1. 상담자와 상담자 관계의 문제점을 나열하고 설명할 수 있어야 한다(슈퍼바이저와 상담자, 상담자와 수련상담자, 수련상담자 사이). 2. 상담자와 상담자의 관계에서 바람직한 태도, 의사소통을 방해하는 요인, 서로 지켜야 할 윤리 등을 설명할 수 있어야 한다. 3. 상담윤리강령 등에 나타난 상담자와 내담자의 관계와 각 현장들의 종류와 윤리상황의 내용을 설명할 수 있어야 한다.

제11～13주차: 상담에서 발생되는 주요 문제(비밀보장, 성적 친밀감, 금전거래)에 대한 예방책과 해결방법	이 단원을 통하여 상담과정에서 발생할 수 있는 다양한 상황의 주요 문제의 예방책과 해결방법을 위해 내담자와 어떤 관계를 유지해야 하는가에 대하여 파악할 수 있도록 한다.	1. 상담과정에서 발생하는 주요 문제의 종류와 문제점을 나열하고 설명할 수 있어야 한다. 2. 상담과정뿐만 아니라, 대인관계에서 비밀보장, 성적 친밀감, 금전거래에 대한 상담자의 가치관 형성과정의 중요성을 설명할 수 있어야 한다. 3. 상담과정에서 발생할 수 있는 상담자와 내담자, 상담자-상담자의 불건전한 생각의 차단 및 다양한 사례 중심의 예방법을 설명할 수 있어야 한다.
제14주차: 상담에서 발생하는 주요 문제에 대한 법적 피해보상	이 단원을 통하여 학생들이 상담과정에서 발생한 주요 문제의 법적인 해결책으로 피해자에 대한 제도적 보상 방법, 법적 대응논리를 파악할 수 있도록 한다.	1. 문제가 발생했을 경우 해결할 수 있는 방법을 설명할 수 있어야 한다. 2. 법적인 구속력과 피해자에 대한 손해배상책임청구, 인권침해 사례를 중심으로 비윤리적 행위로 인한 사회적 활동의 제약을 설명할 수 있어야 한다. 3. 피해 중심의 사례를 설명할 수 있어야 한다.
제15주차: 자체 윤리위원회 구성과 윤리강령의 생활화	이 단원을 통하여 상담과정에서 발생할 수 있는 다양한 윤리적 문제를 예방하고 법적 대응력을 향상시키기 위해 자체 윤리위원회를 구성하고 적용될 수 있는 대책을 활성화시킬 수 있도록 한다.	1. 상담윤리위원회의 필요성을 설명할 수 있어야 한다. 2. 상담윤리위원회의 구성과 역할을 설명할 수 있어야 한다. 3. 상담윤리위원회의 운영을 활성화하기 위한 방안을 설명할 수 있어야 한다. 4. 법적 행위와 윤리강령의 차이점을 비교 설명할 수 있어야 한다. 5. 피해 중심의 사례를 설명할 수 있어야 한다.

6. 상담자의 윤리적 행동실천

상담자의 윤리적 행동실천능력은 내담자와 전문적인 상담을 위해 출발단계를 세우는 것이다. 이러한 출발점은 내담자와의 상담에서 상담자가 자신의 능력을 최대한으로 발휘할 수 있는 기준점이다. 레이놀즈(W. E. Reynolds)는 전문가의 능력에서 중요한 세 가지 요소로 전문적인 지식, 기술, 근면을 들었다. 여기서 말하는 전문가의 능력이란, 다른 유능한 상담자처럼 정해진 기준에 의해 효과적인 기술을 발휘하여 상담을 이끄는 것을 의미한다. 이를 위해 상담자는 자신의 능력을 향상시키고자 노력해야 한다. 능력은 지식과 행동의 본질을 포함하고 있기 때문에 꾸준한 학습과 상담훈련으로 유지할 수 있다.

새로운 능력을 구축하기 위해 발전을 추구하거나 그들이 가지고 있는 기술에서 특정한 행동을 할 수 있는지의 여부는 상담자가 해당 분야에서 정규적인 교육을 받은 경우에만 가능하다. 정규적인 교육과 지도는 능력 있는 전문가가 되기 위해서 반드시 필요한 부분이다. 윤리강령은 내담자의 피해를 방지할 것을 요구하기 때문에 상담자는 반드시 그들의 능력범위 안에서 행동해야 한다. 또한, 상담자들에게 스스로 자신의 스트레스를 기록하는 책임감을 부여하고 있으며 가능하다면 내담자의 피해를 방지하도록 상담자 자신의 행동을 제한할 것을 요구하고 있다. 자신이 가지고 있는 기술이 내담자의 요구에 적절하지 못하다고 판단한 경우 상담자는 다른 능력 있는 동료에게 그 내담자를 소개해 주어야 한다. 내담자의 피해를 방지할 수 있는 능력은 윤리적으로 중요한 문제이다. 상담자가 자신의 능력을 평가할 때 발전적이고 문화적인 문제를 고려해야 하는 것은 어떠한 상담도 나이와 문화를 떠나서는 효과적일 수 없기 때문이다. 이러한 상담과정을 통해 스트레스를 받은 직후라면, 아무리 유능한 상담자라고 해도 부적절한 상담을 진행할 가능성이 있다.

상담자가 능력 밖의 행동을 하고 부적절한 상담을 제공했을 때는 윤리적 질책을 받는 것은 물론 법적으로 고소까지 당할 수 있다. 아직까지 이러한 소송은 흔하지 않지만 근면하지 못한 상담자는 최악의 경우까지 고려해 봐야 할 필요가 있다. 그리고 이러한 내용으로 상담자를 고소하게 되면 상담자와 내담자가 전문적인 관계에 있음을 입증할 수 있다. 상담자의 실수가 관리 기준에 어긋나며, 내담자가 상담자 때문에 상처를 입었고, 그 상처가 상담자의 행동에서 직접적으로 비롯된 경우일 때만 법정에서 이길 수 있다.

1) 전문상담자의 자질

상담이 당면한 문제 중의 하나는 상담의 전문성 결여라고 할 수 있다. 상담이 이전보다 보편화되고 양적인 팽창을 이루어 왔지만, 상담의 전문성과 질적인 발전은 양적 팽창을 못 따라가고 있는 실정이다. 상담자는 종전에 비해 한층 다양한 전문지식과 폭넓은 인간 이해를 바탕으로 그 기능과 역할이 강조되고 있다. 이런 자질을 갖추어야 내담자의 문제접근방법에서부터 다양한 상담기법을 통하여 보다 효율적인 문제 해결책을 세울 수 있다. 그러나 상담자들은 전문가로서의 자질을 갖추는 것을 등한시하는 경향을 보이고 있다(이재창, 1996).

상담자의 자질을 논할 때 크게 전문적 자질과 인간적 자질을 들 수 있다. 통속적이고 왜곡된 의미의 상담이 난무하고 있는 가운데 전문직으로서의 상담을 일반대중에게 정확히 알려야 하는 현재, 그 어느 때보다 상담의 전문화가 요구되는 시기이다(이재창, 1994; 이형득, 1994). 상담이 전문화되기 위해서는 상담을 담당하는 상담자가 전문화되어야 하고, 상담자가 전문화되기 위해서는 상담과 교육내용과 방법이 전문화되어야 하며, 아울러 이러한 전문성을 보장하기 위한 제도적 장치가 마련되어야 한다. 전문가적 자질은 이처럼 다양한 역할을 감당하기 위해 요구되는 각종 전공지식과 기술을 의미하며, 인간적 자질은 상담자이기 이전에 한 인간으로서 갖추어야 할 인간적 특성을 의미한다.

전문상담자는 무엇보다 내담자의 문제를 효과적으로 해결해 주고 내담자의 발달과 성장을 의미 있게 도울 수 있는 상담지식과 기술 및 기법을 지니고 있어야 한다. 다른 전문직종이 고도의 지식체계를 중심으로 조직되어 있는 것처럼 전문상담자 역시 단순한 기술이 아닌, 이론적이고 체계화된 지식에 바탕을 두어야만 전문가적인 자질을 향상시킬 수 있다. 단순히 육체적 훈련으로 습득할 수 있는 기술만으로는 전문가가 될 수 없다. 마찬가지로 전문상담자가 되기 위해서는 상담의 기반이 되는 상담지식과 기술 등 학문적 이론과 연구가 뒷받침되어야 한다. 상담자는 대학이나 대학원에서 상담에 관한 정규교육을 받은 후에 전문가 자격증을 취득해야 하는데, 전문적 자질을 함양하기 위해 우선적으로 일반 상담이론 중에서 자신에게 가장 적합한 이론적 틀을 개발해야 한다. 상담에 관한 아무런 가정(假定)도 없이, 상담에 참여하는 상담자가 있다면 그는 초심자일 뿐만 아니라, 오히려 내담자에게 손해를 입힐 수 있는 결과를 초래할 것이다. 상담자는 내담자를 만나 상담을 시작하는 순간 어떤 종류의 행동이 부적응이고, 어떠한 방법으로 그 행동을 교정할 수 있는가에 대한 자기 나름의 상담 방법을 설정하게 된다. 그러므로 효과적인 상담자가 되기 위해서는 우리 자신이 암시적으로 가지고 있는 가정들을 명료화하고 이를 토대로 보다 바람직한 개인적 상담이론을 개발하여 보완해 나가야 할 것이다.

벤트(Bent, 1992)는 전문적 자질을 크게 6가지, 즉 관계형성 및 유지, 평가, 개입, 연구, 자문 그리고 관리로 구분하고 있다. 관계형성 및 유지는 내담자와 치료적 관계를 발전 · 유지시켜 나가는 능력을 말하고, 평가는 내담자의 여러 측면을 기술하고 개념화하는 포괄적인 과정을 일컫는다. 개입은 내담자에게 긍정적인 기능과 행복감을 촉진 · 유지 · 향상시키는 일련의 행동들로 예방적이고 발달적이며 치료적인 과정이라 할 수 있다. 연구 및 자문은 심리적 현상들의 정보를 획득하고 조직하며 해석하는 체계적 탐구활동인 동시에, 심리학과 관련 학문에서 발견되는 원리들에 대한 계획적이고 협조적인 개입과정이다. 관리는 상담자들이 내담자에게 제공하는 서비스 향상을 위한 일련의 행동들로 슈퍼비전을 예로 들 수 있다.

상담자의 활동을 상담활동과 상담지원활동으로 구분할 때 전문적 자질은 상담활동 및 지원에 필요한 지식 및 기술을 의미한다. 상담이론은 상담의 전체 과정에서 상담자가 수립하고 경험한 모든 정보와 자료를 조직하고 체계화시키는 원동력이다. 상담이론에는 인간관 및 행동에 대한 견해가 포함되어 있어 이를 근거로 하여 상담과정의 일관성을 확보하고 실천 가능한 계획수립에 임할 수 있다. 실천 가능한 계획수립은 상담과정을 효과적으로 이끄는 직접적인 계기가 되며 상담이론을 통하여 내담자 행동의 의미를 이해하는 데 도움을 주는 이론적 틀(framework)을 마련하기 때문이다.

이론적 틀은 적절한 요소와 부적절한 요소를 구별하여 내담자 행동의 의미에 대한 가설을 세울 수 있게 하고, 내담자의 행동 변화를 예측해야 할 상담의 목적과 목표를 설정하게 해 준다. 또한 상담결과, 당초 목적과 목표에 어느 정도 도달했는지 평가의 기준을 제공하여 내담자와 상담자의 행동, 상담결과 등을 체계적으로 볼 수 있다. 그러므로 상담의 전체 과정을 들여다볼 수 있는 새로운 경험에 대한 탐색의 지침으로 활용할 수 있다. 전문적 자질 향상을 위해서는 다양한 이론적 배경을 바탕으로 한 실제 훈련을 통해 상담능력을 터득하는 것이 필수적이다.

KCPA 윤리강령에서는, 전문가로서의 태도에 대한 전문적 능력향상을 위해 장기적으로 전문인으로서의 능력과 효율성에 대한 자기반성과 평가가 있어야 하며, 필요한 경우 지도감독을 받을 책무가 있다고 규정하고 있다. 근본적으로 전문적인 능력을 갖춘 이를 선발하는 것이 가장 중요하다. 상담자는 전문가적 자질로서 성격이론과 정신병리에 관한 지식과 진단기술, 면담기술, 광범위한 상담기법들을 기본적으로 지니고 있어야 한다. 그러나 전문가적 지식이나 상담기법만으로 내담자를 변화시킬 수 있는 것은 아니다. 궁극적으로 내담자를 변화시킬 수 있는 것은 인간적 자질이다. 자신의 경험이 상담과정에 직 · 간접적인 영향력을 행사하고 이론적 지식과 상담기법의 중요성 이상으로 인격적 성장을 위해 헌신할 수 있는 인간적 자질이 필요하다. 상담자의 인격은 내담자를 변화시킬 수 있는 가장 큰 자원이 될 수 있는 반면, 전문가로서의 기본자격이 준비되지 못했을 경우에는 장애요인이 될 수 있다(Corey, 1998).

이형득(1988)은 집단상담과 관련된 상담자의 인간적 자질을 다음과 같이 유형화한다. 첫째, 인간에 대한 선의의 관심이다. 인간본성에 대한 긍정적 관점과 다른 사람의 안녕과 행복을 위한 신실한 관심, 사람에 대한 존경과 신뢰, 각자가 지닌 가치에 대한 인정 등을 의미한다. 둘째, 자신에 대한 각성이다. 자기 자신의 목표, 정체성, 요구, 가치관, 느낌, 장단점에 대한 객관적 지각을 말하는 것으로 자기를 인식하지 못하는 상담자는 내담자를 도울 자격이 없다. 셋째, 전문가로서의 자신감 또는 용기다. 실수나 실패의 가능성에도 불구하고 새로운 행동을 모험적으로 시도해 본다. 실수는 과감하게 인정하고 내적 요구나 느낌을 분석해 보는 용기가 필요하다. 넷째, 창조적 태도나. 창의적이면서도 모든 일에 주도적인 입장을 취하는 태도를 의미하는 것으로, 상담자는 습관화된 기술이나 프로그램화된 자신을 내담자에게 내놓을 것이 아니라 참신한 정신과 태도를 지녀야 한다. 다섯째, 상담과정에서 겪는 어려움을 극복할 수 있는 끈기로 결코 포기하지 않을 때 성공적인 상담이 가능하다. 여섯째, 유머감각이다. 상담관계에서 고조된 긴장을 해소하기 위한 재치는 심신의 이완을 도모하여 진정한 의미의 치료에 도움을 준다.

성공적인 상담이 이루어지기 위해서는 전문지식뿐만 아니라 인간적 자질 또한 중요하다. 개인상담자도 상담자로서의 상담철학을 가져야 하며 전문상담자로 발전하기 위해서는 상담자 자신에 대한 철저한 이해와 분석이 필요하다. 종결과정에서 당초 상담목표에 미치지 못한 결과를 보였을지라도 상담과정을 통한 내담자의 사고와 행동의 변화는 가시적 효과보다 잠재적 변화의 기대가 클 수 있다. 학자들은 상담이론에서 인간 이해의 관점에 따라 서로 다른 주장을 제기하고 있으나, 공통적인 것은 상담기법보다도 상담자의 됨됨이 그 자체를 강조하고 있다는 점이다. 상담자도 미결사항 또는 무의식적 갈등에 의한 영향을 받지 않을 수 없기 때문에 상담과정에서 내담자와 갈등을 겪거나 혹은 내담자를 싫어하거나 좋아하게 되는 '역전이(逆轉移)' 현상이 발생할 수 있다. 그러므로 상담자는 내담자를 대하는 자신의 감정에 주의를 기울이면서 역전이가 일어나지 않도록 수련기간 중에 개인적 교육분석(教育分析)을 받아야 한다. 이러한 수련과정을 통해 상담자는 자신의 주요 갈등을 미리 해결하거나 자신의 욕구나 문제를 상담과정에서 분리해 낼 수 있다. 이와 관련하여 상담자는 자기 능력을 인식하고 있어야 예기된 상황을 처리할 때 자기 자신이 현재 지니고 있는 인지적 · 사회적 · 행동적 기술을 얼마나 잘 편성하여 구사할 수 있는가에 대한 판단을 할 수 있다(윤종석 역, 1997).

인간 이해에 대한 적극적이고 긍정적인 사고 역시 필요하다. 상담자의 인간 이해는 내담자에게 직 · 간접적인 영향을 미칠 수 있으므로 긍정적인 사고는 부정적 사고보다 더 큰 행동과 사고의 변화를 가져다준다. 상담자가 어떠한 인간 이해를 가지느냐에 따라 상담결과에 유의미한 차이가 나타나며, 상담자의 말이나 행동은 내담자의 변화를 유발시키는 직접적인 계기가 될 수 있다. 상담자의 행동이 목적적이고 목표 지향적일 때 내담자에게 있어 결과적으로 더 큰 변화를 기대할 수 있다.

일반적으로 상담성과에 기여하는 요인으로는 내담자, 상담자 그리고 상호작용의 3가지 영역으로 나누어지며, 이 가운데 가장 영향력이 높은 요인은 상담자이다. 왜냐하면 상담 시 상담자가 내담자의 문제를 해결하고 극복할 수 있도록 돕기 위하여 일정한 개입이 진행되기 때문이다. 만약 상담자의 개입방향이 내담자의 문제 해결과 심리적 성장에 적절하다면 상담은 효과적이지만, 부적절하다면 실패로 귀결되기 쉽다.

상담자의 개입요인은 상담자의 기법 측면과 태도 측면에서 꼽을 수 있다. 상담자의 기법이란 내담자의 긍정적 행동 변화를 일으키거나 상담을 촉진할 목적으로 상담자가 사용하는 특정 방법이다. 상담자의 특정 언어반응 형태(질문, 해석, 지리, 지시 등)는 상담장면에서 상담성과에 영향을 끼친다.

상담자의 기법은 상담자 태도의 질과 관계형성 능력에 따라 그 효율성이 달라진다는 연구가 보고되었다. 이러한 연구에 따르면 내담자의 주 문제가 대인관계 결핍일 때 상담자와 관계가 잘 형성되면 대인관계가 증진될 수 있다고 한다. 이는, 상담성과를 잘 예측하기 위해서는 상담자 개인의 적절성뿐만 아니라 상담자 태도를 함께 살펴보는 것이 중요하다는 것을 시사한다. 훌륭한 상담자가 되기 위해서는 다양한 능력이 필요하다. 특히 전문가의 능력기준이란 여러 가지 의미가 있겠지만 상담자의 전문적인 행동능력을 의미하는 것이지, 재능을 의미하는 것은 아니다. 유능하다는 것은 상담업무 그 자체를 능력 있게 해결할 수 있는 실천능력을 평가하는 것이다(Jensen, 1979). 행동실천능력은 각각의 내담자에게 다양하게 적용될 수 있지만 모든 내담자를 똑같은 수준과 방법으로 대할 수는 없다. 상담자가 능력 있는 전문가로서의 역할을 감당해야 하는 것은 당연한 일이지만, 경우에 따라 그렇지 못할 때도 있다. 상담자는 자신의 무능력하고 무책임한 행동 때문에 전문가협회에서 징계처분을 받을 수 있을 뿐만 아니라, 법적인 제재도 받을 수 있다.

내담자는 상담자로 하여금 자신이 안고 있는 문제를 해결해 주도록 허용할 것이고 이렇게 함으로써 내담자에 대한 상담자의 의무가 형성된다. 상담자의 실수가 상담자의 부적절하고 무능한 행동에 기인한 것이라 하더라도, 내담자의 피해가 드러나지 않는 이상 법적으로는 아무런 문제가 발생되지 않는다. 또 내담자가 받은 피해는 반드시 상담자의 실수에서 비롯된 것이어야 하며 상담자의 행동과는 무관하게 내담자가 피해를 입었다면 상담자의 무능함은 입증되지 않는다. 그러나 중요한 것은 단순히 법적 소송을 피하는 것이 아니다. 법적 소송을 방지하기 위한 최선의 방법은 상담자가 윤리적인 규범을 잘 준수하고 자신의 능력 안에서 행동하는 것이다.

ACA와 APA에서 규정하고 있는 기준은 선행과 자선의 윤리원칙에서 비롯되는 것으로, 상담자가 이 원리를 실천하고 내담자에게 줄 수 있는 피해를 줄여야 하는 당연한 의무이다. 또한 ACA, APA는 상담자 자신의 능력을 평가하여 기록하고 반드시 개인적인 전문가의 지도하에서 이루어질 수 있도록 하고 있다. 윤리적인 규범에서 볼 때, 전문가의 능력은 정규적인 교육과 전문지도자에게서 지도를 받은 경험 그리고 계속적인 연구와 학습에서 비롯된다고 시사하고 있다. 이것은 비정규교육이나 비체계적인 교육을 통해서는 능력이 향상될 수 없다는 의미이다. 전문가는 또 다른 새로운 분야에서 자신들의 능력을 향상시키기 위해 윤리적인 규범을 잘 준수하면서 그 분야에 필요한 복합적인 사고를 확장시켜야 한다. 상담자는 새로운 혹은 경험적인 상담의 방법을 내담자에게 적용시키기 위해서 좀 더 신중해야 하고 자신들의 능력을 분별력 있게 발휘해야 한다. 상담자는 자신의 행동을 스스로 기록하고 수정하며 행동을 자제해야 한다. 그리고 가능하다면 내담자에게 피해를 주지 말아야 할 의무가 있다.

상담자는 개인적인 생활에서 기인한 스트레스를 겪는 경우가 많다. 또 자신의 경력, 가족에 대한 책임, 내담자와의 적절한 관계, 시민으로서의 의무를 동시에 잘 이행할 수 있지만 때로는 예기치 못한 사건으로 충격을 받을 수 있다. 상담자는 본래 스트레스를 많이 받는 직업 중 하나이다. 내담자들의 고민과 문제를 많이 보게 됨으로써 근면한 상담자들까지도 쉽게 피로를 느끼게 된다. 상담자도 경우에 따라서는 의기소침해지고 우울해지거나 정신적인 손상을 입을 수 있다. 그들은 보통 다른 사람에게 도움을 주고 희망을 주지만 내담자가 고통에서 벗어날 수 있도록 마술을 부리는 마술사는 아니다. 이러한 스트레스는 모든 상담자에게 올 수 있으나 이를 잘 다루지 못하면 상담자 스스로 더 큰 문제를 갖게 된다. 상담자가 상담과정에서 내담자의 고통에 감정이입하여 정신적 손상을 입게 된다면, 상담수행능력이 현저히 저하될 것이다. 슈타들러(Stadler, 1990)에 따르면 정신적으로 손상을 입은 상담자는 스트레스를 이겨 낼 능력을 상실하게 된다고 한다. 상담자들이 우울증을 겪게 되는 또 다른 이유는 그들이 내담자와의 관계에 대해서 만족하지 못하기 때문이다(Deustch, 1985; Sherman & Thelen, 1998).

위의 규범 모두 전문가는 상담과 심리치료를 위해 다른 활동에 종사하면서 노력해야 하며 자신의 능력을 이전 상태로 회복시킬 수 있어야 한다는 의미를 내포하고 있다. 이러한 규범을 뒷받침해 주는 것은 윤리적인 원리, 즉 선행의 원리이다. 상담자의 우울증과 정신적인 손상에 의한 내담자의 피해방지를 위해 상담자 자신의 윤리적인 위치와 스트레스 상태를 기록하는 것은 물론 우울증과 정신적인 손상을 미연에 방지하기 위한 방법도 구축해야 한다(Brems, 2000; Norcross, 2000; Welfel, O'Dell, & Schuttenberg, 1991).

2) 전문상담자의 능력

전문상담자에 대해 정의를 내리기는 쉽지 않다. 상담이라는 용어를 모든 사람이 이해하고 있는 것 같으나, 사람에 따라 제각기 다른 의미로 사용하고 있

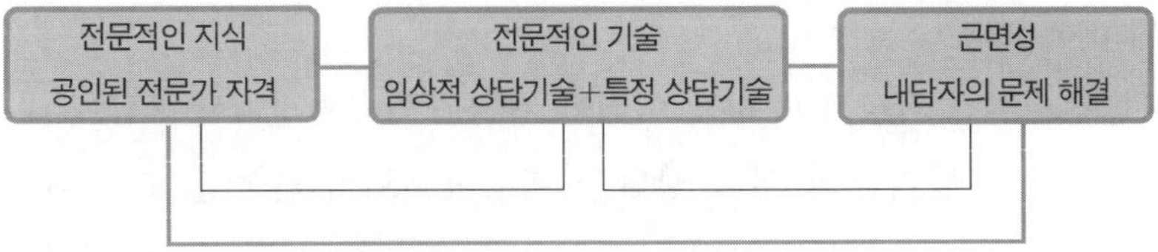

[그림 4-5] 전문상담자가 되기 위한 조건

다. 상담은 상담자와 내담자라고 불리는 두 사람 사이에 내담자의 행동변화를 촉진시키기 위해 전문적 장면에서 일어나는 상호작용이고(Pepinsky & Pepinsky, 1954), 자격을 갖춘 상담자에 의해 제공되는 전문적 봉사활동이며, 내담자를 긍정적인 방향으로 변화시키기 위해 상담자가 책임을 지고 노력하는 전문적인 관계이다. 이처럼 상담은 전문적 활동이고, 상담자는 이와 같은 전문적 활동을 하는 전문가라고 할 수 있으며(이재창, 1996), 전문가가 되기 위해서는 다음과 같은 능력을 갖추어야 한다.

첫째, 전문적인 지식(Knowledge)이다. 전문적인 지식을 갖추었다는 것은 자신의 분야의 역사, 이론과 학설, 연구조사에 대해 정규교육을 받았음을 의미하며 나아가 현재 자기 지식의 한계를 인식하고 있음을 의미한다. 전문인이 갖추어야 할 지식이란 과거에 배운 학문을 체계적으로 정리하고 새로운 학설과 연구대상을 객관적인 척도로 판단함으로써 두 가지 학식을 모두 겸비하는 것이다. 수준 있는 교육을 받는 가장 직접적인 방법은 각 분야가 인정하는 전문자격증을 얻는 것이라 할 수 있다. 전문가협회에서 인정하는 교육방법은 각 분야에서 재검토되고 있고 자신들이 내세우는 기준에 부합하는지 고려하게 된다. 모든 협회는 공인된 전문인을 배출하기 위한 교육과정에 높은 기준을 세우고 있다. 상담 관련 분야나 가족상담, 사회복지의 기초적인 단계는 전문가가 실행해야 한다. 지식이란 언제나 고정된 것이 아니다. 특히 요즘은 인간의 행동양식에 대한 연구조사도 계속 변화하는 추세이다. 전문학교에서 교육을 받았다 할지라도 개인이 진정한 전문가로서 능력을 갖추는 길만이 출발점이 된다(Dubin,

1972; Jenson, 1979).

둘째, 전문적인 기술(skill)이다. 이러한 기술은 학습과정에서 상담에 대한 실무를 익히고 내담자와의 실제 상담을 경험함으로써 습득할 수 있다. 노먼(Norman, 1985), 오버홀저와 파인(Overholser & Fine, 1990) 등은 기술을 두 가지로 분류하고 있다. 첫 번째는 상담자가 기본적인 상담기술을 내담자에게 적절히 활용하는 임상적 기술이다. 임상적 기술은 내담자와 제한 없이 자유롭게 상담하여 내담자가 겪고 있는 문제를 자연스럽게 드러내도록 유도하는 능력을 말한다. 두 번째는 특정한 상담기술을 효과적으로 사용하는 전문적인 기술로, 내담자가 어느 정도 불안해하고 고민하는지 알아보기 위해 내담자 행동의 억압을 측정하거나 개인의 지적능력시험을 관리해 주는 기술이다. 내담자와의 상담에서 전문지식을 적용하는 것은 내담자의 정보를 파악하는 것보다 더 중요하다. 내담자에게 전문적인 지식을 적용하고 기술을 활용하지 못한다면 상담자로서의 훈련이 부족하다고 볼 수 있다. 각 분야에서의 충분한 경험은 성공적인 상담을 위한 기반이 된다. 전문가라도 자신이 가지고 있는 기술을 학위 취득 후나 다른 상황에서 모두 발휘할 수 없다는 것을 생각하면 상담이 얼마나 복잡한 과정인지 알 수 있다. 이러한 기술에 포함된 일반적인 개념은 각 상황에 맞는 적절한 상담방법을 선택할 수 있는 판단능력이다.

셋째, 근면성(Diligence)이다. 근면성은 상담자가 무엇보다 먼저 습득해야 할 요소다. 근면한 상담자가 되려면 상담에 맞는 적절한 가정을 선택하고 주의 깊게 생각해야 하며 상담이 성공적으로 끝날 때까지 내담자의 문제를 해결하는 데 전력을 다해야 한다. 전문가의 근면성이란 어려움에 처한 내담자를 열린 마음으로 기꺼이 받아들이며 상담자가 직접적으로 도움을 줄 수 없는 부분도 함께할 자세를 갖추는 것이다. 세심한 태도로 상담에 임하는 것은 상담자의 자기인식이 밑받침되어 자신의 기량과 한계를 파악할 수 있으므로 진정 근면한 상담태도라 할 수 있다. 상담자가 내담자의 문제를 정확하게 진단하기 위해 보조적인 연구자료 등을 충분히 활용하여 상담에 임하는 자세에서도 근면이라는 전문적인 능력을 엿볼 수 있다. 근면한 상담자는 차후 상담을 중지할 수 있는 내담자에게도 관심을 두어 자신의 상담이 장기적으로 어떠한 효과가 있는지 꼼꼼히 살펴본다. 이러한 상담자의 태도는 과거의 내담자나 앞으로 만나게 될 내담자에게도 충분한 도움이 될 수 있다. 내담자를 위해 상담범위 밖의 문제까지도 기꺼이 관심을 기울여 줄 수 있는 자세와 함께 자신의 전문기술을 한층 더 증대시키는 것이야말로 전문가가 갖추어야 할 근면성이다. 이러한 능력은 전문가에게 지적·감성적인 힘을 불어넣어 주며 상담을 성공적으로 이끌어 준다(Koocher, 1979). 상담자 본인이 가지고 있는 지식과 기술이 다른 전문가의 지식과 기술에 뒤처지는 것이 없고 특정 분야에서 유능함을 보여 줄 수 있다면 분명히 능력 있는 전문가라고 칭할 수 있다.

3) 상담을 위한 전문가의 능력 기준

ACA와 APA에서 규정하고 있는 윤리적 기준은 전문가의 능력에 기초하고 있다. ACA와 APA의 윤리강령은 전문가가 완벽한 능력을 갖출 수 없다는 것과 그들의 지식과 기술범위 안에서 상담을 진행해야 할 필요성을 인정하고 있다. 이러한 기준들은 전문가의 선행과 자선의 원리에서 비롯되는 것으로 선행의 원리를 실천하고 내담자에게 줄 수 있는 피해를 줄여야 할 의무는 상담자의 몫이다. ACA와 APA는 상담자 자신의 능력을 평가하여 기록하고 반드시 전문가의 개인적인 지도하에서 교육이 이루어질 수 있도록 하고 있다. 결과적으로, 각 기관의 윤리강령에서는 전문가의 능력이 정규적인 교육과 전문지도자에게서 지도를 받은 경험, 그리고 계속적인 연구와 학습에서 비롯된다고 시사하고 있다.

*주요 기관 윤리강령의 관련 내용

ACA 윤리강령 Section C.: 전문가의 책임성

2. a. 전문가의 행동은 그들의 능력 안에서 이루어져야 한다. 또한 전문가의 행동은 교육, 실습, 지도자적인 경험, 국가와 주에서 인정하는 공인된 자격증, 전문가로서의 경험 등에서 비롯된다.
2. b. 전문가는 그들이 올바른 교육과 실습을 하고 지도자적인 경험을 한 후에 비로소 특정 분야에 그들의 능력을 적용할 수 있다. 특정한 분야에서 기술을 연마하는 동안 상담자는 상담에 필요한 능력을 단계별로 늘려 갈 수 있고 내담자가 당할 수 있는 피해에서 구할 수 있다.
2. c. 상담자는 자신의 능력을 인정받았을 때에만 상담자로서의 임무를 가질 수 있다.
2. d. 상담자는 계속적으로 내담자와의 상담을 기록하고 단계적으로 상담의 효과를 증진시킨다.
2. f. 상담자는 자신의 분야에서 현재 과학적이고 전문가적인 정보를 인식하는 데 필요한 합리적인 단계를 유지하기 위해 지속적인 학습의 필요성을 항상 인지하여야 한다.

APA 윤리강령 Section 2. 01.: 전문가 능력의 한계

(a) 심리학자들은 오직 그들이 받은 교육과 실습, 혹은 전문가적 경험에 근거한 그들의 능력범위 안에서 내담자에게 상담과 지도, 행동에 관한 연구조사를 제공한다.

(c) 심리학자들은 새로운 분야에서 상담과 교육, 혹은 행동에 관한 연구조사를 제공하거나 오직 적절한 교육과 실습, 지도 · 관리를 받은 후에 전문가의 기술을 발휘할 수 있어야 하며 그들의 분야에서 유능하고 전문적인 사람들과 상담한다.

(e) 일반적으로 실습을 위한 기준을 제시하는 분야는 없다. 그러나 상담자들은 그들의 상담능력을 확실히 하기 위해 올바른 단계를 밟고 환자, 학생, 내담자, 조

사의 응답자, 일반인에 이르기까지 그들에게 끼칠 수 있는 해를 피하기 위해 노력한다.

APA 윤리강령 Section 2. 03.: 전문성의 유지
심리학자들은 전문성을 발전시키고 유지하기 위해 지속적으로 노력해야 한다.

4) 전문상담자의 능력 한계

상담능력은 그 집단의 지식적인 정보를 추정하고 집단 내에 있는 내담자들과의 상담을 통하여 전문가의 기술로 확인할 수 있어야 한다. 전문상담자의 상담능력은, 상담집단의 지식적 정보를 추정하고 그 집단 내 내담자들과의 상담을 통하여 전문적 기술력을 발휘하는 것이다. 상담자의 능력 범위의 한계는 상담경력과 같은 상담전략뿐만 아니라, 새로운 내담자나 또래 집단을 상담할 수 있는 능력까지 포함한다. 어떤 사람이 비슷한 문화를 가진 집단이나 같은 나이의 집단을 상담한 이력을 가지고 있다 하더라도 제각기 다른 나이의 연령대로 구성된 집단이나 문화적으로 상이한 구성원으로 이루어진 집단을 상담하는 데는 능력이 부족할 수 있다. 그 이유는 내담자들이 느끼는 효과가 다를 수 있기 때문이다. 대학생들에게 중학생을 상대로 하던 상담방법을 별 변화 없이 그대로 적용한 상담자는 만족스런 효과를 기대할 수 없다. ACA는 각기 다른 대중들을 상담하기 위한 적절한 능력의 기준도 마련하고 있다(Arrendondo, Toporek, Brown, Jones, Locke, Sanchez & Stadler, 1996).

지역적 환경에 따라 상담자들에 대한 인식이 달라질 수 있는데 지역 상담자는 내담자를 대할 때 특히 다음과 같은 사항을 유의해야 한다. 상담자는 자신의 선행을 평가하고 내담자에게 해를 줄 수 있었던 위험과, 도움을 줄 수 있었던 부분을 비교하여야 한다. 만약에 내담자에게 도움을 줄 수 있었던 기회보다

해를 줄 수 있었던 기회가 많았다면 상담을 그만두어야 한다. 상담자는 자기가 받은 훈련과 능력을 넘어선 상황이 발생했을 때 다른 전문가들의 자문을 구하거나 그들에게 내담자를 소개해 주어야 할 도덕적이고 법적이며 윤리적인 의무를 가지고 있다. 상담자는 내담자가 상담을 통해 도움을 얻지 못할 때에는 좀 더 적극적인 상담방법을 도입해야 하며, 제한된 능력 내에서 내담자의 문제를 보게 되었다면 좀 더 전문적인 상담을 위해 꾸준한 연구와 학습을 해 나가야 할 의무가 있다. 다른 전문가의 자문을 받고 또 내담자를 그곳으로 보내는 의무는 모든 전문가 윤리강령에 명시되어 있으며 그것이 내담자를 위해서 가장 좋은 방법이라 인정될 때는 그렇게 해야 한다.

하스와 말로프(Haas & Malouf, 1995)는 특정한 내담자와의 상담에서 자신의 능력이 확실하지 않을 때에는 스스로에게 "나는 내담자에게 진정으로 도움을 줄 수 있는가?"라고 물어볼 것을 권유하고 있다. 상담자는 또한 그러한 상황에서 객관성을 유지할 수 있는지 스스로에게 물어야 한다. 객관성을 유지하기 위해 상담자는 자신의 행동을 들여다볼 줄 아는 안목을 가져야 하며 내담자와의 상담을 위한 전문적인 체계를 갖추어야 한다. 전문가가 갖추어야 할 능력과 지식, 경험과 근면성을 돌아보면서 자신의 지식과 상담경험이 부족하여 문제를 해결할 수 없을 때에는 내담자의 동의를 구한 후, 내담자를 다른 전문기관의 유능한 상담자에게 소개하는 것이 마땅하다. 내담자에게 피해를 주지 않기 위해서 상담자들은 각각의 상황에 윤리적인 규범을 적용하며, 전문적인 지식과 기술을 적용시키고 판단할 수 있는 능력을 갖추어야 한다. 반면 윤리적 한계를 극복하기 위한 행동으로 크게 두 가지 방법이 있는데 이는 다음과 같다.

첫째, 내담자가 상담자의 능력이나 한계 이상을 요구할 때 이것을 거절하지 못하고 반응해 준 결과 발생하는 곤경에 대처하는 방법이다. 이런 상황은 주로 초심자에게 빈번하게 발생하는데, 이를 방지하기 위해 초심자는 상담에 있어서 자신을 대체해 줄 감독자를 지정하고 자문을 구해야 한다. 내담자와의

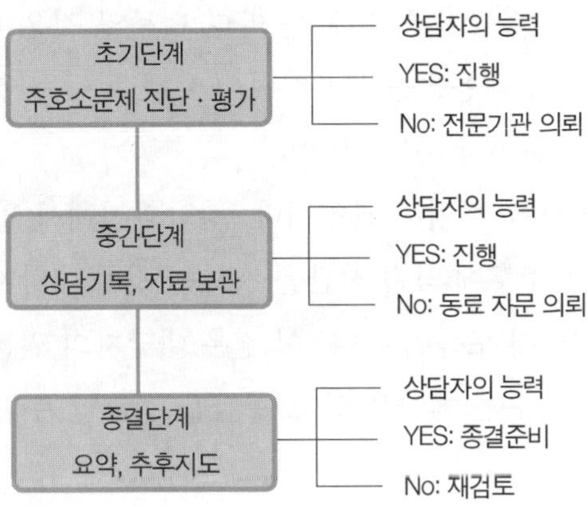

[그림 4-6] 윤리적 한계극복 방법

곤경을 잘 처리하는 것은 내담자를 위해서도 바람직할 뿐 아니라 상담자에 대한 소송의 위험도 줄일 수 있다.

초심자의 경우 초기단계에서 내담자의 주된 호소문제를 진단하고 평가하는 것이 필요하다. 이것은 문제를 해결할 수 있을지를 결정하는 과정으로 자신의 능력을 정확히 평가하는 것은 초기단계에서 결정해야 할 중요한 사항이다. 상담자의 능력을 넘어서는 경우는 적절한 전문기관에 소개해 주는 것이 그를 돕는 일이며 상담관계를 촉진시키는 것이다. 그러므로 상담자는 문제 유형에 따른 전문가를 알고 있어야 하며 상황에 따라 다른 기관에 소개해 주어야 한다. 문제 해결에 진전이 없거나 별다른 도움을 받지 못할 경우 내담자가 낙담하거나 분노할 수 있음을 고려하여 충분한 주의를 기울일 필요가 있다.

중간단계에서는 이미 상담과정이 진행 중에 있기 때문에 빠져나가기도 어렵고 내담자를 다른 기관에 위탁하기도 힘들다. 이 단계에서는 내담자가 상담자에 대한 의존성이 높기 때문에 다른 기관에 위탁 의뢰하는 것은 내담자에게 더 큰 악영향을 미칠 수 있으므로 신중하게 결정해야 한다. 여기서 효과적인 대처방법은 다른 많은 동료들로부터 자문을 구하여 상담자가 낙심하거나 위축되는 것을 예방하는 것이다. 상담자를 위해 한 마디 덧붙일 것은 내담자와 상담한 내용이나 서신 또는 통신내용들을 문서화하여 보관해 두는 것이 향후 발생할지 모르는 일을 위해 도움이 된다는 점이다.

종결단계는 성공적으로 상담을 마치는 과정이다. 상담과정에서 발생한 일들을 요약해서 대화를 나누고 추후에 약속 시간을 정하는 것이 내담자가 계속적으로 목표를 달성할 수 있는 데 도움이 된다. 이 경우 내담자의 권리를 최대한 존중하되 계속적인 도움을 주는 제안을 하고 상담을 종료할 수밖에 없는 이유를 말해야 한다.

둘째, 상담자가 자신의 전문영역을 벗어나는 문제를 다른 전문가에게 의뢰하는 방법이다. 주로 의료, 법, 심리학 등 비인기 분야에서 치료하게 될 위험성이 발생할 수 있어 상담자들은 다른 전문가에게 상담을 의뢰할 때 신중해야 한다. 이 경우 내담자가 민감하게 반응하거나 상담포기로 인식하고 반응할 수 있음을 고려하여 상담자의 행동이 포기로 비쳐지지 않도록 주의해야 하며 의존적인 내담자들의 경우 다른 전문가의 위탁을 거절할 수 있음을 주의해야 한다. 상담은 독립적인 방법으로 한 사람에 의해서 되는 일이 아니기 때문에 도움이 필요한 사람에게 가장 큰 도움을 주기 위해서는 여러 상담기관과 협력하는 것이 더 효과적이다.

전문적인 상담자가 그들에게 주어진 상담절차나 내담자, 혹은 평가도구에 대해서 자신들의 능력을 주장하기 전에 정규 실습은 필수적이다. 이러한 과정의 기간과 교육의 깊이는 상담자의 능력과 학력배경의 복합성에 달려 있다. 모두 전문적 교육과정이 필요하지만 각각의 상담자들이 교육받은 경험은 다를 수 있다. 그러므로 상담자의 전문적인 상담능력을 효과적으로 평가하기란 매우 어렵다. 학위나 상담전문가 자격증을 취득한 상담자들 모두가 앞으로도 계속 전문적인 상담을 한다고 볼 수는 없다. 이와 관련하여 APA와 ACA에서는, 능력의 한계에 도전하는 상담자들이 자신의 능력을 발휘할 수 있는 분야를 어떻게 결정할 수 있는지 그리고 정규과정을 마친 후에 다른 능력을 어떻게 향상시킬 수 있는지 합리적인 방안을 마련해 놓고 있다.

지방 환경에서의 능력의 한계

능력의 범위 내에서 상담자가 자신의 능력을 확인하고 도전하는 과정은 도시가 아닌 시골이나 지방에서 상담을 하게 되었을 때도 발생할 수 있다. 지방에서 전문상담자로 활동을 시작할 때는 상담자의 능력에 별 반응이 없어 상대적으로 그들의 행동영역의 한계에 대해서 별다른 어려움을 느끼지 못한다. 시골의 상담자가 내담자가 요구하는 사항이 무엇인지 결정하려 할 때 첫 번째로 중요한 것은 내담자에게 피해를 주지 않는다는 무해성의 원칙이다. 두 번째는 상담자 자신이 행한 선행을 평가하고 내담자에게 해를 줄 수 있었던 위험과 도움을 줄 수 있었던 부분을 비교해야 한다는 것이다.

새로운 내담자에 대한 능력의 한계

상담자의 능력 범위의 한계는 상담경력과 같은 상담전략뿐만 아니라 새로운 내담자나 또래 집단까지 포함한다. 비슷한 문화를 가진 집단이나 같은 나이의 집단을 상담한 이력을 갖고 있어도 제각기 다른 나이의 연령대로 구성된 집단이나 문화적으로 상이한 구성원으로 이루어진 집단을 상담하는 데 다소 능력이 부족할 수도 있다. 상담자의 각기 다른 상담이론적 배경은 내담자들이 느끼는 효과와 다를 수 있다. 그러므로 상담자는 그 집단에 대한 정보를 바탕으로 전문가의 기술을 발전시킬 수 있어야 한다. 대학생에게 중학생을 대상으로 하는 상담방법을 사용한다거나, 중학생에게 대학생을 대상으로 하는 상담방법을 사용한다면 그 상담자는 내담자의 수준에 맞추지 못해 공감대를 형성하지 못한다.

능력 평가를 위한 추가적인 기준

앞에서도 서술했듯이, 하스와 말로프(Haas & Malouf, 1995)는 특정한 내담자와의 상담에서 그들의 능력이 확실하지 않을 때 스스로에게 "나는 내담자에게 진정으로 도움을 줄 수 있는가?"라고 물어볼 것을 권유했다. 객관성을 유지하기 위해서는 상담자는 자신의 행동을 들여다볼 줄 아는 안목을 가져야 하며 내담자와의 상담을 위한 전문적인 체계를 갖추어야 한다. 또한, 상담자는 그러한 상황에서 객관성을 유지할 수 있는지의 여부를 스스로에게 물어볼 것을 제안했다. 내담자가 가지고 있는 문제의 본질은 어쩌면 너무나 일상과 가까운 문제로 여겨진다. 상담자의 경험으로 비추어서 오히려 상담자가 그 문제를 피할 수 없고, 내담자의 문제가 상담자에게 해결하기 힘든 문제로 느껴질 때 가장 좋은 해결방법은 다른 상담자의 도움을 받는 것이다.

5) 상담자의 무능력한 행동에 대한 법적 결과

무능력하게 행동하는 상담자는 전문가협회 등에서 징계처분을 받을 수 있을 뿐만 아니라 법적인 제재도 받을 수 있다. 법적 소송을 방지하기 위한 최선의 방법은 윤리적 규범을 잘 준수하고 자신의 능력 안에서 행동하는 것이다. 법적 소송과 관련 없이 자신의 능력 한계를 벗어난 행동을 하지 않으려면 상담자는 상담 중의 평범한 실수와 태만함에 대해 간과하지 말아야 한다. 태만한 상담자를 원고가 소송할 때 법원에서는 네 가지의 기준이 적용되어야 한다고 제시하고 있다(Swenson, 1997).

첫째, 내담자에 대한 상담자의 의무는 반드시 세워져야 하는데, 이때 상담자는 내담자와 꼭 전문적인 관계를 유지해야 한다. 전문적인 관계를 유지하게 되면 내담자는 자신이 안고 있는 문제를 해결하고자 상담자에게 허용할 것이고 그럼으로써 내담자에 대한 상담자의 의무가 형성되는 것이다.

둘째, 상담자는 내담자에 대한 의무를 어겨서는 안 된다. 여기서 중요한 기준은 사소한 판단에서도 착오와 실수를 허용해서는 안 된다는 것이다. 상담자의 실수나 규칙에 어긋난 행동의 증거가 분명해지면 상담자의 행동은 이 기준에 위배되는 것이다. 다른 유능한 상담자라면 이러한 상황에 적절히 대처했을 만한 질적인 관리를 관리의 기준으로 정의할 수 있다.

셋째, 내담자의 정신적인 상처와 피해가 분명해야 된다. 상담자의 실수가 아무리 부적절하고 무능하다 해도 내담자의 피해가 드러나지 않는 이상 법적으로 아무런 문제가 되지 않는다는 의미다. 내담자에게 부정적인 영향을 주지 않았다면 상담자의 큰 실수라도 법적으로 제재받지 않는다.

마지막으로, 내담자가 정신적인 상처나 피해를 받았다면 그 피해는 반드시 상담자의 실수에서 비롯된 것이여야만 한다. 상담자의 행동과는 무관하게 내담자가 피해를 받았다면 상담자의 무능함은 입증되지 않는다. 따라서, 상담자의 무능함을 판단하는 기준은 엄격해야 하며 그 무능함으로 인해 자칫 소송에 휘말릴 수도 있음을 암시해야 한다.

7. 전문상담교사의 활동

1) 윤리적, 법적인 차원의 학교폭력

최근, 극단적인 상황으로 치닫고 있는 학교폭력에 대한 대중의 이목이 집중되면서, 자기파괴충동의 경향을 지닌 학생들을 다루는 상담자의 역할이 중요한 비중을 차지하게 되었다. 이는, 내담자가 가지고 있는 파괴적인 경향을 알고 있는 상담자가 사실을 공개해야 할 것인지 또는 내담자가 특정 불량서클에 가입한 사실을 알게 되었을 때 즉시 학교 당국과 내담자의 부모에게 알려야 하는 것인지 결정해야 하는 기로에 서 있기 때문이다. 학교 내 상담은 다른 학생이 피해를 입지 않도록 보호하고, 문제를 가지고 있는 내담자 또한 보호하려는 데 목적이 있다. 또한 내담자가 위험에 빠질 가능성이 명확하고 긴박할 경우 상담자들은 전문가의 윤리적인 규범에 따라 행동해야 한다. 또한 상담교사들은 학생들을 위협하고 폭행하는 학교폭력을 방지하기 위한 윤리적인 의무가 있다. 학교 내에서 자행되는 육체적인 폭력과 협박은 대다수의 학생들에게 부정적인 영향을 줄 수 있는 심각한 문제이며 정신적인 충격과 폭력에 시달린 학생들이 자살을 시도하는 최악의 결과까지 초래할 수 있다(Hazler, 1996).

상담교사는 학생들에게 닥칠 수 있는 성적인 폭력, 협박, 위협 등의 위험요소를 최대한으로 줄이기 위한 윤리적 · 법적 책임을 지고 있으며 상담을 원하는 학생과 부모들에게 이용 가능하고 적절한 의뢰 자료를 제공해야 한다. 특히, 학교상담에서는 상담내용을 비밀로 유지하는 데 한계가 있기 때문에 내담자가 긴박한 위험에 노출되어 있지 않을 경우 좀 더 신중히 판단할 필요가 있다. 상담자들은 학생과의 상담내용을 비밀로 유지하는 데 한계가 있다는 것을 상담에 앞서서 언급할 수 있다. 학생들은 자신의 개인적인 정보를 다른 사람들에게 노출시키는 것을 원치 않는 경우가 많다. 이미 상담의 내용이 드러난 후 상담자들이 비밀유지의 한계가 있음을 설명했다면, 학생은 상담자가 약속을 지키지 못했다고 생각하여 배신감을 느낄 수 있다. 또한, 학교로부터 이러한 사실을 알게 된 다른 학생들은 학교 내에서 그 누구와도 자신의 문제를 가지고 함께 의논하려 하지 않을 것이다.

상담교사들이 유의해야 할 것 중 하나가 학생의 학교성적과 상담내용을 결부시키지 말아야 하다는 점이다. 공부를 잘하면 아무 문제가 없고 공부를 못하면 모두 문제투성이라고 하는 식의 태도는 지양해야 한다. 특히 문제아라고 일컬어지는 아이들과 성적인 문제 때문에 반강제적인 상담을 한 경우, 상담교사가 학생들을 별로 달갑지 않게 여기거나 이들과의 상담에 큰 관심을 보이지 않는다고 한다. 학생들에 대한 무의식적인 차별을 억제하고 개인적인 존중을 증진시키기 위해 노력하지 않는 이러한 상담자들은 윤리적인 문제를 발생시키기 쉽다. 이 같은 경우에는 문제의 정도와 유형에 따라 다른 상담자에게 상담을 의뢰하는 것이 매우 중요하다. 보다 전문적인 상담자를 통해 적절한 시기에 상담을 제공받을 수 있도록 하여 학생을 힘들게 만드는 원인을 원천적으로 차단할 수 있기 때문이다. 그리고 상담교사들은 보다 안전하고 효율적으로 상담하기 위해 학교 및 각급 학생들을 대상으로 일어날 수 있는 각종 문제유형의 자료를 만들어야 한다. 이를 통하여 내담자에게 닥칠 위기의 상황에서 문제 해결의 기초를 마련할 수 있으며 상황을 파악하는 계획 수립에도 유용하게 활용할 수 있기 때문이다.

2) 학교상담자의 주요 윤리적 문제

전문상담교사로서 윤리적 · 법적인 문제에 직면한 상담교사들은, 비슷한 문제를 겪고 있는 일반상담자들과 부분적으로 중복되는 점이 많다. 상담자의 능력, 내담자에 대한 사전 동의, 상담 내용의 비밀유지, 내담자와의 이중적인 관계, 정확한 평가 등에 대한 상담자의 규범은 모든 상황에서 적용될 수 있지만 상담자에게는 보다 특수한 다섯 가지 윤리적인 문제가 발생할 수 있다. 이를 사전에 효과적으로 예방하기 위한 대책은 다음과 같다.

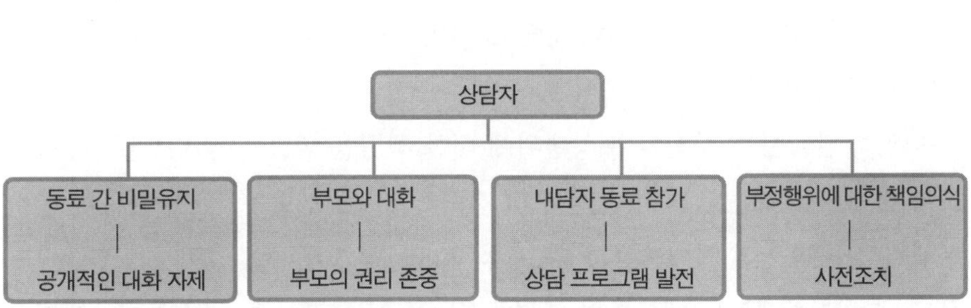

[그림 4-7] 학교상담자의 윤리문제 예방

첫째, 교사들 사이에서 비밀을 유지하고 공개적인 대화를 삼가는 것이다. 교사들 사이에서 다른 학생들에 대한 이야기를 주고받을 때 대화에 참여한 상담자는 상담내용을 비밀로 유지해야 하는 상담자의 윤리성을 지키지 못한 것이다. 상담의 내용을 비밀로 유지해야 한다는 규범과 특권을 부여받은 전문가들 간에 대화의 내용이 제한되는 부분과 관련하여 충돌이 발생할 수 있다. 학교 내

친분이 있는 교사에게도 상담의 비밀을 보장하는 것이 중요하다는 사실을 잊지 않는 상담자들은 학생들과 상담할 때에도 전문가로서 더욱 효과적인 결과를 가져올 것을 기대해 볼 수 있다.

둘째, 상담자는 내담자의 부모와 할 수 있는 상담을 준비해야 하고 전문적인 상담에서 벗어난 일상적인 대화를 할 자세를 갖추어야 한다. 내담자의 부모는 부모로서의 권리를 존중받아야 함은 물론 자녀가 원하는 바를 수용하는 데 있어 상당히 예민하다. 학교생활뿐 아니라, 이성교제를 비롯하여 다양한 문제로 고민하는 학생들을 돕기 위한 상담자의 권리는 법적으로 보호받고 있다. 이러한 권리는 상담자가 자신의 능력 안에서 최선을 다해 개인의 선입견을 주장하지 않는 선에서 보호되어야 한다.

셋째, 상담 프로그램을 발전시키고 내담자의 동료를 함께 참가시킨다. 상담자는 자신의 지도 아래 내담자의 동료와 함께 상담을 진행해야 하며 교육적인 형태로 진행해서는 안 된다. 상담의 효과를 높이고자 하는 상담자들은 이러한 프로그램이 내담자를 돕기 위해 상담에 자발적으로 참여하는 학생들이 내담자에게 도움이 된다는 것을 반드시 보장해야 한다.

넷째, 상담교사는 자신의 부정행위에 대한 책임을 피할 수 없다. 일반상담자들에 비해 학교라는 울타리 안에서 더 강력하게 보호받을 수 있기 때문에 법적 분쟁이 상대적으로 적게 발생한다고 할지라도 부정행위는 있어서는 안 된다. 학교 내에서 발생하는 대부분의 폭력행위는 특정 불량서클에 의해 이루어지고 있는 것이다. 상담자의 의무에도 각별한 관심을 두면서 학생들 사이에 폭력과 협박 등에 관련된 사건이 발생하지 않도록 타 교사들이 사전적인 조치를 취하게 해야 한다.

학생들 사이에서 공공연한 비밀로 전해지는 것이나, 내담자가 비밀로 유지되기를 희망하는 내용이 문제행동의 원인이 되었다고 판단될 경우 내담자의 행동과 의도를 상황판단의 기준으로 삼아야 한다. 상담교사로서 학교 내 학생들의 호소문제에 대해 논의하거나 사전에 관심을 갖고 연구해야 할 주요 문제들을 몇 가지로 정리할 수 있다.

- 특히 한국적인 학교상담은 일반상담과 달리 입시 위주의 교육방법의 틀을 벗어나지 못하고 있다. 학교수업의 일환이거나 문제아만 상담을 받는다는 식의 부정적 이미지를 띠고 있어 학교에서 상담은 그렇게 긍정적인 평가를 받지 못하고 있다. 상담에 대한 학생들의 이미지 역시 상담실은 체벌을 당하는 장소라는 지울 수 없는 부정적 이미지가 형성된 상태이다. 이러한 비판의 소리를 들었을 때 상담자의 윤리적인 의무는 무엇이며 어떻게 대처할 것인가 고민해 볼 필요가 있다.
- 학교상담자로서 상담의 비밀을 유지해야 하는 상담자의 윤리적인 규범으로 인하여 다른 개인적인 관계를 구축하는 데 어떤 어려움이 있을 수 있다. 예를 들어 일반상담은 중장기 상담이 진행된다고 해도 거의 일회적인 것에 불과하다. 그러나 입학에서 졸업할 때까지, 또는 그 후에도 당시의 상담내용은 상담교사와 학생 사이에서 지속된다. 즉, 스승과 제자의 관계를 유지함에 있어 다른 교사들과 친분을 유지하거나 학생들과의 관계를 형성하는 데 장애요소가 될 수 있는지 따져 보아야 한다.
- 학교폭력이 만연하고 있는 요즘, 교육에 종사하고 있는 모든 사람들은 폭력이 발생할 수 있는 모든 요인을 학교장에게 보고하거나 묵인하고 있다. 학교상담자로서 이러한 상황에 대하여 특정 학교방침에 따라 행동할 것인지 아니면 학교상담자 상담윤리강령에 따라 행동할 것인지 선택해야 한다.
- 우리나라 학교에서도 외국 학교와 마찬가지로 보다 더 신중하게 관심을 갖고 주의를 기울여야 할 것으로 본드를 비롯한 각종 약물복용에 대한 대응방법과 정보에 관한 문제가 있다. 만일 학생이 이와 관련된 문제를 안고 있다고 가정할 때, 학생의 약물복용 사실을 학교 측에 알려야 하는지 아니면 상담자로서 학생의 약물복용 사실을 비밀로 유지해야 할 것인지를 충분히 논의해야 한다.
- 학교시설에서 자살을 시도하거나 방과 후 집으로 돌아와 자살하는 학생들이 늘어나고 있다. 자살예방 프로그램에 관련된 윤리적인 문제와 실제적인 상담자로서 예방대책을 얼마나 효율적으로 활용할 수 있는지 되돌아볼 필요가 있다.

학교 내에서 학생들을 상대로 상담활동을 하는 상담자들이 부딪히는 윤리적인 문제들은 그다지 특별하다고 말할 수 없다. 상담과정에서 사전 동의에 관한 사항과 상담의 내용을 비밀로 유지해야 하는 문제는, 미성년자를 상대로 상담하는 어느 곳에서든 마찬가지이다. 학교 내에서 상담을 하는 상담자들은 다양한 문화를 가지고 있는 내담자들을 전문가의 입장에서 유능하고 신중한 태도로 대해야 한다(Hobson & Kanitz, 1996).

그러나 여기에서 우리는 몇 가지 특별한 문제를 접하게 된다. 첫 번째, 상담자들이 상담과정에서 내담자와 일상적으로 가볍게 나눌 수 있는 대화와 비밀로 유지해 주어야 하는 대화를 구분하지 못하는 실수에서 비롯되는 문제이다. 두 번째, 상담자는 부모와 마찰을 일으키고 개인적으로나 사회적으로 어려움을 겪은 학생들을 평가해야 하는 의무를 가지고 있다. 사실 이러한 문제를 안고 있는 학생들과 상담시간에 대화하는 것도 쉽지 않은 일이다. 세 번째, 내담자와 같은 신분에 있는 다른 학생을 상담하고 상담에 필요한 조정도 역시 내담자인 학생의 동료를 통해야 하는 문제다. 네 번째, 자신의 아이가 어떠한 교육을 받고 있는지, 그 수준은 어느 정도 되는지 등 교육적인 정보를 알고자 하는 부모의 권리와 상담자가 준수해야 하는 규범 · 법규가 마찰을 빚는 문제다. 다섯 번째, 상담자는 자살 충동에 사로잡힌 학생과도 상담을 진행해야 한다는 것이다.

위와 같은 문제와 관련하여 ACA 윤리강령과 ASCA 윤리강령(Ethical Standards for School Counselors)을 참고하고자 한다.

ACA의 윤리강령은 ACA에 속해 있는 모든 전문가들이 의무적으로 접해야 하는 문서이며, ASCA의 윤리강령은 상담교사들이 지녀야 할 윤리성에 초점을 맞추는 규범으로 상담교사들에게 길잡이가 되어 주고 있다.

상담교사들은 교사로서 자신의 일을 시작하게 된다. 교사일 때는 교내에 있는 다른 사람들에게 자신이 가르치는 학생들에 대한 이야기를 하는 것이 그만한 가치가 있다고 여긴다. 또한 학생들의 교육에 도움이 될 수 있는 심리학적인 지식을 적절히 축적하면서 효과적인 교육을 할 수 있다고 생각하기도 한다. 상담자들은 내담자와의 상담내용은 비밀로 유지되어야 하며 상담의 내용을 공개하는 것은 내담자가 그 사실을 알고 허용할 때에만 가능하다고 교육받는다. 이는 일반교사에서 상담교사로 전직하려는 초심자들에게 더욱 큰 어려움을 야기할 뿐만 아니라 이미 상담교사로 활동하고 있는 상담자에게도 상담을 복잡하게 만드는 요인이 된다. 일반교사와 각 학교장들은 상담교사들이 학생들과 열린 대화를 해 주기를 바라고 있다. 상담자가 학생들이 겪고 있는 문제를 곧바로 해결하지 못할 경우, 다른 교사들은 당황하고 심지어 화를 내기도 한다. 상담자의 신중하고 과묵한 행동을 다른 방향으로 오해하는 교사는, 자신들과 호흡을 맞추어 학생들을 교육하고 지도하는 동료로 여기지 않으려 할 것이고 학생들에게 다른 상담교사와 상담을 하도록 제안할지도 모른다. ASCA의 윤리강령에서는 이러한 상황에서 다음과 같은 입장을 보이고 있다.

***주요기관 윤리강령의 관련 내용**

ASCA 윤리강령 Section A. 2. f.: 학생과의 상담

전문상담교사는 주 연방법에 의거하여 학생과의 상담내용을 비밀로 유지하고 보호하며 윤리적 규범에 따른다. 전문적인 상담자로서의 의무에 위배되지 않는 경우에만 상담자는 상담의 내용을 내담자의 동의하에 타인에게 누설할 수 있다.

ASCA 윤리강령 Section B. 2: 부모(보호자)와 비밀유지

내담자와 상담자의 전문적인 관계에서 상담자는 상담에서 가장 중요하다고 볼 수 있는 상담의 내용을 비밀로 유지하는 사항에 관해서 강조하면서 내담자의 부모(보호자)에게 설명한다. 상담자는 내담자에 대한 윤리적인 책임감을 지키면서 객관성을 가지고 상담에 관한 정보를 정확하고 다양하게 제공할 수 있어야 한다. 상담자는 내담자의 부모(보호자)가 바라는 바를 지켜 줄 수 있도록 노력해야 하며 내담자와 함께 나눌 수 있는 상담에 관한 정보를 보장해 주어야 한다.

상담자는 대중과 개인, 그리고 다른 상담자와의 관계에서 각각의 상담에 관한 내용을 비밀로 유지하기 위해 자각성을 증진시킨다. 상담자는 다른 동료들과의 만남에서 내담자에 대한 이야기를 언급하지 않는 것이 최선의 선택이라고 할 수 있는가? 이러한 상황에서는 다른 방법이 있다.

상담자는 학생의 달라진 행동을 걱정하는 교사에 대해서 당사자와 그의 어머니와 함께 의논할 수 있다. 물론 상담자는 내담자의 정보를 더욱 유용하게 사용하기 위한 목적으로 타인에게 내담자의 정보를 고의적으로나 우연히 드러내는 것이 내담자의 교육적 환경에 피해를 줄 수 있다는 사실을 명심해야 한다. 상담자의 길을 가려고 하는 다른 동료들에게 확신을 심어 줄 수 있는 올바른 지도자 교육 프로그램의 목적은 학생과 교사를 지원하고 돕는 것이다. 그러나 모든 상황이 그렇지는 않지만 상담자가 학생의 상담내용을 드러내야 한다는 확실한 판단이 섰을 경우에는 법적이고 윤리적인 변수가 작용할 수 있다. 내담자와 부모가 교사나 학교장과 자신의 문제에 관해 서로 의논하는 것이 얼마나 중요한지에 알고 있을 때나 이미 드러난 사실을 염려하지 않을 때 내담자나 내담자의 부모들은 종종 다른 교사들에게 자신들의 문제가 드러나는 것을 허용하기도 한다. 또한 상담자는 내담자의 개인적인 정보를 누설하는 것이 적절하거나 적절치 않다고 판단하는 내담자의 견해에 영향을 미치는 모든 부분을 지지할 수 있어야 한다. ASCA 윤리강령에서는 이러한 사항에 관해 다음과 같이 제시하고 있다.

***주요기관 윤리강령의 관련 내용**

ASCA 윤리강령 Section C: 동료와 전문가협회에 대한 책임

1\. a. 내담자에게 상담을 최적의 조건으로 제공하기 위해 상담자는 학교장들과 교직원들과의 전문적인 관계를 구축하고 유지한다.

2\. a. 전문가의 지적인 능력을 증진시키며 대중과 개인, 그리고 교직원들과의 상담

을 비밀로 유지할 수 있는 적절한 방법을 찾는다.

데이비스와 리치(Davis & Ritchie, 1993)는 학교에 법적인 영향을 불러일으킬 수 있는 상담자의 행동에 대해 학교장들이 숙지할 수 있어야 한다고 주장했다. 예를 들어 상담자가 정신과 상담실에서 정신이상 증세를 보이는 학생을 위해 내담자의 부모가 아직 도착을 하지 않은 상황에서 구급차를 부르려고 한다면 상담자는 학교장에게 사신의 판단과 행동에 대해 설명해야 한다. 왜냐하면 내담자의 부모가 부재중인 학생의 상태는 매우 위험하기 때문이다. 이러한 상황은 법적인 제제를 받을 여지가 있는데 내담자의 부모가 동의에 관한 자신들의 권리를 무시당한 점과 가족의 명성에 누를 끼쳤다는 이유로 상담자에게 소송을 제기할 수 있기 때문이다. 법적인 문제가 생길 수 있으므로 신중한 판단을 위해서 학교장들은 이러한 사실을 알고 있어야 한다. 무엇보다도 학교장들이 위와 같은 상황이 닥칠 수 있다는 것을 잘 안다면 학교 내에서 진행하고 있는 상담교실을 보호하고 지지할 수 있는 유리한 위치에 설 수 있을 것이다. 상담한 학생을 밝힐 것인지에 관해 결정하는 것은 내담자의 상담내용을 비밀로 유지해야 하는 원칙에 위배되므로 학교 당국이나 상담교사들이 직면하는 문제 중 가장 어려운 부분이다.

3) 상담교사로서의 특권

부모는 자신의 자녀가 상담받을 만한 가치가 있다는 사실을 인정받고 싶어 한다. 또한 부모들은 자녀를 양육해야 할 기본적 의무감을 안고 있기 때문에 자녀들의 상담이 노출되는 것이 성장에 영향을 끼친다는 사실을 충분히 알 권리가 있다. 상담자가 내담자와의 상담 내용을 누설하거나 지켜 주어야 할 내담자 개인의 사생활에 관한 정보를 드러냈다면 상담자는 법정에 나가서 내담자의 개인적 명예를 훼손한 책임에 대해 스스로 변호할 수 있다(Fischer & Sorenson, 1996).

캐플런(Kaplan, 1996)은 상담교사들의 직업적 특성때문에 학생들의 성장에 부정적인 영향을 미칠 경우 이에 대해 책임이 있다고 주장했다. 그는 이러한 문제를 개선하기 위한 구제책의 일환으로 상담 프로그램에 관한 교육방식을 제안했다. 부모는 상담자들이 그들의 권한 밖의 일에 대해서는 관여하지 않고 학생의 개인적인 정보를 위해 부모의 권리를 존중해야 한다. 교내 상담 프로그램을 가족들에게 이해시킬 수 있는 가장 실제적인 방법은 상담자의 자격증과 함께 프로그램의 역할, 그리고 상담의 방식과 부모와의 협력에 관한 절차를 소책자로 만들어 배포하는 것이다.

또한 학생을 위한 상담자의 역할을 다하기 위해 다른 상담자나 전문가 협회와 협력을 기울여야 한다. 학생의 이익을 최우선으로 하는 상담의 원리를 지키는 것은 학생의 나이와 성숙도, 상담에 참여하려는 학생과 부모의 의지, 학생에게 해를 입히지 않을 부모의 역할, 문제 해결을 위한 학교 방침, 적절한 법과 전문가적 윤리기준 등에 달려 있다 해도 무방하다. 궁극적으로 상담교사들은 학생의 이익이 최우선이라는 상담의 원리에 따라 자신의 판단에 신중을 가해야 한다.

***주요기관 윤리강령의 관련 내용**

ASCA 윤리강령 Section A. 1.: 학생에 대한 의무

a. 상담교사는 특정한 개인으로서 존중받고 상담받아야 하는 내담자에게 우선적인 의무를 가지고 있다.
b. 상담교사는 교육적, 직업적, 감성적인 사항에 관심을 가지고 각각의 내담자가 가장 효과적인 발전을 이룰 수 있도록 노력한다.
c. 내담자의 가치관, 신념을 존중하고 상담자의 가치관을 강요하지 말아야 한다.

d. 상담교사는 법과 규범, 그리고 내담자와 관련된 방안을 지켜야 할 책임이 있다. 그리고 내담자의 권리를 보호하기 위해 노력해야 한다.

Section B.: 부모(보호자)에 대한 의무

a. 상담교사는 자녀에 대한 부모의 고유한 권리와 의무를 존중하고, 부모와의 관계를 적절한 방식으로 구축하며, 내담자가 상담을 통해 가장 효과적인 발전을 이룰 수 있도록 부모와의 관계를 촉진시키는 노력을 게을리 해서는 안 된다.
b. 상담교사는 내담자의 상담으로 가족의 문제를 겪고 있는 부모를 돕고자 할 때 법과 지침서를 참고해야 한다.
d. 상담교사가 가족 구성원들 사이에서 일어날 수 있는 문화적, 사회적인 차이점을 인식하고 법적으로 명시된 자신들의 위치에서 자녀를 양육하는 부모의 권리와 책임을 확실하게 인정해야 한다.

4) 자살에 대한 상담자의 책임

한 여학생의 사례를 살펴보자. 13살의 여학생이 자신의 친구에게 자살을 하겠다는 말을 하였고 그녀의 친구들이 상담교사에게 그 사실을 전하였다. 이러한 사실을 알게 된 상담교사는 그 여학생이 자살을 생각한 것에 대한 책임을 지게 되었다. 두 명의 상담교사는 여학생을 상담실로 불러서 자살을 생각하고 있는지 물었다. 그러자 그 여학생은 자신이 한 말에 대해 부인하였다. 상담자들은 더 이상 아무것도 묻지 않았지만 다음 날 그 여학생은 다른 학생과 함께 총으로 자살하였다.

법정은 상담교사가 여학생과 특별한 관계에 있었으며 그 학생이 자살을 할 생각을 가지고 있었다면 사전에 미리 예방해야 할 의무도 있다고 판결하였다. 특히, 학생이 자살을 생각하고 있을 때 상담자와 상담을 했다는 사실을 부모에게 알리지 않았다는 것에 책임이 크다고 하였다. 법정에서는 상담교사가 다른 기관이나 병원에서 상담을 하고 있는 전문가만큼 학생을 돕기는 힘들었을 것이라는 부분은 인정하였다. 그러나 상담자는 학생의 부모에게 학생이 자살을 할 위험이 있다는 사실을 알림으로써 그 위험을 줄이기 위해 노력을 했어야 한다고 판결하였다(Pate, 1992). 이 사례에서 상담자가 학생이 자살을 할 위험을 가지고 있다는 사실을 부모에게 알렸다면 그 당시 학생의 자살 위험은 없어졌을지도 모른다(Remley & Sparkman, 1993). 성인들은 종종 청소년들이 자살할 위험을 가지고 있다는 것을 받아들이지 않는다(Wellman, 1984). 이러한 상황에서 상담자는 자녀의 자살을 방지하기 위한 부모의 노력에 도움을 주기 위해 좀 더 적극적으로 행동할 필요가 있었을 것이다.

실제로 청소년의 자살발생률은 급격히 증가하고 있기 때문에 상담교사들은 학교 내에서 자살 예방 상담 프로그램을 마련할 것을 고려해야 한다. 또한 자살 예방 상담활동은 자살의 위험성을 줄이고 학생들 사이에서 심각한 정신장애 문제를 해결하는 데 도움이 된다. 그러나 이러한 프로그램을 시행함으로써 상담자에게 법적인 의무를 부과하는 것은 아니다. 미국의 많은 학교들은 청소년들이 자살과 같은 위험한 선택을 하는 것을 방지하기 위해 많은 전문가 및 정신건강 관련 단체들과 협조하고 있다. 이러한 협조관계는 상담자의 법적이자 윤리적인 의무이기도 하다. 일반적으로 상담자가 이러한 의무를 이행하기 위한 최선의 길은 내담자에게 부모와 함께 상담에 참여하라고 설득하고 동의를 구하는 것이다. 내담자의 동의가 없을 경우 상담자는 반드시 내담자를 위한 최고의 선택이 무엇인지 판단해야 한다.

제5장 집단상담윤리

1. 집단상담의 필요성과 장·단점 2. 집단상담의 윤리적 운영 3. 집단상담의 윤리규준
4. 집단상담에서 윤리적 문제 5. 윤리적 문제의 해결을 위한 절차

제5장

집단상담윤리

집단상담은 다수의 참여자의 태도와 행동을 변화시키려는 의도에서 비롯된 것으로서, 집단상담훈련을 받은 한 명의 유능한 상담자와 몇 사람의 구성원들로 이루어진 대인관계에서 시작된다. 집단상담은 전문가의 지도에 따라 개인의 삶을 비롯한 개인적 가치와 사회 및 교육적인 부분에 대하여 구성원 간에 의미 있는 대화를 나누는 과정이다. 집단상담은 개인상담을 뛰어넘어 한 사람이 아닌, 일 대 다수의 상담기법을 동원한 것으로서 개인상담에서 다룰 수 없는 다양한 반응들이 나타난다. 개인상담에서 얻을 수 없는 특별한 효과를 기대할 수도 있지만, 반대로 프라이버시를 침해당하거나 비밀이 누설되어 내담자를 더욱 힘들게 하는 부작용이 나타나기도 한다. 한 명의 상담자가 여러 내담자들을 동시에 상담하는 접근법은, 일반 개인상담에서 다루는 목표나 기본절차와 많은 공통점을 갖고 있다. 집단상담을 통해 많은 사람들을 보다 잘 이해하고 다른 사람이 자기를 어떻게 보는가를 인지함으로써 자신에 대한 새로운 사실을 발견하는 기쁨이 있다.

개인상담이 필요한 경우와 집단상담이 필요한 경우는 다르다. 집단상담은 일상생활의 문제 해결을 위해서 대인관계기술을 향상시켜 주는 것이다. 따라서, 집단상담을 통해 개인의 일상문제뿐만 아니라, 타인을 이해하고 수용해야 하는 문제까지 상황에 따라 현실적이고 다양한 관점에서 접근하여 해결할 수 있게 된다. 그러므로 집단상담은 개인과 개인이 아닌 다수의 참여자들과 집단 리더 사이에서 이루어지는 역동적인 상담과정이다.

이렇게 집단상담에 요구되는 규칙이나 윤리적인 문제들은 개인상담보다 훨씬 다양한 형태로 나타나고 있다. 그러므로 이 장에서는, 이러한 집단상담의 윤리적 규칙과 문제를 사전에 예방하고 집단 리더의 윤리적 의식을 향상시켜 주기 위한 내용을 소개하고자 한다. 이 장의 목적은, 상담의 효과를 높일 뿐만 아니라, 궁극적으로는 내담자를 보호함과 동시에 상담자 자신을 보호하는 방안을 찾고 집단상담이 추구하는 근본적인 문제 해결의 실마리를 풀어 가는 것에 있다고 하겠다.

1. 집단상담의 필요성과 장 · 단점

집단상담은 최소 5명 이상으로 구성되며, 한 사람의 상담자가 5명에서 많게는 15명 이상의 내담자들과 함께 전문적인 상담을 운영해야 하므로 상담자의 집단 운영능력에 따라 목표달성 여부가 결정된다. 집단상담은 내담자의 문제 해결에 직접적인 영향력을 행사하는 것으로, 내담자 자신이 집단상담의 필요성을 충분히 인식하고 참여하는 것 자체가 상담의 효과를 증진시킨다.

집단상담이 필요한 경우를 열거하자면, 사회성 부족, 인간 이해 부족, 유대감 부족을 들 수 있다.

첫째, 기본적인 대화를 포함한 다른 사람과의 관계에 있어서, 사회성이 부족

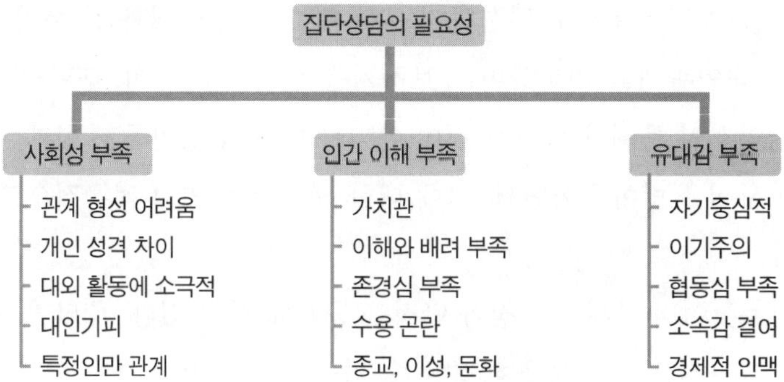

[그림 5-1] 집단상담의 필요성

한 경우에 집단상담이 절대적으로 필요하다. 이것은 개인상담과 구별되는 차이점으로서, 집단상담을 통해 일상적으로 대인관계에서 발생하는 다양한 문제에 접할 때 개인의 사회성을 배우는 직접적인 계기를 마련해 준다.

둘째, 상대방에 대한 이해와 배려, 존경심, 수용이 부족한 경우에 필요하다. 사회적 기술의 부족은 결국 개인의 성격과 밀접한 연관이 있지만 문제의 발생은 상대방에 대한 배려와 존경심, 수용 자체가 어려운 상황에서 빚어진다. 이러한 경우, 집단상담이 진행되는 동안 동료 구성원들에게 배려와 존경을 받기도 하지만, 때로는 수용되지 못하고 이해받지 못하는 자신의 모습을 발견하면서 자연스럽게 역할극을 경험하게 된다. 이렇게 상대방의 입장에서 자신을 들여다보는 훈련과 스스로 문제에 부딪치고 해결점을 찾아가는 과정을 통하여 자기에게 부족한 부분과 필요한 부분을 깨닫게 되는 직접적인 계기를 얻게 된다.

셋째, 다른 사람과의 유대감이 부족하고 협동심이 필요한 경우에 필요하다. 물론 상황에 따라 각기 다른 반응을 보이지만, 어떤 내담자는 대체로 조직 구성원임에도 불구하고 소속감을 느끼지 못하거나 소속하려는 노력조차 하지 않는다. 이런 유형의 사람은 타인과 유대감을 형성하는 데 문제가 있다. 개인의 성격적인 문제로 생각할 수도 있지만, 성장과정에서 자라 온 환경 자체가 다른 사람의 이해와 지지를 받지 못했기에 본인 역시 어떻게 유대관계를 형성해야 할지를 배우지 못하고 경험하지 못한 데서 빚어진 결과다. 여기서 소속되지 못하고 대인관계를 기피하며 유보하기를 원하는 사람이, 집단상담을 통해 자신의 개인적인 문제가 특별한 것이 아니라 다른 구성원들도 함께 겪고 있는 문제라는 사실을 받아들이면서, 그에 대한 해결방법 역시 적극적으로 찾을 수 있게 된다.

집단상담은 여러 가지의 장점과 단점을 동시에 갖고 있다. 내담자 역시 개인상담에서 효과적으로 문제를 해결할 수 있는 사람이 있는가 하면 집단상담에서 자신의 문제를 열어 내보이며 적극적인 참여로 문제를 해결해 가는 이도 있다. 집단상담에 참여하고 싶어도 구성원으로서 부적합한 내담자들이 있는데, 바로 정신적인 문제를 지닌 사람들이다. 뿐만 아니라, 특별히 공개적으로 다룰 수 없는 개인적인 문제는 집단상담을 통해 또 다른 부작용을 불러일으키기 쉽다. 더구나 집단 내 다른 구성원들에게까지 부정적인 영향을 끼치기 때문에 이러한 제한요소들은 집단구성단계에서 리더의 역할에 따라 분리되어야 할 것이다.

• 집단상담의 장점

- 집단 구성원의 적극적인 참여가 문제 해결의 원동력이다.
- 집단 구성원을 통해 자신의 행동과 태도에 대한 즉각적인 반응을 갖는다.
- 상담자의 지시나 조언보다 집단 구성원 간의 사회적 교류 경험이 우선한다.
- 개인적 특성상 일대일의 의견보다 일 대 다수의 의견에 쉽게 동화한다.
- 집단을 통해 내담자는 자연스럽게 더 많은 동료 내담자를 만날 수 있다.
- 개인상담보다 집단상담을 선호하는 경향이 있다.
- 개인적인 상담 준비가 덜된 상태에서 일차적으로 집단상담이 효과적이다.
- 상담자의 인력이 부족한 현실에서 동시에 많은 내담자를 상담할 수 있다.
- 집단 구성원 간의 상호교류가 활발하게 이루어질 수 있다.
- 집단상담은 시간, 에너지, 경제적인 면에서 효과적이다.

- 직 · 간접적으로 다양한 감정과 정서를 표현함으로써 욕구가 바람직하게 발산된다.
- 집단 구성원들로부터 도움을 받는 것은 물론, 도움을 주는 역할도 하게 된다.

• **집단상담의 단점**

- 개인적인 문제가 충분히 다루어지지 않을 가능성이 있다.
- 내담자의 적극적인 참여보다 구성원들의 압력에 의해 억지로 참여할 수 있다.
- 개인적인 참여 정도에 따라 소외감이나 실패감을 경험할 수 있다.
- 집단 자체가 이상한 종교단체의 성격을 띠고 있다는 느낌을 받을 수 있다.
- 구성원들에 따라 동질성을 갖기도 하지만 이질성을 갖기도 한다.
- 특정 집단의 응집력에 동화되기 어려운 심리적 이격거리가 느껴질 수 있다.
- 참가자의 참여도에 따라 효과에 차이가 있다.

이와 같이 일방적으로 집단상담만을 주장하거나 개인상담만을 주장할 수 없는 이유는 양쪽 모두가 상담의 운영 특성상 장점과 단점을 각자 가지고 있기 때문이다. 마치 동전에 양면이 있는 것과 마찬가지다. 집단 리더가 구성원들이 상호간에 어떤 영향을 주고 받는가를 관찰하여 예민한 태도로 운영을 유지하는 것이 과제인 것이다.

2. 집단상담의 윤리적 운영

1) 집단 참여자의 권리

개인상담과 마찬가지로, 내담자의 권리는 집단상담에서 가장 중요한 요인 중 하나다. 특히, 집단상담에서 참여자의 권리가 강조되어야 하는 까닭은 개인상담에서 찾을 수 없는 집단상담만의 특성이 있기 때문이다. 개인상담은 개인의 영향에 따라 상담의 결과가 달라지지만, 집단상담은 집단의 분위기에 따라 상담 결과가 좌우된다. 집단상담이 진행되면서 때로는 집단 참여자 스스로 집단상담에서 갖는 당연한 기본적 권리나 책임에 대해 인식하지 못하는 경우가 있다. 집단을 위한 상담의 특성 때문에 참여자 개인의 권리가 침해되어서도 안 되지만, 집단에서 갖추어야 할 권리 역시 침해되지 않도록, 집단 리더는 참여자들이 자신의 권리가 무엇인지 알 수 있도록 도와주어야 한다.

2) 집단 참여자의 심리적 불안과 초조

집단상담 시 개인상담에서 경험하지 못하는 심리적 불안과 초조, 때로는 공포감마저 느낄 수 있다. 다른 집단 구성원들의 적극적인 참여나 집단 분위기 특성상, 참여자에 대한 집요한 질문이나 질책 때문에 강한 열등의식에 빠지게 되면 순간적인 충격으로 인한 심리적 위축을 경험하게 된다. 이런 분위기가 지속되면 집단상담에 계속해서 참가하기 어려우므로 잠시 휴식을 취한 후에 새로운 분위기에서 합류해야 한다. 특히 처음 참가하는 사람에게는 집단상담이 심리적 위협으로 다가올 수 있음을 잊지 말아야 한다.

- 참여자 모두 집단상담에서 획기적인 심리적 변화를 경험하는 것은 아니다. 그러나 집단상담을 통해 다른 참여자의 문제를 반면교사로 삼아 자신의 문제와 동일시하는 과정을 통해 자신의 문제를 쉽게 열어 놓을 수 있다. 그러므로 집단상담은 개인상담보다 비교적 개인변화에 대한 강한 촉매의 역할을 담당할 수 있다. 집단상담은 개인상담에서 볼 수 없는 위험한 부분도 내포하고 있어 집단 리더의 오랜 훈련과 다양한 경험을 요구한다. 집단 참여자 사이의 이질적 감정과 다양한 사회적 배경들로 인해 서로에게 상처를 주거나, 한 참여자가 다른 참여자에게 적대적인 감정을 갖게 되는 것은 또 다른 문제를 일으키는 원인이 된다. 집단 리더는 참여자들 사이에 부정적인 사회관계와 같은 문제를 어떻게 다루고 감정을 정리해 줄 것인지 결정해야 한다. 리더의 태도에

따라 참여자들의 심리적 위험이 줄어들고 집단에 대한 거부감을 줄이는 직접적 계기가 되기 때문이다.

- 집단 리더는 참여자들의 심리적 상태를 사전에 파악하고 있어야 한다. 처음 참가한 사람이든 기존 참여자이든 동일한 진행 속에 심리교류를 적절히 감지하여 처음으로 집단에 참가한 자가 특별한 곤경에 처하게 될 때 보다 신속하게 빠져 나올 수 있도록 준비를 하고 있어야 한다. 주로 처음 집단상담에 참여한 사람들은 집단상담기간 동안 상당한 공격을 받거나 구경꾼의 역할을 하게 되면 쉽게 동화되지 못하는 어려움을 겪게 된다. 집단 리더는 반강제적이고 독재적인 형태의 집단상담으로 운영되지 않도록 자연스러운 흐름을 유도해야 한다. 참여자들의 한계를 알고 이들의 요구를 존중하며 강제적이거나 독재적인 형태보다 권유적 형태로 상담하고, 집단 구성원에 대해 공격적으로 직면하거나 자신의 입장으로 판단하여 질타하지 않도록 자제한다. 또한 참여자에 대해 지시자의 입장을 고수하지 않도록, 자신의 의견을 조심스럽게 제시하는 것이 효율적이다.

3) 집단상담자의 행동윤리

일반적인 상담에서 상담자의 능력에 따라 내담자의 문제 해결 정도가 달라질 수 있다. 마찬가지로, 집단상담에서도 집단 리더의 능력과 운영방법에 따라 현저한 차이가 발생한다. 다만 집단상담은 개인상담과 달리 자신만의 문제가 아니라 대부분의 사람들이 함께 경험하고 고민하는 문제라는 사실을 깨닫게 될 때 문제 해결의 실마리를 빨리 찾게 되는 이점이 있다. 집단 리더는 집단상담 운영의 차원을 넘어 참여자들의 문제를 해결하고 심리적 상처를 치유하기 위한 뚜렷한 목적의식을 가져야 하며 개인의 이익을 위해 상담을 이용해서는 안 된다. 집단 구성원들의 문제 해결을 위해 집단 리더와 집단 구성원 간의 필수적인 신뢰관계를 유지할 수 있어야 한다. 신뢰를 구축하는 원동력은 바로 상담자와 내담자가 이중적인 관계를 형성하지 않는 데서 비롯된다. 물론 상담윤리강령을 비롯한 일반적인 윤리조항들은 전문적 관계와 사회적, 개인적 관계를 분리하도록 요구하고 있다.

3. 집단상담의 윤리규준

1) 집단상담자의 전문성

집단상담에서, 상담자의 전문성은 아무리 강조하여도 지나침이 없을 만큼 중요하다. 리더라고 해서 모두가 집단상담을 성공적으로 이끄는 것은 아니기에, 집단상담을 성공적으로 이끌기 위한 전제조건은 리더에게 달렸다 해도 과언이 아니다. 집단 구성원의 상호작용과 집단의 역동원리를 파악하고 집단상담의 흐름을 능숙하게 촉진시킴으로써 집단상담의 성장과 발달을 도모하는 실질적인 리더가 될 수 있다. 상담자는 기본적으로 집단상담을 운영할 수 있는 전문성을 가지고 있어야 하며, 유능한 상담자가 되려면 인간적인 측면에서 집단 구성원들에게 전문성 이상의 효과를 발휘할 수 있는 자질이 필요하다. 상담자의 운영방법은 일정 기간 전문적인 훈련과 반복학습을 통해 얼마든지 습득할 수 있는 상담기법에 불과하다. 그러나 상담자의 인간적인 자질은 기법이 아닌 한 인간으로서 상담자의 신실한 모습을 의미하는 것으로 인간의 본성을 보여 주는 인간성 자체라고 할 수 있다. 상담원들이 오히려 내담자보다 더 많은 문제를 안고 있거나, 때로는 전문 직업인으로서의 역할만 충실할 뿐 비인간적인 모습으로 상담에 임하는 등 실질적으로 인간적인 의미를 상실한 이들도 볼 수 있다. 상담자의 이중성은 결국 상담자 본인뿐만 아니라 내담자에게까지 부정적 결과를 초래할 수 있으므로, 지양되어야 할 요소다.

집단상담자의 전문성은 상호보완적 관계를 유지할 때 가능하다. 상담이론에 대해 해박한 이론적 지식이 있어도 실제적인 개인상담 경험이 뒷받침되어야 한

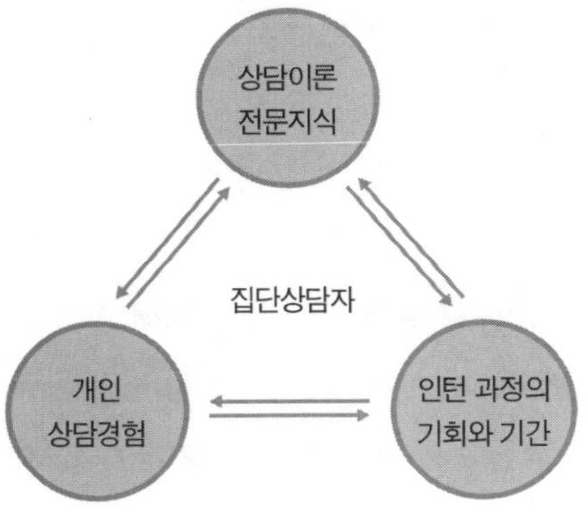

[그림 5-2] 집단상담자의 전문성

다. 인턴 과정의 기회와 기간은 개인상담의 경험과 상담이론을 현실적으로 검증하는 시기라고 할 수 있다. 훌륭한 집단상담자일수록 개인의 상담경험과 인턴 과정에서 축적된 상담이론에 대한 이해를 종합하여 내담자의 문제 해결에 효과적으로 적용한다.

- **집단상담자는 일차적으로 상담이론에 대한 전문적인 지식을 구비하고 있어야 한다.** 물론 이론 자체가 상담을 이끌어 가는 주된 요소는 아니다(상담자는 내담자의 목표 설정에 있어 효과적인 달성을 위한 나침반의 역할을 감당할 수 있다는 면에서, 이론적 배경은 중요하다.). 만일 특정 상황에 직면했을 때 상담자의 전문적 · 학문적 지식배경이 부족하면 문제 해결의 실마리를 찾는 과정에서 혼란이 일어날 뿐 아니라, 문제 해결의 중심을 놓치는 결과가 초래된다. 이때 특정 이론에 입각해서 그 이론을 중심으로 추진할 수 있다. 하지만, 문제 해결을 위한 통합적인 관점에서 어떤 방법으로 접근하는 것이 내담자를 위한 것인지 신중하게 검토하여 접근을 시도할 때 효과적인 결과를 기대할 수 있을 것이다.
- **집단상담은 개인상담의 경험을 바탕으로 이루어진다.** 집단상담의 기본적이고 구체적인 접근방법과 구성원들의 역동성을 이끌어 내는 원동력은 바로 개인상담의 이론과

실제, 상담자의 다양한 상담경험이다. 더욱 중요한 점은, 상담자는 상담자 이전에 내담자로서의 상담과정과 자기분석을 필수로 한다는 것이다. 만일 누구든지 상담자가 되려 한다면, 왜 상담자의 길을 선택하게 되었는지 그리고 상담자를 통해 추구하고자 하는 근본적인 목적이 무엇인지 탐색하는 과정을 겪어야 한다. 내담자의 입장에서 자신에 대한 충분한 상담과정을 통해 감추어진 문제를 직접 찾아내고 해결하는 과정이 없이는, 결코 훌륭한 상담자로서의 기능과 역할을 감당할 수 없다. 이러한 과정이 없다면, 상담과정 중에 역전이 현상을 경험하여 오히려 내담자에게 더 큰 상처를 안길 수 있기 때문이다. 상담자로서의 개인상담 경험은, 집단상담을 이끄는 데 있어 자신감을 심어 주고, 단순히 구성원들의 문제에 접근하는 방법으로 상담기법을 동원하는 것이 아니라 자신의 다양한 경험과 문제 해결의 과정을 재탐색하면서 구성원의 문제 해결의 기회를 모색하는 데 도움이 된다.

- **집단실습에 참여하는 인턴 과정의 기회와 기간이 중요하다.** 상담은 다른 전문직종에 비해 전문성에 대한 논란을 일으킬 소지가 있다. 바로 예비 전문상담자로서의 인턴 과정에 대한 논란이다. 물론 집단상담 전문가로서의 자격요건을 갖추기 위해서는, 개인 또는 집단 구성원으로서 전문훈련과정에 참여하여 엄격한 자격규정을 이수해야 한다. 이 과정은 앞에서 설명한 상담자로서의 자기탐색과 집단 구성원을 이해하기 위한 직접적인 경험을 통해 갖가지 시행착오를 줄이는 효과를 안겨 준다. 또한 동료 집단을 통하여 다른 참여자의 피드백과 자신의 반응과 대응방법, 불안, 경쟁심, 부정적인 감정 표출 등을 배우는 과정에서 자신에 대한 통찰력과 이해력을 기르게 된다.

2) 집단상담 전문가 윤리규준의 필요성

집단상담에서 전문가의 이론과 상담기법 등 실제적인 상담운영 못지않게 중요한 것이 바로 집단상담 전문가의 윤리성이다. 집단상담 자체는 개인상담과 달리 일 대 다수의 개념인만큼 의도하지 않은 비윤리적 행위로 문제를 야기시킬 수 있다. 사람과 사람과의 관계에서 결코 소홀히 여길 수 없는 것이 윤리적 마인드다. 윤리적 마인드는 집단상담자의 책임이며 이를 가볍게 여겨 일어나는 결과는 무한책임을 져야 하는 특징이 있다. 전문가 집단일수록 윤리규준의 준수는 현행법 이상의 실질적인 책임을 요구하므로, 집단상담자로서 맞닥뜨리는 상황에 적절하게 대처할 수 있는 올바른 판단과 결정을 내리는 방법을 터득해야 한다. 집단상담자라면 누구를 막론하고 각 학회별로 제정된 윤리규준에 적합하게 행동하고 집단상담을 운영할 수 있도록 노력할 필요가 있다. 집단상담 전문가 윤리규준의 필요성과 관련하여 [그림 5-3]을 참조하라.

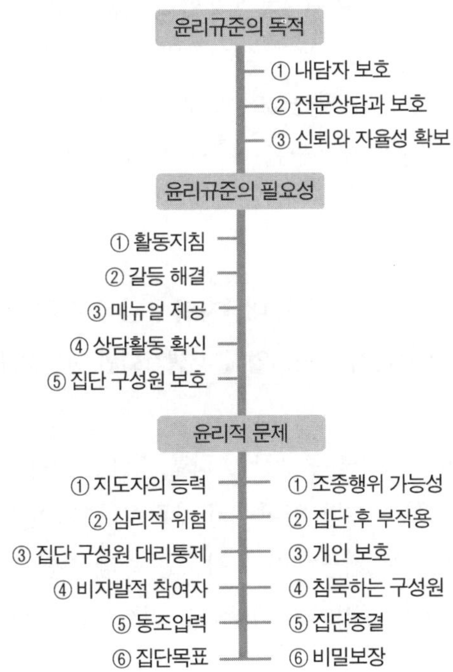

[그림 5-3] 집단상담 전문가 윤리규준의 필요성

4. 집단상담에서 윤리적 문제

1) 집단상담 전문가 윤리규준의 기본 원칙

집단상담자는 참여자들과 부적절한 개인관계를 갖지 않는다

집단상담자에 대한 집단 구성원들의 신뢰와 의존성이 오히려 미숙한 상담자로 하여금 부적절한 접촉 요구를 거부하지 못하게 할 수 있다.

상담자 자신의 개인적인 욕구와 이익을 도모하는 비윤리적인 행위를 하지 않는다

내담자가 깊은 신뢰와 감사의 표현으로 호의를 베풀거나 이익을 제공한다고 해도 이를 거부해야 한다. 상담자는 초심으로 돌아가서, 원래 목적 자체가 상담자 개인의 이익을 추구하거나 욕구를 해소하기 위함이 아니었음을 결코 잊지 말아야 한다.

상담자의 권리와 의무도 중요하지만, 내담자의 존엄성 존중과 복리증진이 더욱 중요하다. 순수한 상담의 목적이 퇴색되었다고 생각되면 과감하게 상담 서비스를 중단하라

당초의 목적과는 다른 목적을 추구하는 것을 깨달은 이후에도 내담자와의 관계를 지속할 경우 반드시 사고가 일어나기 마련이다. 자신의 이익을 추구하기 위해 필요 이상의 서비스를 제공하려는 시도를 즉각 중단하고, 상담을 내세워 내담자의 부정적인 감정이나 심리적 거부감을 일으키는 행위를 하지 말라.

내담자는 상담자에게 심리적 의존자가 아니라, 독립적인 존재이자 상담을 위한 협조자임을 명심하라

상담자 중심의 상담을 지양하고, 내담자와 함께 상담의 목적을 구체적으로 파악하며, 상담과정에 대한 계획을 수립하는 것에서부터 이미 상담자는 내담자의 독립적인 존재를 인정한 것이다. 이 과정에서 내담자의 감정이나 목표달성 과정을 관찰하여 내담자의 감정과 목표가 충분히 반영될 수 있도록 적극적인 참여를 권장해야 한다. 내담자의 합리적인 선택의 자유를 인정하고 내담자가 스스로 의사결정하는 환경을 만들어 주는 것이 내담자의 합리적인 의사결정과 성공적이고 효과적인 목표를 달성하는 구심점이 된다.

상담에서 내담자의 권리는 당연히 존중되어야 한다

많은 상담자들은 내담자의 모든 권리가 상담자에게 위임된 것처럼 착각하고 있다. 상담의 시작과 끝, 진행되는 과정 자체는 모두 일방적으로 진행되지만, 훌륭한 상담자일수록 내담자의 참여와 권리를 우선시한다. 이는 상담의 목적, 목표, 상담기법과 절차, 한계, 발생 가능한 위험요소까지도 내담자를 위해 그리고 내담자에 의해 결정되어야 하기 때문이다.

2) 집단 참여에 관련된 쟁점

상담자의 주도 및 솔선수범

상담자의 주도적인 발언과 솔선수범은, 다른 집단 구성원들에게 집단상담이 어떻게 진행될 것인지에 대한 전망을 보여 주는 것이다. 주도적인 행동으로 내담자에게 선보여야 할 가장 중요한 것이 바로 집단상담자의 능력이다. 상담자가 그만두면 갑자기 분위기가 가라앉는 경우 역시 집단을 원활하게 이끌어가지 못했다는 증거이다. 상담자의 주도적인 말과 행동은 마치 불쏘시개와 같다고 볼 수 있다. 처음 불을 붙이는 시점이나 중간에 불이 꺼져갈 때 얼른 불쏘시개를 얹어 활활 타오르게 하기 때문이다. 리더의 주도적인 말과 행동으로 상담이라는 불길이 타오르고 꺼지는 것을 이해하고, 내담자의 참여를 문제 삼기 전에 상담자의 행동이 문제임을 깨달아야 한다.

비자발적 참여 관련 문제

집단 구성원들 중 특정한 사람의 문제를 중점적으로 내놓다 보면 비자발적인 참여와 관련된 부작용이 나타나기도 한다. 다른 사람에 의해 반강제적으로 왔거나, 학교에서 학점 대신 또는 수업의 연장으로 참여하게 된 경우가 이에 해당된다. 물론 수업의 연장이 아니라 집단상담 실습으로 참여한다 할지라도 우선적으로는 참여자의 자발적인 의사를 존중하여 참여 여부를 결정해야 한다. 만일 참여하지 않을 경우, 학점을 부여하지 않는 것도 일종의 심리적 위협과 현실적인 불안감을 조성하여 참여를 강요하는 행위로 볼 수 있다. 이는 심리적 부담으로 작용하여, 비자발적이지만 좋은 점수를 얻기 위한 반작용의 효과로 나타나므로, 내담자의 권리가 침해될 우려가 있다.

집단에 남고 싶지 않다면 당연히 떠날 권리

때로는 집단상담의 부적응 때문에 집단을 이탈하는 사례까지 생긴다. 당연히 참여뿐만 아니라 이탈 또한 자발적으로 이루어지는 것이지만, 그렇지 않은 경우 더 큰 문제로 확산될 수 있다. 강제적인 참여 시 집단에 대한 이해 부족과 견딜 수 없는 자존심의 상처, 낮은 자존감 때문에 구성원 간에 돌이킬 수 없는 문제로 확산될 위험이 있다. 당연히 집단 구성원의 기본적인 선택과 참여 그리고 윤리적인 문제에 대하여 사전에 철저히 안내하고 설명해야 한다. 경험이 적은 집단 리더들은 구성원들 중 누군가가 집단을 이탈하거나 포기하고자 하면, 아예 집단의 분위기를 깨거나 혹은 과제수행을 위한 조건으로 정해진 시간까지 억지로 참여하도록 유도한다. 비록 상담자의 입장에서 내담자의 판단이 비건설적인 판단이라 할지라도 참여자의 순간적인 감정이나 부정적인 견해가 바뀌지 않고 분노로 이어질 경우, 집단을 떠나도록 허용하는 것이 집단상담의 윤리에 부합한다.

3) 비밀보장과 관련된 쟁점

사전동의

집단구성 초기에는 집단 구성원 상호간에 서로를 얼마나 신뢰하는지를 평가하는 행동이 나타나게 된다. 어떤 내용은 집단 내에서 처리해야 할 뿐만 아니라, 그 내용에 대한 비밀보장과 관련된 안전장치가 필요하다. 집단 구성원들은 의식적 또는 무의식적으로 상호간의 이해력과 감정의 수용 그리고 비밀유지와 관련된 능력을 시험해 본다. 집단의 신뢰 수준이 상담의 성공과 실패의 관건이 되는 만큼 리더와 구성원의 높은 신뢰감 형성을 위해 집단상담 초기부터 노력이 필요하다. 집단상담을 통하여 구성원들은 개인의 비밀을 거리낌 없이 모두 털어놓는 경우가 많다. 그 후, 스스로 왜 그런 바보 같은 짓을 했을까 하며 후회하는 감정과 불안 속에 빠져 있어 동료 구성원을 마주 대하는 것조차 부끄러워하는 경우도 있다. 더 큰 문제는 자신의 비밀스러운 이야기가 제3자에게 알려지지 않을까 두려워하여 불안증상까지 호소하는 일이다. 분명한 사실은, 집단상담자는 집단 구성원들의 자발적 또는 비자발적 참여 여부와 관계없이 우선적으로 집단 구성원들과의 비밀보장과 관련된 사전 동의 절차를 밟아야 한다.

사전동의 요청 내용

상호간 철저한 사생활을 보장하는 것은 각 집단 구성원의 책임이자 의무다. 물론, 일상적인 상담과정에서 요구되는 사항들이 있지만 이는 비밀보장과 관련된 내용으로 집단상담 회기 동안에 얻어진 집단 구성원들의 정보가 집단 밖에서 일체 누설되거나 다른 목적으로 사용되어서는 안 된다. 만일 이와 같은 사전동의 요청 없이, 집단상담 후에 상담과정에서 알게 된 내담자의 사생활과 관련된 내용이 다른 사람에게 전달되는 일들이 발생한다면 문제는 심각해진다. 이는 구성원들의 사전 집단 이해 부족이나 집단상담자의 리더십을 의심하게 만드는 비전문가적인 행위로 집단상담 자체가 신뢰받지 못하는 일이므로 사전에 차단해야 한다.

4) 상담관계와 관련된 쟁점

관계의 시작 방식

집단상담이 시작되는 초기단계에서, 집단 구성원 간에 어색함이나 낯설음을 느낄 수 있기 때문에 집단상담을 시작하는 시기의 관계 형성은 집단 리더의 중요한 책무다. 집단 구성원들끼리 서로를 알고 서로에 관해 이야기를 나누며 집단에서 편안함을 느낌으로써 이들 간에 응집성을 증진시킬 수 있다. 참여자들이 집단에서 편안함을 느낄 때 자신의 본래 모습과 느낌을 솔직하게 개방하고 적극적인 참여도 가능하다. 물론 초기단계에서는 일시적으로 어떤 긴장감이나 불안감에 휩싸이기도 한다. 하지만, 이는 심리적 변화를 시도하는 과정이며, 새로운 행동을 시작하기 위한 준비과정이다. 집단이 효율적으로 운영되려면 적당한 집단규준을 발전시켜야 하는데 이때 지도자가 솔선하여 관여하여야 한다. 집단상담의 지도자는 집단 참여의 의미와 비밀보장을 유지할 수 있는 신뢰성을 평가해 볼 수 있는 충분한 기회를 제공하고, 집단 구성원들의 목표달성을 도우며, 심리적 구조가 와해되지 않도록 힘써야 한다.

이중관계문제

집단 리더는 힘이나 지위를 이용하지 않고 항시 집단 구성원들의 느낌이나 생각을 있는 그대로 수용할 수 있는 개방적인 태도를 보여야 한다. 이때 상하관계나 특별한 관계로 형성되었다면 자기 노출이나 집단 상호간의 진정한 피드백을 얻기 힘들기 때문에 가족관계, 경제적 채무관계, 교수-학생관계, 상하급자관계, 개인적 친분관계 등이 형성되지 않도록 사전에 유의하여야 한다. 만일 이런 관계가 형성되었을 경우, 집단 리더의 냉철한 판단으로 상담 자체를 시작하지 않는 것도 효과적인 방법이다.

관계의 종결문제

집단상담은 정해진 시간에 시작하여 특별한 사정이 없는 한, 정해진 시간 내에 끝내야 한다. 이를 통하여 집단 구성원들은 정해진 규칙을 지키는 태도를 학습하게 되고 신뢰감을 형성하는 기회로 삼게 된다. 종결단계에 이르면 집단 구성원들의 자기노출이 줄어들고 분리의 아쉬움을 경험한다. 하지만 효과적인 종결을 위해 다음과 같이 지켜야 할 내용이 있다. 지속적인 상담을 위한 적절한 배려, 갑작스러운 종결 회피, 적절한 대안 제시, 집단상담과정의 효과적인 종결, 초기에 설정한 목적 달성 여부 확인, 효과 점검 등이 있다. 그리고 집단 리더는 집단 구성원들로 하여금 학습한 결과를 정리하고 이를 실천하겠다는 굳은 의지와 희망을 가지고 떠나도록 도와야 한다. 특히 집단 구성원들이 집단상담에서 학습한 내용을 삶의 현장으로 돌아가 실제 생활에 적용할 수 있도록 시사점을 줘야 한다. 일회적인 것이 아니라 지속적으로 실천할 수 있는 과제를 줌으로써 집단상담을 떠난 뒤에도 현장에서 직면하게 될 심리적 문제들에 대비하고 대처하는 것이 필요하기 때문이다. 집단상담 종결 후에라도 상담이 필요한 경우 개인상담의 가능성을 시사하는 것도 바람직하지만, 가능한 한 자기 스스로 적응능력을 향상시키도록 권장해야 한다.

5) 상담자의 능력과 관련된 쟁점

인간 행동에 대한 기본적인 지식부족

집단상담자는 참여자들의 행동양식을 이해하는 기본적인 능력을 가져야 한다. 그러나 이러한 능력은 교과서의 이론적 인용이 아닌, 실제 삶의 현장에서 인간에 대해 어떤 가치관을 갖고 있느냐에 따라 좌우된다. 다양한 능력과 경험을 갖춘 상담자일수록 참여자들에 대한 공감적 이해와 더불어 상담의 목표 달성에 효과적으로 접근하게 된다. 참여자의 행동에 대한 이론적 의미의 접근보다 실존적 의미를 깨닫고 그런 행동을 하게 된 원인을 이해하게 된다. 그렇지 못한 상담자일 경우 정작 인간 행동에 대한 자신의 이해가 부족함을 깨닫지 못하고, 편협한 이론적 바탕을 중심으로 참여자들에게 또 다른 상처를 주게 된다.

참여자의 행동을 명료하게 이해하지 못함

집단상담이 진행되는 동안 참여자들 사이에 이해하지 못하는, 또는 이해할 수 없는 행동이나 의견으로 갈등을 빚는 때도 있다. 집단 리더의 적절한 개입으로 위기상황을 극복하고 역동의 계기로 만들 수 있지만, 그렇지 못할 경우 극단적인 돌발상황이 발생되기도 한다. 따라서 집단 리더는 개인행동의 다양한 의미를 매순간 상황에 맞추어 적절하고 명확하게 해석하고 중재하는 역할이 요구된다. 이는, 집단 리더의 개인적인 대인관계에서부터 타인과 원만한 인간적 관계를 유지해야 가능하다. 그렇지 못하면 집단 리더는 삶과 상담에서 이중적인 모순을 보일 수밖에 없다.

참여자의 권리와 인권을 고려하지 않는 자

참여자에게 가장 중요한 것은 집단 리더의 인격적 능력과 자질이다. 때로는 리더가 집단에서 역동을 끌어내기 위한 사전작업이란 명목으로 지나치게 참여자의 권리를 침해하거나, 사생활을 들추어 마치 심문하는 경찰처럼 행동하기도 한다. 상담자로서 내담자의 거부에도 불구하고 계속적인 질문공세를 퍼붓는 것은, 결코 상담을 촉진시키기 위한 과정이 아니다. 집단 리더로서 집단 구성원의 역동을 평가하고 집단의 방향과 움직임을 고려하여 저항을 최소화하어야 하고, 집단 구성원들과의 라포를 형성하는 적극적인 통찰력이 필요하다.

집단상담 진행 속도와 깊이를 조절하는 능력

상담진행의 속도와 깊이는 전적으로 집단 리더에게 달렸다 해도 과언이 아니다. 리더의 개입과 속도조절은 참여자의 역동을 일으키는 원동력으로 무조건 너무 빨리 진행된다고 해서 바람직한 것은 아니다. 그렇다고 오랜 시간 동안 상담을 끌고 가는 것도 적합하지 않다. 예를 들면 매번 똑같은 상담방법을 사용했다 할지라도 참여자의 참여의지와 기본적인 성품에 따라 매번 분위기가 다를 수밖에 없다. 미치 주방장의 조리과정처럼 화기, 즉 불을 어떻게 다루느냐에 따라 음식 맛이 달라지는 것과 마찬가지다. 무조건 빨리 끓이기 위해 센 불만 고집할 것이 아니라, 시간의 흐름에 따라 처음과 중간 그리고 마무리할 때에 적절하게 불의 세기를 조절하는 것이 맛의 비법이다. 똑같은 식자재를 줬는데도 어떤 이는 감칠맛을 내는 반면, 어떤 이는 역겨움을 일으킨다.

이처럼, 집단 리더도 정해진 프로그램의 시간 소설뿐만 아니라, 참여자의 직극적인 참여를 유발해 내면의 역동을 충분히 불러일으키고 감정을 정리하고 조절하는 능력까지 갖추어야 한다. 집단 구성원들에게 용기를 불러일으키고 긍정적인 힘과 용기를 북돋아 줌으로써 자신에 대해 더 많은 것을 열어 두고 적극적인 피드백을 수용하며 참가하는 의지를 갖게 해야 한다.

문제상황을 적절하게 다루지 못하는 리더

참여자들 중에는 자신의 능력을 과시하거나, 집단 자체를 자기가 장악하기 위해 화제를 독점하려는 이도 있다. 또한 장황하게 이야기하거나 신경증적인 사람도 존재한다. 상담자를 난처하게 하거나, 다른 참여자를 대변하는 구원자 또는 악역을 자처하거나, 침묵으로 일관하거나, 울음을 터트리거나, 중도 탈락하거나, 다른 참여자에게 성적 감정을 갖는 등 다양한 개인적 특성만큼 참여하는 형태도 가지각색이다. 이를 잘 조화시켜 물 흐르듯 순조롭게 진행하는 것은 절대적으로 문제상황에 개입하는 상담자의 능력에 달려 있다. 상담의 목적에 벗어나는 참여자들의 행위나 목표 달성을 위해 집단 리더가 이끌어야 할 과제는, 다른 참여자들과 함께 문제상황에 적극 대처하면서 집단 구성원을 보호하고 촉진자의 역할을 감당하는 것이다.

6) 집단상담에서 심리적 위험에 관련된 쟁점

집단의 압력

집단 구성원들의 개인적 성격에 따라 구성원들에 미치는 압력 또한 제각기 다르다. 내성적인 구성원들보다 외향적인 사람으로 구성될 경우 처음으로 집단상담에 참여한 사람이나 내성적인 사람은 훨씬 더 큰 압력을 느낀다. 그러므로 집단의 규모 또는 동질집단이냐 이질집단이냐에 따라 상호작용을 경험할 수도 있고 개중에는 코너에 몰리는 심리적 압박을 느낄 수도 있다.

급작스런 심리적 혼란

참여자의 연령이나 사회적 직위 등 사회적 배경에 따라 혼란을 가중시킬 수도 있고 그렇지 않을 수도 있다. 비슷한 문제를 가진 사람들의 경우, 보다 쉽게 소속감을 느낄 수 있지만 집단 규모가 너무 크면 침묵하거나 소외될 수 있는 반면, 너무 작으면 상호관계의 범위가 좁아져 역동이 충분히 활용될 수 없다.

무분별한 피드백

집단으로부터 참여자에게 유용한 피드백을 주기 위한 목적으로 다른 사람에게 긍정적 또는 부정적 피드백을 주게 된다. 긍정적인 것은 다행이지만, 부정적 피드백을 더 많이 주게 되는 경우에는 몇 가지의 원인이 있다. 크게는 그 사람의 부정적인 생각과 행동을 벌하기 위해 주는 훈계의 목적이 있다. 참여자를 변화시키는 역동을 일으키기 위한 방법으로 그 사람 마음속에 내재된 어떤 방해요인을 제거하기 위해 부정적인 피드백을 사용할 수도 있다. 하지만 이때 참여자는 커다란 심리적 압박이나 상처 또는 불안감을 경험하게 된다. 뿐만 아니라, 그가 얼마나 탁월하고 사려 깊은지 평가하거나 효율적인 방식으로 자신의 목표를 성취하도록 도와주기 위해 피드백을 줄 수 있다. 이때 참여자의 자아강도나 심리적 감당을 고려하지 않고 일방적인 질책이나 비난, 추궁하는 식의 부정적인 피드백은, 자칫하면 집단상담 중에 싸움으로 확대되거나 중도이탈하는 요인으로 작용할 수 있다는 사실을 주지해야 한다.

피드백을 잘하는 사람일수록 유능하다는 생각

집단의 공통적인 특성 중 한 가지를 지적한다면, 바로 활발한 참여자와 소극적인 참여자의 모습이다. 활발하게 참여하는 사람은 집단 리더 못지않게 유능하다는 착각 때문에 자기과시욕을 가질 수 있는데 이 사람은 상대방의 자아상을 강화시켜 주는 긍정적인 피드백을 주기보다는 자아상과 상반되는 부정적인 피드백을 쏟아 붓는다. 목소리가 크고 말이 많은 사람은 다른 참여자로부터 공격을 받기도 하지만, 그 이전에 자신이 대부분의 참여자들에게 선제공격을 가한다. 중요한 사실은 참여자 자신이 피드백을 받을 준비가 안 되었거나, 받을 생각도 하지 않을뿐더러 피드백 자체를 싫어하거나 받을 필요성이 없다고 부인하는 경우다. 이러한 무방비상태에서 공격받게 되면, 당연히 부작용이 일어나게 된다.

상담자의 조정적 행위

집단 리더는 특정 개인의 문제를 조정하거나 개인 자체를 조정해서는 안 된다. 다만 집단 리더는 참여자들 사이에 서로 연결되지 않은 문제가 생겼을 경우, 참여자들의 잘못된 발언을 관련된 내용으로 조정하여 전달할 수 있도록 노력해야 한다. 이는, 참여자들 사이에 미처 생각하지 못했던 일을 다른 각도에서 바라보고 전체적인 의미를 깨닫게 하는 정도에 그쳐야 한다. 비생산적으로 진행되는 참여자들의 행동과정에 대해 집단 리더가 참가하여 생산적으로 진행되도록 조정하고 개입할 수 있다. 다만, 집단 리더는 집단상담에서 야기되는 혼란과 분쟁 등에 개입하여 분위기를 진정시키거나 이야기의 초점을 문제 해결의 중심으로 이끌어오는 역할을 해야 한다.

5. 윤리적 문제의 해결을 위한 절차

[그림 5-4]와 같이 윤리적 문제의 해결을 위한 절차에 따라 해결하는 습관을 길러 주는 것이 효과적이다.

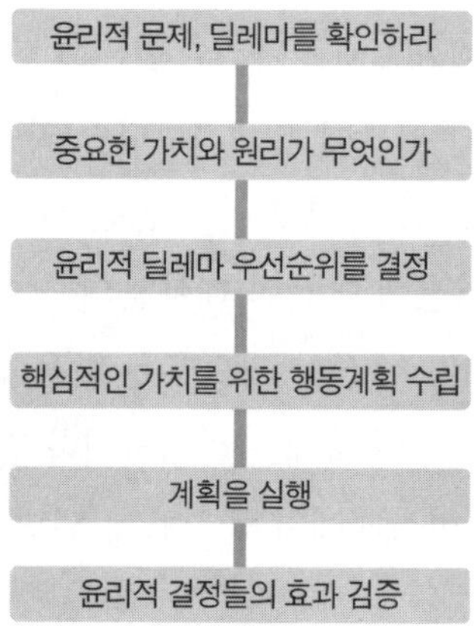

[그림 5-4]

집단상담과정에 윤리적 문제나 딜레마가 있는지 확인하라

훌륭한 집단 리더는 무조건 종결과정을 추구하는 것이 아니라, 상담과정에서 발생하는 윤리적 문제나 딜레마를 확인해야 한다. 이는 고속도로를 주행하기 전에 자동차의 이상 유무를 확인하고 주행 중에도 도로상의 문제발생에 대비하여 긴장을 늦추지 않는 것과 마찬가지다.

현재 상황에서 문제가 되는 중요한 가치와 원리가 무엇인지 확인하라

가치의 평가는 보는 사람에 따라, 사용하는 용도에 따라 각기 다를 수 있다. 비록 집단 리더로서, 목적 달성을 위한 수단으로 사용했다고 해도 부적절한 윤리의식의 부재에서 빚어진 부정적인 결과로 참여자를 이끌고 가면 그럴 수밖에 없다. 집단 리더는 특정 문제에 대한 생각과 가치관의 차이를 인정하고 상충되는 윤리적 가치관에 핵심적으로 내포되어 있는 윤리적 원칙의 의미와 한계를 분명하게 구분하는 것이 최선책이다.

윤리적 딜레마에도 우선순위가 있음을 명심하라

어떤 상황에서, 어떤 방법으로 대처할 것인지 판단하는 것은, 집단상담자의 윤리적 가치관에 따라 다를 수밖에 없다. 전문가적 판단에 비추어 지금 가장 시급한 문제들의 원인을 생각하고, 주제와 관련하여 핵심적 원인을 찾아내어 윤리적 비중을 매기는 것이다. 무조건 일방적으로 모든 것을 처리할 것이 아니라, 가치가 높은 것에서부터 낮은 것 순으로 우열을 제시해야 한다. 두 마리의 토끼를 모두 잡을 수가 없다면, 우선순위에 따라 결정하는 것이 능력이기 때문이다.

집단 리더의 가치관에 따라 딜레마 상황을 파악하고, 가장 핵심적인 가치와 일치하는 행동계획을 세워라

집단상담자는 보편적인 가치관을 지녀야 한다. 판단의 기준은 일반적으로 모든 사람들이 보편타당하게 생각할 수 있는 가치관이다. 예를 들면, 만 원권 지폐에 대해 모두가 만 원어치의 가치를 매기고 있는데 반하여, 어떤 사람은 천 원밖에 안 되는 것으로 평가절하하거나 10만원 이상으로 평가절상을 할 수도 있는데, 보편적 가치관의 입장에서는 이것도 문제다. 가치와 비중에 따라 일치하는 행동계획을 수립하여 실천에 옮길 수 있어야 한다.

가장 적절한 기법과 기술을 가지고 계획을 실행하라

객관적으로 보편타당한 결과에 대해 이를 실행하는 가장 적절한 기법과 기술을 찾아야 한다. 엄격한 가치들을 명료화하여 수정하는 방법을 결정하기 위하여 효율적인 사회적 기술을 습득하라. 윤리적 의미는 실행에 옮기는 것에 있지,

계획에 있지 않다. 가장 바람직하고 모범적인 행동과 함께, 상호작용을 촉진할 수 있는 근본적인 자세는 세밀한 행동계획을 실천하는 일이다.

지금까지 내린 윤리적 결정들의 효과를 검토하라

자신의 모든 결정과 행위가 항상 올바른 것은 아니다. 윤리적 결정에 따른 효과 또한 사람의 관점에 따라 다를 수 있고 엇갈린 평가를 내릴 수도 있다. 하지만 자기 성장을 위해서는, 무조건적인 자기수용과 변화의 시도를 기해야만 기대 이상의 효과를 거두게 될 것이다.

부 록

한국상담심리학회 회칙 (2007. 3. 17. 개정)

제1조(명칭)

본 학회는 한국심리학회 산하 학회로서 사단법인 한국상담심리학회(Korean Counseling Psychological Association)라 한다(이하 '본 학회'라 한다).

제2조(소재지)

본 학회의 사무실은 이사회에서 지정하는 상소에 둔나.

제3조(목적)

본 학회는 상담심리학 및 심리치료에 관한 제반 학술연구, 국민의 심리적 건강 증진을 위한 활동, 이를 수행할 수 있는 상담심리사의 양성 및 회원의 자질향상과 회원 상호간의 친목을 도모함을 목적으로 한다.

제4조(사업)

본 학회는 다음과 같은 사업을 한다.

1. 학술연구 및 발표
2. 국민의 심리적 건강 증진을 위한 지원 및 연구 활동
3. 학술지 발간
4. 상담심리사 자격제도 시행
5. 학회발전을 위한 교육 및 연수

6. 국내외 학회와의 유대
7. 회원의 권익보호 및 친목
8. 기타 본 학회 발전에 필요한 사업

제5조(회원)

회원은 정회원, 준회원, 종신회원, 그리고 기관회원으로 구분한다.

1. 정회원은 다음 각 호에 해당하는 자가 된다.
1) 대학원에서 상담관련 분야의 학문을 전공하여 석사 이상의 학위를 취득한 자
2) 대학에서 상담관련 분야의 강좌를 담당하고 있는 자 또는 상담 및 심리치료 전문직에 종사하고 있는 석사 이상의 학위소지자로서 학회운영위원회의 인준을 받은 자
3) 상담심리사 1급(상담심리전문가, 이하 '상담심리전문가' 라 함) 또는 상담심리사 2급(상담심리사, 이하 '상담심리사' 라 함) 자격을 획득한 자
4) 한국심리학회의 정회원으로서 학회운영위원회의 인준을 받은 자
5) 기타 본 학회 운영위원회의 인준을 받은 자
2. 준회원은 다음 각 호에 해당하는 자가 된다.
1) 상담관련 분야의 석사과정을 이수중인 자
2) 상담관련 분야의 학사학위를 받은 자
3) 학사학위 취득자로서 3년 이상 상담관련 업무에 종사한 자
4) 학사학위 취득자로서 상담심리사 자격시험에 합격한 자
5) 전문학사로서 상담을 전공하고 상담기관에서 3년 이상 근무한 자
6) 기타 본 학회 운영위원회의 인준을 받은 자
3. 종신회원은 다음에 해당하는 자가 된다.
1) 본 학회 회장을 역임한 자로서 만65세 이상인 자
2) 본 학회 정회원으로서 종신회비를 납부한 자
3) 종신회원에게는 종신회원증을 발급한다.
4. 기관회원은 다음 각 호에 해당하는 기관이 된다.

1) 상담심리사 1급 자격소지자가 운영 또는 재직하는 기관으로 본 학회 운영위원회의 인준을 받은 기관
2) 기관회비를 납부한 국공립 및 공공도서관
3) 기관회원은 본 학회 정회원으로서의 권리, 의무를 가지며 학회에서는 3년 단위로 인준서를 발급한다.
4) 기관회원의 권리와 의무는 따로 정한다.

5. 회원의 자격 정지 및 제명

1) 2년 이상(당해년도 제외) 회비가 체납된 회원은 체납회비가 완납될 때까지 회원 자격 및 권리가 정지된다. 단, 종신회원은 회비 납부 의무를 지니지 않는다.
2) 상벌 및 윤리위원회가 제명하기로 결정한 사람은 회장이 이사회의 인준을 얻어 제명한다.

6. 위 1항과 2항의 상담관련 분야의 인정 범위는 자격관리위원회에서 정한다.

제6조(임원)

1. 본 회에는 다음과 같은 임원을 둔다.

1) 회장
2) 차기회장
3) 역대회장
4) 부회장(발전기획위원장)
5) 총무이사
6) 지회장(시, 도지회 결성 시)
7) 학술위원장
8) 사례연구위원장
9) 자격관리위원장
10) 교육연수위원장
11) 상담심리사 수련위원장
12) 홍보위원장
13) 대외협력위원장

14) 학회지 편집위원장
15) 상벌 및 윤리위원장
16) 감사 2명
2. 임원 선출
1) 회장, 차기회장 및 감사는 총회에서 선출한다.
2) 기타 임원은 학회장의 추천으로 이사회에서 선출한다.
3. 임원 임기
1) 각 임원의 임기는 회장의 재임기간으로 한다.
2) 회장의 유고 시에는 부회장이 이를 승계하며 기타 임원의 결원시에는 운영위원회에서 보선, 승계하도록 한다.

제7조(총회)

1. 총회의 기능
1) 임원의 선출에 관한 사항
2) 회칙 개정 의결
3) 예산 및 결산의 인준
4) 다음 1년간의 사업 계획의 인준
5) 학회의 해산 의결
6) 기타 학회 운영에 중요한 사항의 의결
2. 정기총회: 매년 3월에 개최한다.
3. 임시총회: 회장이 필요하다고 인정하거나 정회원 1/4, 이사 1/3 이상 또는 운영위원 1/2 이상의 요구가 있을 때 소집하며 정기총회와 같은 일을 행할 수 있다.
4. 총회의 의결정족수: 정회원 과반수의 출석으로 개회하고 출석인원 과반수의 찬성으로 의결한다. 다만, 가부동수인 경우에는 의장이 결정하며 해산에 관한 사항은 따로 정한다.

제8조(이사회)

1. 이사회는 당연직 이사와 선임이사로 구성한다.
1) 당연직 이사: 학회장, 차기학회장, 역대학회장, 부회장, 총무이사, 각 상임위원

회 위원장

2) 선임이사: 선임이사는 50명 내외로 하며 총회에서 선출한다.

2. 당연직 이사의 임기는 재임기간에 한하며, 선임이사의 임기는 1년으로 한다.

3. 이사회의 의장은 학회장이 겸한다.

4. 이사회는 이사회장의 요청 또는 이사 5인 이상의 동의로 이사회장이 소집하며, 회의 7일 전까지 회의의 목적과 일시, 장소를 명시하여 각 이사에게 통지하여야 한다.

5. 이사회는 재적 이사 과반수의 출석으로 개회하고 출석이사 과반수의 찬성으로 심의 안건을 인준 또는 의결한다. 다만, 가부동수인 경우에는 의장이 결정한다.

6. 이사회는 다음과 같은 사항을 심의, 인준 또는 의결한다.

1) 학회의 연간 사업계획의 심의 및 인준

2) 본 회의의 예산 및 결산의 심의 및 인준

3) 운영위원 인준

4) 회칙 및 각종 규정의 개정 심의

5) 상임위원회 및 특별위원회의 설치 및 폐지 의결

6) 지회, 분회 및 특별위원회의 설치 및 폐지 의결

7) 회비(입회비, 연회비, 및 종신회비), 회의비(이사회비 등), 및 학회 재원확보 방안의 심의 및 의결

8) 외부 기관과의 관계 체결 의결

9) 기타 학회 운영에 필요한 제반 사항의 심의, 인준, 또는 의결

제9조(지회)

1. 본 회는 이사회의 결의에 따라 지회(서울, 중부지역 제외한 시 · 도별)를 둘 수 있다.

2. 지회는 본 학회의 목적에 따라 운영되며 세부 운영규정은 별도로 정한다.

3. 지회는 해당 지역의 모든 분회를 포함하며, 상담심리전문가 7인 이상, 정 · 준회원 합 40인 이상으로 구성한다.

4. 지회는 상담심리사를 위한 수련회를 실시할 수 있다. 단, 수련회 실시 3개월 전에 계획서를 작성하여 상담심리사 수련위원회를 거쳐 학회 운영위원회의 승인을 받아야 하며, 수련회 강사는 상담심리전문가를 원칙으로 한다.

5. 지회는 매년 정기총회에서 연간 업무 보고를 해야 한다.

제10조(위원회)

본 학회에서는 다음의 상임위원회를 둔다.

1. 운영위원회
1) 구성: 위원장(회장), 위원(차기회장, 역대회장, 부회장, 총무이사, 각 상임위원회 위원장, 전문가협회 회장)
2) 임무:
① 학회 사업의 계획 수립 및 시행
② 예산안 작성 및 결산 업무
③ 각 상임위원회의 업무 계획 및 예산 집행 협의 및 승인
④ 분회, 지회, 및 상임연구회의 설립 및 폐지 심의
⑤ 대외 관계 사업
⑥ 임시위원회(Task Force Team)의 설치와 폐지
⑦ 기타 학회 운영에 필요한 제반 사항
3) 운영위원회에 다음의 특별위원회를 둔다.
- 발전기획위원회
① 구성: 위원장(부회장)
위원(각 위원회 부위원장)
② 임무: 학회발전을 위한 방안 수립 및 건의
2. 상임위원회
1) 학술위원회
① 구성: 위원장, 부위원장, 위원 약간 명
② 임무: 학술발표, 세미나, 각 상담연구회 관리
2) 사례연구위원회
① 구성: 위원장, 부위원장, 위원 약간 명
② 임무: 사례연구 및 발표, 분회 관리

3) 자격관리위원회
   ① 구성: 위원장, 부위원장, 위원 약간 명
   ② 임무: 회원 자격관리, 상담심리사 자격관리, 자격시험 및 자격심사 업무관리. 단, 이사회 결의에 의거, 자격시험 및 자격심사 업무를 한국상담전문가협회에 위임할 수 있다. 협회는 자격시험 및 자격심사 업무를 학회 제규정에 따라 시행한다.
   ③ 상담심리사의 자격과 관련된 자격규정, 자격검정규칙 및 시행세칙은 별도로 정한다.
4) 교육연수위원회
   ① 구성: 위원장, 부위원장, 위원 약간 명
   ② 임무: 회원 연수 및 제반 교육훈련
5) 상담심리사 수련위원회
   ① 구성: 위원장, 부위원장, 위원 약간 명
   ② 임무: 상담심리사 자질향상을 위한 연수 및 교육 훈련
6) 홍보 위원회
   ① 구성: 위원장, 부위원장, 위원 약간 명
   ② 임무: 국민의 심리적 건강 증진을 위한 교육 및 대외활동, 대외홍보 자료수집 및 홍보.
7) 대외협력위원회
   ① 구성: 위원장, 부위원장, 위원 약간 명
   ② 임무: 학회(회원) 권익을 위한 대외협력활동
8) 학회지 편집위원회
   ① 구성: 위원장, 부위원장, 위원 약간 명
   ② 임무: 학회지 관련 제반 업무
9) 상벌 및 윤리위원회
   ① 구성: 위원장, 부위원장, 위원 약간 명(상임위원장 및 회장이 지명하는 5명 내외의 전문가 회원)
   ② 임무: 상벌 및 윤리에 관한 규정 제정 및 시행

3. 상임위원회의 위원수는 5~10인으로 하며, 위원은 2개 이상 중복 소속되지 않는 것을 원칙으로 한다.
4. 각 위원회 위원장은 회장과 협의하여 위원을 운영위원회에 추천하여 인준을 받으며 임기는 1년으로 한다.
5. 각 위원회는 회장과 협의하여 운영세칙, 예산 또는 업무계획을 수립하고 운영위원회의 승인을 받아 집행하며 운영위원회 및 이사회에 사업 및 결산 보고를 하여야 한다.
6. 학회 총무이사는 각 위원회 당연직 위원이 되며, 각 위원회의 행정업무 및 공문수발을 지원해야 한다. 학회 홈페이지는 학회 총무간사가 운영위원회의 지침을 받아 관리한다.
7. 각 위원회는 회장과 협의하여 별도의 재무관리를 할 수 있으나, 지출결의서(간사, 부위원장, 위원장 날인)에 의해 금전지출이 이루어져야 하며, 연 1회 이상(또는 주요행사시) 운영위원회와 이사회에 결산 보고하고 그 결과는 학회에 귀속된다. 지출결의서 및 영수증은 5년, 금전출납부 및 통장은 10년 이상 보관한다.

제11조(각 분야별 상담연구회)

운영위원회의 결의에 따라 학술위원회 소속으로 전문분야별 상담연구회를 둘 수 있다. 분야별 상담연구회의 목적과 구성은 다음과 같으며 세부운영 규정은 별도로 정한다.

1. 목적: 전문 영역별 상담연구와 발표, 친목도모 및 회원들의 전문적 성장을 돕는 활동
2. 구성: 연구회장, 임원은 본회 회원이어야 하며 본회 정회원 10인 이상 포함
3. 연구회장은 상담심리전문가로서 학술위원회를 거쳐 운영위원회의 인준을 받고, 연구회의 임원은 본회 정회원이어야 한다.
4. 상담연구회는 학술 또는 사례발표회를 연 1회 이상 실시하여야 하며, 학술위원회를 거쳐 정기총회에 연 1회 이상 사업보고를 해야 한다.
5. 연구회의 회계는 본회 회계규정에 따르되 학회에 연 1회 회계보고를 하여야 한다.
6. 연구회가 다른 학회 및 단체와 공식적인 교류 및 후원할 경우 본 학회 학술위원회를 거쳐 운영위원회의 승인을 받아야 한다.

제12조(분회)

본 학회는 회원들의 상담사례 연구 및 토의를 위하여 다음과 같이 분회를 둔다.

1. 설립요건: 분회는 다른 분회에 소속되지 않은 상담심리사 1급 자격 소지자 2인 이상과 8인 이상의 회원(정 · 준회원)으로 구성된다. 분회장은 다음 중 하나 이상에 해당하는 자이어야 한다.
1) 상담심리전문가 자격증 취득 후 5년 이상 경과된 자
2) 자격관리위원회에서 그 경력이 인정된 자
3) 상담심리전문가 자격증을 취득한 대학의 부교수 이상인 자
2. 설립절차: 분회의 설립은 상담심리전문가 2인 이상이 발의하여 사례연구위원회를 거쳐 운영위원회에 서면으로 신청하며, 운영위원회는 심의를 거쳐 분회 설립을 승인한다.
3. 분회장: 위 1항의 각 호에 해당하는 자로서 운영위원회의 승인을 거친 자는 분회장으로서 분회를 대표한다. 분회장은 분회원들의 상담사례 연구 및 토의 활동의 지도감독의 책임을 진다.
4. 분회 운영: 분회 운영의 책임은 분회장에게 있으며, 분회장은 매년 다음과 같은 활동을 개최하고 그 실적을 사례연구위원회에 연 1회 이상 서면으로 보고한다.
1) 연 8회 이상 상담사례 연구 및 토의 모임 개최
2) 분회 회원 관리 현황 보고
5. 분회 관리: 각 분회의 관리는 사례연구위원회에서 하며, 사례연구위원회는 활동 실적이 미비한 분회에 대해 분회 활동 정지 또는 분회 설립 취소 등을 운영위원회에 제청할 수 있으며, 운영위원회는 심의를 거쳐 분회 활동을 정지 또는 설립 취소시킬 수 있다.

제13조(재정)

1. 본 학회의 재정은 회비, 회의비, 학회운영 수익, 및 기타 찬조비 등으로 충당한다.
2. 회원 자격별 회비(입회비, 연회비, 및 종신회비 등) 및 회의비(이사회비 등)는 이사회에서 정하고 총회의 인준을 받는다.
3. 본 학회 회원으로서 2년 이상 연회비를 납부하지 않은 회원의 자격은 회비 납부시까지 정지되며, 미납회비(당해년도를 포함한 3년분 미납 연회비)의 납부와 동시에 회원 자격이

회복된다.

4. 종신회비를 납부한 회원은 연회비가 면제된다.
5. 본 학회 재정의 모든 입출금은 본 학회가 보유한 은행 계좌를 통해 이루어진다.

제14조(회계년도)

본 학회의 회계년도는 정부의 회계년도를 따르는 것을 원칙으로 한다.

제15조(감사)

감사는 본 학회(각 상임위 포함)의 운영 및 예산결산에 관한 감사를 실시하여 총회에 보고하여 승인을 받는다. 회계 감사 시, 금전출납부, 지출결의서, 영수증, 통장을 포함하여 제출하여야 하며, 학회장은 지출결의서 및 영수증은 5년, 금전출납부 및 통장은 10년이상 보관하여야 한다(상임위는 사본 보관). 감사 결과 부적절 의견이 제시되었을 경우 외부 공인회계사에게 감사를 의뢰하여 그 결과에 따라 이사회에서 처리한다.

제16조(해산)

본 학회의 해산은 총회에서 재적 회원 2/3 이상의 찬성으로 의결하되 한국심리학회 이사회의 인준을 거친다.

제17조(회칙개정)

본 학회의 회칙 개정은 이사회의 심의, 의결을 거쳐 정회원 과반수 출석으로 개회되는 총회에서 출석 회원 과반수의 찬성으로 의결하되 한국심리학회 이사회의 인준을 거친다.

부칙

본 회칙은 1987년 5월 16일부터 시행한다.

본 개정 회칙은 1992년 11월 21일부터 시행한다.

본 개정 회칙은 1993년 9월 18일부터 시행한다.
본 개정 회칙은 1999년 12월 18일부터 시행한다.
본 개정 회칙은 2000년 9월 16일부터 시행한다.
본 개정 회칙은 2003년 11월 15일부터 시행한다.
본 개정 회칙은 2004년 4월 17일부터 시행한다.
본 개정 회칙은 2005년 4월 16일부터 시행한다.
본 개정 회칙은 2005년 9월 24일부터 시행한다.
본 개정 회칙은 2006년 9월 16일부터 시행한다.
본 개정 회칙은 2007년 3월 17일부터 시행한다.

한국상담심리학회 윤리강령(2005. 4. 16. 개정)

전 문

한국상담심리학회는 학회 회원들이 모든 인간의 존엄성과 가치를 존중하고 다양한 조력활동을 통해, 인간 개개인의 잠재력과 독창성을 신장하여 저마다 자기를 실현하는 건전한 삶을 살도록 돕는 데 헌신한다.

본 학회에서 인증한 상담심리사(1급, 2급)는 전문적 지식과 기술을 개발하고 전문가로서의 능력과 자질을 향상시키며, 상담심리사의 역할을 하는데 있어서 내담자의 복지를 최우선 순위에 둔다. 상담심리사는 전문적인 상담 활동을 통해 내담자의 개인적인 성장과 사회 공익에 기여하는 데 최선을 다하고 상담심리사로서 자신의 행동에 책임을 진다. 이를 위하여 본 학회에서 인증한 상담심리사는 다음과 같은 윤리강령을 숙지하고 준수할 것을 다짐한다.

1. 전문가로서의 태도

가. 전문적 능력

(1) 상담심리사는 자기 자신의 교육과 수련, 경험 등에 의해 준비된 범위 안에서 전문적인 서비스와 교육을 제공한다. 상담심리사는 자신의 능력의 한계를 인정하고 교육이나 훈련, 경험을 통해 자격이 주어진 상담활동만을 한다.

(2) 상담심리사는 자신이 가진 능력 이상의 것을 주장하거나 암시해서는 안되며, 타인에 의해 능력이나 자격이 오도되었을 때에는 수정해야 할 의무가 있다.

(3) 상담심리사는 자신의 활동분야에 있어서 최신의 과학적이고 전문적인 정보와 지식을 유지하기 위해 지속적인 교육과 연수의 필요성을 인식하고 참여한다.

(4) 상담심리사는 정기적으로 전문인으로서의 능력과 효율성에 대한 자기반성이나 평가가 있어야 하며, 필요한 경우 자신의 효율성을 증진시키기 위해 지도감독을 받을 책무가 있다.

(5) 상담심리사는 윤리강령과 시행세칙을 준수할 책임이 있다.

(6) 상담기관에 상담심리사를 고용할 때는 전문적인 능력을 갖춘 이를 선발해야 한다.

나. 성실성

(1) 상담심리사는 자신의 신념체계, 가치, 제한점 등이 상담에 미칠 영향력을 자각하고, 내담자에게 상담의 목표, 기법, 한계점, 위험성, 상담의 이점, 자신의 강점과 제한점, 심리검사와 보고서의 목적과 용도, 상담료, 상담료 지불방법 등을 명확히 알린다.

(2) 상담심리사는 개인의 이익을 위해 상담전문직의 가치와 권위를 훼손하는 행동을 해서는 안 된다.

(3) 상담심리사는 능력의 한계나 개인적인 문제로 내담자를 적절하게 도와줄 수 없을 때에는 상담을 시작해서는 안 되며, 다른 상담심리사나 정신건강 전문가에게 의뢰하는 등 내담자를 도와줄 수 있는 방법을 강구한다.

(4) 상담심리사는 자신의 질병, 죽음, 이동, 또는 내담자의 이동이나 재정적 한계 등과 같은 요인에 의해 상담이 중단될 경우, 이에 대한 적절한 조치를 취해야 한다.

(5) 상담을 종결하는 데 있어서 어떤 이유보다도 우선적으로 내담자의 관점과 요구에 대해 논의해야 하며, 내담자가 다른 전문가를 필요로 할 경우에는 적절한 과정을 거쳐서 의뢰한다.

(6) 상담심리사는 내담자나 학생, 연구 참여자, 동료들이 피해를 입지 않도록 적절한 조치를 취한다.

(7) 상담심리사는 자신의 기술이나 자료가 다른 사람들에 의해 오용될 가능성이 있거나, 개선의 여지가 없는 활동에 참여해서는 안 되며, 이런 일이 일어난 경우에는 이를 바로잡거나 최소화하는 조치를 취한다.

다. 상담심리사 교육과 연수

(1) 상담심리사 교육은 학술적인 연구와 지도 감독하의 실습을 통합하는 과정으로 설정되어야 하며, 교육 프로그램은 교육생들이 상담기술, 지식, 자기이해를 넓힐 수 있는 방향으로 설정되어야 한다.

(2) 상담심리사 교육에 들어가기 전에 교육 프로그램의 내용, 기본적인 기술개발, 진로 전망에 대해 알려 준다.

(3) 교육 프로그램은 개인과 사회를 위하는 상담의 이상적 가치를 교육생들에게 고무해야 하며, 따라서 재정적 보상이나 손실보다는 직업애와 인간애에 더 가치를 두도록 한다.

(4) 교육생들에게 다양한 이론적 입장을 제시하여, 교육생들이 이 이론들의 비교를 통해서, 스스로 자신의 입장을 선택할 수 있도록 한다.

(5) 교육 프로그램은 학회의 최근 관련 지침과 보조를 맞추어 진행되어야 한다.

(6) 상담심리사 교육에서는 교육생들에 대한 지속적인 평가를 통해, 장래의 상담활동을 수행하는데 장애가 될 수도 있는, 교육생들의 한계를 알아내야 한다. 지도교육하는 상담심리사는 교육생들이 상담자로서 성장할 수 있도록 도와주는 한편, 교육 프로그램을 통해서 바람직한 상담활동을 할 수 없는 사람을 가려낼 수 있어야 한다.

(7) 상담심리사는 상담심리사 교육과 훈련프로그램을 전문적으로 실시하고, 윤리적인 역할 모델이 되어 교육생들이 윤리적 책임과 윤리강령을 잘 인식하도록 돕는다.

(8) 상담심리사는 상담 성과나 훈련 프로그램을 홍보하기 위해 내담자 또는 수련생과의 관계를 이용하지 않는다.

(9) 상담심리사가 교육목적으로 저술한 교재는 교육과 연수과정에 채택할 수 있다.

라. 자격증명서

(1) 본 학회에서 인증한 상담심리사는 자신의 자격을 일반 대중에게 알릴 수 있다.

(2) 상담심리사는 자격증에 명시된 것 이상으로 자신의 자격을 과장하지 않는다.

(3) 상담이나 혹은 정신건강 분야에 관련된 석사학위를 가지고 있으나 박사학위는 그 이외의 분야에서 취득한 상담심리사는 그들의 상담활동에서 '박사' 라는 말

을 사용하지 않으며, 그 상담활동이나 지위와 관련하여 박사학위를 가진 상담심리사인 것처럼 대중에게 알리지 않는다.

2. 사회적 책임

가. 사회와의 관계

(1) 상담심리사는 사회의 윤리와 도덕기준을 존중하고, 사회공익과 자신이 종사하는 전문직의 바람직한 이익을 위해 최선을 다한다.

(2) 상담심리사는 경제적 이득이 없는 경우에도 자신의 전문적 활동에 헌신함으로서 사회에 공헌한다.

(3) 상담비용을 책정할 때 상담심리사들은 내담자의 재정상태와 지역성을 고려하여야 한다. 책정된 상담료가 내담자에게 적절하지 않을 때에는, 가능한 비용에 적합한 서비스를 받을 수 있는 방법을 찾아줌으로써 내담자를 돕는다.

(4) 상담전문가가 되기 위해 수련하는 학회 회원에게는 상담료나 교육비 책정에 있어서 특별한 배려를 한다.

나. 고용기관과의 관계

(1) 상담심리사는 자신이 종사하는 기관의 목적과 방침에 공헌할 수 있는 활동을 할 책임이 있다. 만일 자신의 전문적 활동이 기관의 목적과 모순되고, 직무수행에서 갈등이 해소되지 않을 때에는 기관과의 관계를 종결해야 한다.

(2) 상담심리사는 근무기관의 관리자 및 동료들과의 관계를 통해서 상담업무, 비밀보장, 공적 자료와 개인자료의 구별, 기록된 정보의 보관과 처분, 업무량, 책임에 대한 상호간의 동의가 이루어져야 한다. 이러한 동의는 구체적이어야 하며, 관련된 모든 사람이 알고 있어야 한다.

(3) 상담심리사는 그의 고용주에게 손해를 끼칠 수 있는 상황이나, 기관의 효율성에 제한을 줄 수 있는 상황에 대해 미리 경고를 해 주어야 한다.

(4) 상담심리사의 인사배치는 내담자의 권리와 복지를 보장하고 증진시킬 수 있도록 해야 한다.

(5) 상담심리사는 수련생에게 적절한 훈련과 지도감독을 제공하고, 수련생이 이 과정을 책임 있고 유능하게 수행할 수 있도록 도와야 하며, 만일 기관의 정책과 실제가 이런 의무의 수행을 막는다면, 가능한 범위에서 그 상황을 바로잡도록 노력한다.

다. 상담기관 운영자

(1) 상담기관 운영자는 다음 목록을 작성해 두어야 한다. 기관에 소속된 상담심리사의 증명서나 자격증은 그 중 최고 수준의 것으로 하고, 자격증의 유형, 주소, 연락처, 직무시간, 상담의 유형과 종류, 그와 관련된 다른 정보 등이 정확하게 기록되어야 한다.
(2) 상담기관 운영자는 자신과 현재 종사하고 있는 직원의 발전에 책임이 있다.
(3) 상담기관 운영자는 직원들에게 기관의 목표와 상담 프로그램에 대해 알려 주어야 한다.
(4) 상담기관 운영자는 고용, 승진, 인사, 연수 및 지도시에 나이, 문화, 장애, 성, 인종, 종교, 혹은 사회경제적 지위 등을 이유로 어떤 차별적인 행동을 해서는 안 된다.
(5) 상담기관 운영자는 직원이나 학생, 수련생, 동료 등을 교육, 감독하거나 평가시에 착취하는 관계를 가져서는 안 된다.
(6) 상담심리사가 개업상담가로서 상담을 홍보하고자 할 때는 일반인들에게 상담의 전문적 활동, 전문지식, 활용할 수 있는 상담 기술 등을 정확하게 알려 주어야 한다.
(7) 기관에 재직 중인 상담심리사는 상담개업 활동에 적극적으로 종사하고 있지 않다면, 자신의 이름이 상업 광고에 사용되도록 해서는 안 된다.
(8) 상담심리사는 다른 상담심리사나 정신건강 전문가와 협력체제를 맺을 수 있는데, 이럴 때 기관의 특수성을 분명히 인지하고 있어야 한다.
(9) 상담심리사는 자신의 개업활동에 대해 내담자에게 신뢰감을 주기 위해 학회나 연구단체의 회원임을 거론하는 것은 비윤리적이다.
(10) 내담자나 교육생을 모집하기 위해, 개인상담소를 고용이나 기관 가입의 장소로 이용해서는 안 된다.

라. 다른 전문직과의 관계

(1) 상담심리사는 자신의 방식과 다른 전문적 상담 접근을 존중해야 한다. 상담심리사는 함께 일하는 다른 전문적 집단의 전통과 실제를 알고 이해해야 한다.

(2) 공적인 자리에서 개인 의견을 말할 경우, 상담심리사는 그것이 자기 자신의 관점에서 나온 것이고, 모든 상담심리사의 견해를 대변하는 것이 아님을 분명히 해야 한다.

(3) 내담자가 다른 정신건강 전문가의 서비스를 받고 있음을 알게 되면, 내담자의 동의하에 상담 사실을 그 전문가에게 알리고, 긍정적이고 협력적인 치료관계를 맺도록 노력한다.

(4) 상담심리사는 다른 전문가로부터 의뢰비용을 받으면 안 된다.

마. 자문

(1) 자문이란 개인, 집단, 사회단체가 전문적인 조력자의 도움이 필요하여 요청한 자발적인 관계를 말하는데, 상담심리사는 자문을 요청한 내담자나 기관의 문제 혹은 잠재된 문제를 규명하고 해결하는데 도움을 준다.

(2) 상담심리사와 내담자는 문제 규명, 목표 변경, 상담 성과에 서로의 이해와 동의를 구해야 한다.

(3) 상담심리사는 자신이 자문에 참여하는 개인 또는 기관에게 도움을 주는데 필요한, 충분한 자질과 능력을 갖추었는지를 합리적인 방법으로 명시해야 한다.

(4) 자문을 할 때 개인이나 기관의 가치관을 바꾸는데 도움을 주고자 한다면 상담심리사 자신의 가치관, 지식, 기술, 한계성이나 욕구에 대한 깊은 자각이 있어야 하고, 자문의 초점은 문제를 가진 사람이 아니라 풀어나가야 할 문제 자체에 두어야 한다.

(5) 자문관계는 내담자가 스스로 성장해 나가도록 격려하고 고양하는 것이어야 한다. 상담심리사는 이러한 역할을 일관성 있게 유지해야 하고, 내담자가 스스로의 의사결정자가 되도록 도와주어야 한다.

(6) 상담활동에서 자문의 활용에 대해 홍보할 때는 학회의 윤리강령을 성실하게 준수해야 한다.

바. 홍보

(1) 상담심리사는, 전문가로서의 자신의 자격과 상담활동에 대해 대중에게 홍보하거나 설명할 수 있으나, 그 내용은 정확해야 하며, 오해를 일으킬 수 있거나 거짓된 내용이어서는 안 된다.

(2) 상담심리사는 상담 수주를 위해 강연, 출판물, 라디오, TV, 혹은 다른 매체의 홍보에 대해 보수를 지급해서는 안 된다.

(3) 내담자의 추천을 통해서 새로운 내담자의 신뢰를 얻고자 할 때에는, 상황이 특수한 상태이거나, 취약한 상태인 내담자에게는 추천을 의뢰해서는 안 된다.

(4) 상담심리사는 출판업자, 언론인, 혹은 스폰서 등이 상담의 실제나 전문적인 활동과 관련된 잘못된 진술을 하는 경우 이를 시정하고 방지하도록 노력한다.

(5) 상담심리사가 워크샵이나 훈련프로그램을 홍보할 때는 소비자의 선택을 위해서 적절한 정보를 제공하고 정확하게 홍보해야 한다.

3. 인간권리와 존엄성에 대한 존중

가. 내담자 복지

(1) 상담심리사의 일차적 책임은 내담자의 복리를 증진하고 존엄성을 존중하는 것이다.

(2) 상담심리사는 내담자의 잠재력을 개발하여 건강한 삶을 영위하도록 도움을 주며, 어떤 방식으로도 해를 끼치지 않는다. 상담심리사는 내담자로 하여금 의존적인 상담관계를 형성하지 않도록 노력하여야 한다.

(3) 상담심리사는 상담관계에서 오는 친밀성과 책임감을 인식하고, 상담심리사의 개인적 욕구충족을 위해서 내담자를 희생시켜서는 안 된다.

(4) 상담심리사는 내담자의 가족이 내담자의 삶에 중요하다는 것을 인식하고, 필요하다면 가족의 이해와 참여를 얻기 위해 노력한다.

(5) 상담심리사는 직업 문제와 관련하여 내담자의 능력, 일반적인 기질, 흥미, 적성, 욕구, 환경 등을 고려하면서 내담자와 함께 노력하지만, 내담자의 일자리를 찾아주거나 근무처를 정해 줄 의무가 있는 것은 아니다.

나. 다양성 존중

(1) 상담심리사는 모든 인간의 기본적인 권리, 존엄성, 가치를 존중하며 연령이나 성별, 인종, 종교, 성적인 선호, 장애 등을 이유로 내담자를 차별하지 않는다.

(2) 상담심리사는 내담자의 다양한 문화적 배경을 이해하려고 적극적으로 시도해야 하며, 상담심리사 자신의 고유한 문화적 정체성이 상담과정에 어떤 영향을 주는지를 인식해야 한다.

(3) 상담심리사는 자신의 고유한 가치, 태도, 신념, 행위를 인식하여 그것이 어떻게 다양한 사회에서 적용되는지를 깨닫고 있어야 하고, 내담자에게 자신의 가치를 강요하지 않는다.

다. 내담자의 권리

(1) 내담자는 비밀유지를 기대할 권리가 있고 자신의 사례기록에 대한 정보를 가질 권리가 있으며, 상담 계획에 참여할 권리, 어떤 서비스에 대해서는 거절할 권리, 그런 거절에 따른 결과에 대해 조언을 받을 권리 등이 있다.

(2) 상담심리사는 내담자에게 상담에 참여 여부를 선택할 자유와 어떤 전문가와 상담할 것인가를 결정할 자유를 주어야 한다. 내담자의 선택을 제한하는 제한점은 내담자에게 모두 설명해야 한다.

(3) 미성년자 혹은 자발적인 동의를 할 수 없는 사람이 내담자일 경우, 상담심리사는 이런 내담자의 최상의 복지를 염두에 두고 행동한다.

4. 상담관계

가. 이중관계

(1) 상담심리사는 객관성과 전문적인 판단에 영향을 미칠 수 있는 이중관계는 피해야 한다. 가까운 친구나 친인척 등을 내담자로 받아들이면 이중관계가 되어 전문적 상담의 성과를 기대할 수 없으므로, 다른 전문가에게 의뢰하여 도움을 준다.

(2) 상담심리사는 상담할 때에 내담자와 상담 이외의 다른 관계가 있다면, 특히 자신이 내담자의 상사이거나 지도교수 혹은 평가를 해야 하는 입장에 놓인 경우라면 그 내담자를 다른 전문가에게 의뢰한다. 그러나 다른 대안이 불가능하고,

내담자의 상황을 판단해 볼 때 상담관계 형성이 가능하다고 여겨지면 상담관계를 유지할 수도 있다.

(3) 상담심리사는 특별한 경우를 제외하고는, 내담자와 상담실 밖에서 사적인 관계를 유지하지 않도록 한다.

(4) 상담심리사는 내담자와의 관계에서 상담료 이외의 어떠한 금전적, 물질적 거래관계도 맺어서는 안 된다.

나. 성적 관계

(1) 상담심리사는 내담자와 어떠한 종류이든 성적 관계는 피해야 한다.

(2) 상담심리사는 이전에 성적인 관계를 가졌던 사람을 내담자로 받아들이지 않는다.

(3) 상담심리사는 상담관계가 종결된 이후 최소 2년 내에는 내담자와 성적 관계를 맺지 않는다. 상담 종결 이후 2년이 지난 후에 내담자와 성적 관계를 맺게 되는 경우에도 상담심리사는 이 관계가 착취적인 특성이 없다는 것을 철저하게 검증해야 한다.

다. 여러 명의 내담자와의 관계

(1) 상담심리사가 서로 관계를 맺고 있는 둘 혹은 그 이상의 내담자들(예: 남편과 아내, 부모와 자녀)에게 상담을 제공할 것을 동의할 경우, 상담심리사는 누가 내담자이며 각 사람과 어떠한 관계를 맺게 될지 그 특성에 대해 명확히 하고 상담을 시작해야 한다.

(2) 만약 그러한 관계가 상담심리사로 하여금 잠재적으로 상충되는 역할을 수행하도록 요구한다면, 상담심리사는 그 역할에 대해서 명확히 하거나, 조정하거나, 그 역할로부터 벗어나도록 한다.

5. 정보의 보호

가. 사생활과 비밀보호

(1) 상담심리사는 사생활과 비밀유지에 대한 내담자의 권리를 최대한 존중해야 할

의무가 있다.

(2) 내담자의 사생활 보호에 대한 권리는 내담자나 내담자가 위임한 법적 대리인에 의해 유예될 수 있다.

(3) 상담심리사는 내담자의 사생활 침해를 최소화하기 위해서 문서 및 구두상의 보고나 자문 등에서 실제 의사소통된 정보만을 포함시킨다.

(4) 상담심리사는 고용인, 지도감독자, 사무보조원, 그리고 자원봉사자들을 포함한 직원들에게도 내담자의 사생활과 비밀이 보호되도록 주지시켜야 한다.

나. 기록

(1) 법, 규제 혹은 제도적 절차에 따라, 상담심리사는 내담자에게 전문적인 서비스를 제공하기 위해서 반드시 기록을 보존한다.

(2) 상담심리사는 녹음 및 기록에 관해 내담자의 동의를 구한다.

(3) 상담심리사는 면접기록, 심리검사자료, 편지, 녹음 · 녹화 테잎, 기타 문서기록 등 상담과 관련된 기록들이 내담자를 위해 보존된다는 것을 인식하며, 상담기록의 안전과 비밀보호에 책임진다.

(4) 상담기관이나 연구단체는 상담기록 및 보관에 관한 규정을 작성해야 하며, 그렇지 않을 경우 상담기록은 상담심리사가 속해 있는 기관이나 연구단체의 기록으로 간주한다. 상담심리사는 내담자가 기록에 대한 열람이나 복사를 요구할 경우, 그 기록이 내담자에게 잘못 이해될 가능성이 없고 내담자에게 해가 되지 않으면 응하는 것이 원칙이다. 단, 여러 명의 내담자를 상담하는 경우, 다른 내담자와 관련된 사적인 정보는 제외하고 열람하도록 한다.

(5) 상담심리사는 기록과 자료에 대한 비밀보호가 자신의 죽음, 능력상실, 자격박탈 등의 경우에도 보호될 수 있도록 미리 계획을 세운다.

(6) 상담심리사는 상담과 관련된 기록을 보관하고 처리하는데 있어서 비밀을 보호해야 하며, 이를 타인에게 공개할 때에는 내담자의 직접적인 동의가 있을 때에만 가능하다.

(7) 상담심리사는 다음에 정한 바와 같이 비밀보호의 예외가 존재하는 경우를 제외하고는, 내담자의 서면 동의 없이는 제 삼의 개인, 단체에게 상담기록을 밝히거나 전달하지 않는다.

다. 비밀보호의 한계

(1) 내담자의 생명이나 사회의 안전을 위협하는 경우가 발생한 경우에 한하여 내담자의 동의 없이도 내담자에 대한 정보를 관련 전문인이나 사회에 알릴 수 있다. 이런 경우 상담 시작 전에 이러한 비밀보호의 한계를 알려준다.

(2) 내담자가 감염성이 있는 치명적인 질병이 있다는 확실한 정보를 가졌을 때, 상담심리사는, 그 질병에 위험한 수준으로 노출되어 있는 제삼자(내담자와 관계 맺고 있는)에게 그러한 정보를 공개할 수 있다. 상담심리사는 제삼자에게 이러한 정보를 공개하기 전에, 내담자가 자신의 질병에 대해서 그 사람에게 알렸는지, 아니면 조만간에 알릴 의도가 있는지를 확인한다.

(3) 법적으로 정보의 공개가 요구될 때에는 비밀보호의 원칙에서 예외이지만, 법원이 내담자의 허락 없이 사적인 정보를 밝힐 것을 요구할 경우, 상담심리사는 내담자와의 관계를 해칠 수 있기 때문에 정보를 요구하지 말 것을 법원에 요청한다.

(4) 상황들이 사적인 정보의 공개를 요구할 때 오직 기본적인 정보만을 밝힌다. 더 많은 사항을 밝히기 위해서는 사적인 정보의 공개에 앞서 내담자에게 알린다.

(5) 만약 내담자의 상담이 여러 전문가로 구성된 팀에 의한 지속적인 관찰을 포함하고 있다면, 팀의 존재와 구성을 내담자에게 알린다.

(6) 상담이 시작될 때와 상담과정 중 필요한 때에, 상담심리사는 내담자에게 비밀보호의 한계를 알리고 비밀보호가 불이행되는 상황에 대해 인식시킨다.

(7) 비밀보호의 예외 및 한계에 관한 타당성이 의심될 때에 상담심리사는 동료 전문가의 자문을 구한다.

라. 집단상담과 가족상담

(1) 집단상담에서 상담심리사는 비밀보호의 중요성을 설명하고, 집단에서의 비밀보호와 관련된 어려움들을 토론한다. 집단 구성원들에게 비밀보호가 완벽하게는 보장될 수 없음을 알린다.

(2) 가족상담에서 한 가족 구성원에 대한 정보는, 허락없이는 다른 구성원에게 공개될 수 없다. 상담심리사는 각 가족 구성원의 사생활에 대한 권리를 보호한다.

(3) 자발적인 언행이 불가능하거나 미성년인 내담자를 상담할 때, 상담의 과정에서

필요하면, 부모나 보호자가 참여할 수 있음을 알린다. 그러나 상담심리사는 내담자의 이익을 위해 최선을 다한다.

마. 기타 목적을 위한 내담자 정보의 사용

(1) 교육이나 연구 또는 출판을 목적으로 상담관계로부터 얻어진 자료를 사용할 때에는 내담자의 동의를 구해야 하며, 각 개인의 익명성이 보장되도록 자료 변형 및 신상 정보의 삭제와 같은 적절한 조치를 취하여 내담자의 신상에 피해를 주지 않도록 한다.
(2) 다른 전문가의 자문을 구할 경우, 상담심리사는 사전에 내담자의 동의를 구해야 하며, 적절한 조치를 통해 내담자의 사생활과 비밀을 보호하도록 노력한다.

바. 전자 정보의 비밀보호

(1) 컴퓨터를 사용하면 광범위하게 자료를 보관하고 조사 · 분석할 수 있지만, 정보를 관리하는 데 한계가 있다는 사실을 알아야 한다.
(2) 내담자의 기록이 전자 정보 형태로 보존되어 제삼자가 내담자의 동의 없이 접근할 수 있을 때, 상담심리사는 적절한 방법을 통해 내담자의 신상이 드러나지 않도록 조치를 취한다.

6. 상담연구

가. 연구계획

(1) 상담심리사는 윤리적 기준에 따라 과학적인 방법으로 연구를 계획하고 수행한다.
(2) 상담심리사는 연구가 잘못될 가능성을 최소화하도록 연구를 계획한다.
(3) 연구를 계획할 때, 상담심리사는 윤리강령에 따라 하자가 없도록 한다. 만약 윤리적 쟁점이 명확하지 않다면, 상담심리사는 윤리위원회나 동료의 자문 등을 통해 쟁점을 해결한다.
(4) 상담심리사는 최선을 다해 연구 대상자의 권리와 복지를 보호하기 위한 적절한 조치를 취해야 한다.

(5) 상담심리사는 국가의 법과 기준 및 전문적 기준을 준수하는 태도로 연구를 수행한다.

나. 책임

(1) 상담심리사는 연구가 진행되는 동안 연구 대상자의 복지에 대한 책임이 있으며, 연구 대상자를 심리적, 신체적, 사회적 불편이나 위험으로부터 보호해야 한다.
(2) 상담심리사는 자기 자신 혹은 자기 감독 하에 수행된 연구의 윤리적 행위에 대해서 책임이 있다.
(3) 연구자와 연구 보조자는, 훈련받고 준비된 과제만을 수행해야 한다.
(4) 연구를 수행하는데 있어서, 필요에 따라 숙련된 연구자의 자문을 구한다.

다. 연구 대상자의 참여 및 동의

(1) 연구에의 참여는 자발적이어야 한다. 비자발적인 참여는 그것이 연구 대상자에게 전혀 해로운 영향을 끼치지 않거나, 관찰연구가 필요한 경우에만 가능하다.
(2) 상담심리사는 연구 대상자를 구하기 위하여 부적절한 유인가를 제공하지 말아야 한다.
(3) 상담심리사는 연구 대상자가 이해할 수 있는 언어를 사용하여 연구의 목적, 절차 및 기대되는 효과를 설명한 후에 연구 동의를 받아야 한다.
(4) 상담심리사는 모든 형태의 촬영이나 녹음에 대해서 사전에 연구 대상자의 동의를 받아야 한다.
(5) 상담심리사는 정보를 숨기거나 사실과 다르게 알리는 것이 연구와 관찰에 필요한 경우를 제외하고는, 모든 연구 대상자에게 연구의 목적 및 특성에 대해 사실대로 알려야 한다. 연구의 특성상 사실과 다르게 보고한 경우에는 연구가 끝난 뒤 가능한 한 빨리 사실 그대로를 알려 주어야 한다.
(6) 상담심리사는 연구 대상자의 참여에 영향을 줄 수 있는 물리적 위험, 불편함, 불쾌한 정서적 경험 등에 관하여 반드시 사전에 알려 주어야 한다.

라. 연구결과 및 보고

(1) 상담심리사는 연구 대상자의 요구가 있을 경우, 연구 대상자에게 연구의 결과

나 결론 등을 제공한다.

(2) 상담심리사는 연구 결과를 출판할 경우에 자료를 위조하거나 결과를 왜곡해서는 안 된다.

(3) 출판된 자신의 자료에서 중대한 오류가 발견된 경우, 상담심리사는 그러한 오류에 대해 수정, 철회, 정정하여야 한다.

(4) 상담심리사는 타 연구의 결과나 자료의 일부, 혹은 기본적인 내용에 대해서 아무리 자주 인용된다 할지라도 자신의 것으로 보고해서는 안 된다.

(5) 상담심리사는 자신이 수행한 연구 및 기여한 연구에 대해서만 책임과 공로를 갖는다. 연구에 많은 공헌을 한 자는 공동 연구자로 하거나, 공인을 해 주거나, 각주를 통해 밝히거나, 혹은 다른 적절한 수단을 통하여 그 공헌에 맞게 인정해 주어야 한다.

(6) 전문적이고 과학적인 가치가 있는 것으로 판명된 연구결과는 다른 상담심리사들과 상호 교환해야 하며, 연구결과가 연구소의 프로그램, 상담활동, 기존 관심과 일치하지 않는다는 이유로 철회되어서는 안 된다.

(7) 상담심리사는 자신의 연구를 제3자가 반복하기 원하고, 그만한 자격이 있으면, 연구자료를 충분히 이용하도록 할 의무가 있다. 단 연구 대상자의 정보를 보호해야 한다.

(8) 상담심리사는, 이미 다른 논문이나 출판물에 전체 혹은 일부분이 수록된 원고를 전 출판사의 승인이나 인가 없이 이중발표하지 않는다.

7. 심리검사

가. 기본 사항

(1) 교육 및 심리 평가의 주된 목적은, 객관적이면서 해석이 용이한 평가도구를 제공하는데 있다.

(2) 상담심리사는 교육 및 심리 평가 방법을 활용하여, 내담자의 복리와 이익을 추구하여야 한다.

(3) 상담심리사는 평가결과와 해석을 오용해서는 안 되고, 다른 사람들이 평가도구를 개발하고, 출판 또는 사용함에 있어서 정보를 오용하지 않도록 적절한 조치

를 한다.

(4) 상담심리사는, 검사결과에 따른 상담심리사들의 해석 및 권유의 근거에 대한, 내담자들의 알 권리를 존중한다.

(5) 상담심리사는 규정된 전문적 관계 안에서만 평가, 진단, 서비스, 혹은 개입을 한다.

(6) 상담심리사의 평가, 추천, 보고, 그리고 심리적 진단이나 평가 진술은 적절한 증거 제공이 가능한 정보와 기술에 바탕을 둔다.

나. 검사를 사용하고 해석하는 능력

(1) 상담심리사는 자신의 능력의 한계를 알고, 훈련받은 검사와 평가만을 수행해야 한다. 또한 상담심리사는 지도감독자로부터, 적합한 심리검사 도구를 제대로 이용하는지의 여부를 평가받아야 한다.

(2) 컴퓨터를 이용한 검사를 활용하는 상담심리사는, 원 평가 도구에 대해 훈련받아야 한다.

(3) 수기로 하든지, 컴퓨터를 사용하든지, 상담심리사는 평가 도구의 채점, 해석과 사용, 응용에 대한 책임이 있다.

(4) 상담심리사는 타당도와 신뢰도, 검사에 대한 연구 및 검사지의 개발과 사용에 관한 지침 등 교육 · 심리적 측정에 대해 철저하게 이해하고 있어야 한다.

(5) 상담심리사는 평가 도구나 방법에 대해 언급할 때, 정확한 정보를 제공하고 오해가 없도록 해야 한다. 지능지수나 점수 등이 근거 없는 의미를 내포하지 않도록 특별한 노력을 기울여야 한다.

(6) 상담심리사는 심리 평가를 무자격자에게 맡겨서는 안 된다.

다. 사전 동의

(1) 평가 전에 내담자의 동의를 미리 얻지 않았다면, 상담심리사는 그 평가의 특성과 목적, 그리고 결과의 구체적인 사용에 대해 내담자가 이해할 수 있는 말로 설명해야 한다. 채점이나 해석이 상담심리사나 보조원에 의해서 되든, 아니면 컴퓨터나 기타 외부 서비스 기관에 의해서 이루어지든지, 상담심리사는 내담자에게 적절한 설명을 하도록 조치를 취해야 한다.

(2) 내담자의 복지, 이해 능력, 그리고 사전 동의에 따라 검사 결과의 수령인을 결정짓는다. 상담심리사는 어떤 개인 혹은 집단 검사결과를 제공할 때 정확하고 적절한 해석을 함께 제공하여야 한다.

라. 유능한 전문가에게 정보 공개하기

(1) 상담심리사는 검사 결과나 해석을 포함한 평가 결과를 오용해서는 안되며, 다른 사람들의 오용을 막기 위한 적절한 조치를 취한다.

(2) 상담심리사는 특별한 경우를 제외하고는, 내담자나 내담자가 위임한 법적 대리인의 동의가 있을 경우에만 그 내담자의 신분이 드러날 만한 자료(예를 들면, 계약서, 상담이나 인터뷰 기록, 혹은 설문지)를 공개한다. 그와 같은 자료는 그 자료를 해석할 만한 능력이 있다고 상담심리사가 인정하는 전문가에게만 공개되어야 한다.

마. 검사의 선택

(1) 상담심리사는 심리검사를 선택할 때 타당도, 신뢰도, 검사의 적절성, 제한점 등을 신중히 고려한다.

(2) 상담심리사는 다문화 집단을 위한 검사를 선택할 때, 사회화된 행동과 인지 양식을 고려하지 않은 부적절한 검사를 피할 수 있도록 주의한다.

바. 검사 시행의 조건

(1) 상담심리사는 표준화된 조건과 동일한 조건에서 검사를 시행한다. 검사가 표준화된 조건에서 시행되지 않거나, 검사 시간에 비정상적인 행동이 발생할 경우, 그러한 내용을 기록해야 하고, 그 검사 결과는 무효 처리하거나 타당성을 의심할 수 있다.

(2) 상담심리사는 컴퓨터나 다른 전자식 방법을 사용하였을 때, 시행 프로그램이 내담자에게 정확한 결과를 적절히 제공하도록 보장할 책임이 있다.

(3) 인사, 생활지도, 상담활동에 주로 활용되는 검사결과가 유의미하기 위해서는 검사내용에 대한 선수지도나 내용을 언급하면 안 된다. 그러므로 검사지를 안전하게 보호하는 것도 상담심리사의 책임이다.

사. 검사 점수화와 해석, 진단

(1) 상담심리사는 검사 시행과 해석에 있어서 나이, 인종, 문화, 장애, 민족, 성, 종교, 성적 기호, 그리고 사회경제적 지위의 영향을 고려하고, 다른 관련 요인들과 통합 비교하여 검사 결과를 해석한다.

(2) 상담심리사는 기술적 자료가 불충분한 평가 도구의 경우 그 결과를 해석할 때 신중해야 한다. 그러한 도구를 사용하는 특정한 목적을 내담자에게 명백히 알려 주어야 한다.

(3) 정신 장애를 진단하기 위해서 상담심리사는 특별한 관심을 가져야 한다. 내담자에 대한 치료 장소, 치료 유형, 또는 후속조치를 결정하기 위한 개인 면담 및 평가방법을 주의 깊게 선택하고 사용한다.

(4) 상담심리사는 내담자의 문제를 정의할 때, 내담자가 속한 문화의 영향을 받는다는 것을 인지한다. 내담자의 정신 장애를 진단할 때 사회경제적 및 문화적 경험을 고려해야 한다.

아. 검사의 안전성

(1) 상담심리사는 공인된 검사 또는 일부를 발행자의 허가 없이 사용, 재발행, 수정하지 않는다.

(2) 상담심리사는 시대에 뒤진 자료나 검사 결과를 사용하지 않는다. 다른 사람이 쓸모없는 측정이나 검사 자료를 사용하지 않도록 상담심리사는 도와준다.

8. 윤리문제 해결

가. 윤리위원회와 협력

(1) 상담심리사는 본 윤리강령 및 적용 가능한 타 윤리강령을 숙지해야 할 의무가 있다. 윤리적 기준에 대해 모르고 있거나, 잘못 이해하고 있다는 사실이 비윤리적 행위에 대한 근거가 되지는 못한다.

(2) 상담심리사는 윤리강령의 시행과정을 돕는다. 상담심리사는 윤리강령을 위반한 것으로 지목되는 사람들에 대해 윤리 위원회의 조사, 요청, 소송절차에 협력한다.

나. 위반

(1) 상담심리사가 윤리적으로 행동하는지에 대한 의구심을 유발하는 근거가 있을 때, 윤리 위원회는 적절한 조치를 취할 수 있다.

(2) 특정 상황이나 조치가 윤리강령에 위반되는지 불분명할 경우, 상담심리사는 윤리강령에 대해 지식이 있는 다른 상담심리사, 해당 권위자 및 윤리위원회의 자문을 구한다.

(3) 소속 기관 및 단체와 본 윤리강령 간에 갈등이 있을 경우, 상담심리사는 갈등의 본질을 명확히 하고, 소속 기관 및 단체에 윤리강령을 알려서 이를 준수하는 방향으로 해결책을 찾도록 한다.

(4) 다른 상담심리사의 윤리위반에 대해 비공식적인 해결이 가장 적절한 개입으로 여겨질 경우에는, 당사자에게 보고하여 해결하려는 시도를 한다.

(5) 명백한 윤리강령 위반이 비공식적인 방법으로 해결되지 않거나, 그 방법이 부적절하다면 윤리위원회에 위임한다.

부 칙

(1) 본 윤리강령은 2003년 5월 17일부터 시행한다.

(2) 본 윤리강령은 학회 명칭과 상담전문가 명칭을 변경함에 따라 해당되는 용어를 수정하여 2004년 4월 17일자부터 시행한다.

상담심리사 자격 규정(2007. 10. 20. 개정)

제1조(목적)

본 규정은 본 학회의 상담심리사 자격을 규정함을 목적으로 한다

제2조(검정방법)

상담심리사라 함은 본 학회에서 자격을 인정한 상담심리사 1급(상담심리전문가, 이하 '상담심리전문가'라 함)과 상담심리사 2급(상담심리사, 이하 '상담심리사'라 함)을 말한다.

제3조(상담심리사 자격제도의 운영 목적)

본 학회는 다음과 같은 목적을 가지고 상담심리사 자격을 운영한다.

1. 상담심리사에 대한 사회의 점증하는 수요에 부응하여 다양한 상담 현장에서 직무를 수행할 수 있는 전문적 지식과 기술을 갖춘 상담심리사 양성, 배출
2. 대학 및 대학원의 상담교육과정을 보완하여 현장 적용능력을 갖춘 상담심리사 양성
3. 상담심리사로서 요구되는 일정수준 이상의 상담수련과정을 거치도록 함으로써 상담자의 자질 향상에 기여
4. 국내외 상담분야에서 널리 인정받고 통용될 수 있는 자격제도를 운영함으로써 상담심리사의 사회적 지위보장 및 향상에 기여
5. 상담기관이나 상담 수요자들에게 자격을 갖춘 상담자를 선택할 수 있는 객관적 판단근거를 제공하는 데 기여

제4조(상담심리사의 역할)

상담심리사의 역할은 다음과 같이 구분한다.

1. 상담심리사 1급(상담심리전문가)
1) 개인 또는 집단의 심리적 성숙과 사회적 적응능력 향상을 위한 조력 및 지도
2) 심리적 부적응을 겪는 개인 또는 집단에 대한 심리평가 및 상담
3) 지역사회 상담교육, 사회병리적 문제에 대한 예방활동 및 재난후유증에 대한 심리상담
4) 기업체 내의 인간관계 자문 및 심리교육
5) 상담 및 심리치료에 관한 연구
6) 상담실 책임운영
7) 상담심리사 1급 · 2급 수련중인 자의 교육지도와 자문
8) 상담심리사 1급 · 2급 수련중인 자의 수련내용 평가 인준 및 자격추천
2. 상담심리사 2급(상담심리사)
1) 개인 또는 집단의 심리적 성숙과 사회적 적응능력 향상을 위한 조력 및 지도
2) 심리적 부적응을 겪는 개인 또는 집단에 대한 심리평가 및 상담
3) 지역사회 상담교육, 사회병리적 문제에 대한 예방활동 및 재난후유증에 대한 심리상담
4) 기업체 내의 인간관계 자문 및 심리교육
5) 상담 및 심리치료에 관한 연구
6) 상담 행정 업무

제5조(상담심리사 자격규정)

상담심리사의 자격은 다음과 같다.

1. 상담심리사 1급(상담심리전문가): 다음의 각 항에 해당하는 자
1) 상담관련 분야의 박사학위를 취득한 후 본 학회가 인정하는 수련감독자의 감독하에 1년 이상의 상담경력을 가진 자로서 소정의 자격검정절차를 통과하여 본

학회가 발급하는 자격증을 부여받은 자

2) 상담관련 분야의 석사학위를 취득한 후 본 학회가 인정하는 수련감독자의 감독하에 3년 이상의 상담경력을 가진 자로서 소정의 자격검정절차를 통과하여 본 학회가 발급하는 자격증을 부여받은 자

3) 상담심리사 2급 자격증을 취득한 후 본 학회가 인정하는 수련감독자의 감독하에 4년 이상의 상담경력을 가진 자로서 소정의 자격검정절차를 통과하여 본 학회가 발급하는 자격증을 부여받은 자

4) 박사학위소지자로서 자격관리위원회의 심의를 거쳐 상담심리사 1급의 자격수준에 상응하는 것으로 인정할 수 있는 외국의 상담 및 심리치료 분야의 전문가 자격증을 취득하고 국내에서 1년 이상의 상담경력과 본 학회 정회원으로서 1년 이상의 활동실적을 가진 자로서 소정의 자격검정 절차를 통과한 자

※ 인정받을 수 있는 자격수준이라 함은 각국 정부나 주정부 또는 각국 심리학회나 그에 상응하는 학술 및 전문가 단체에서 시행하는 엄격하고 공인된 자격검정 절차를 통과한 수준을 말한다.

5) 대학의 상담전공 부교수 이상 또는 이와 유사한 경력의 상담전공자의 경우, 자격검정위원회의 심사에 따라 특별전형 할 수 있다.

2. 상담심리사 2급: 다음의 각 항에 해당하는 자

1) 상담 관련 분야의 석사과정에 재학중이거나 그 이상의 학력을 소지하고 본 학회가 인정하는 수련감독자의 감독하에 1년 이상의 상담경력을 가진 자로서 소정의 자격검정절차를 통과하여 본 학회가 발급하는 자격증을 부여받은 자

2) 상담 관련 분야의 학사학위를 취득하고 본 학회가 인정하는 수련감독자의 감독하에 2년 이상의 상담경력을 가진 자로서 소정의 자격검정절차를 통과하여 본 학회가 발급하는 자 격증을 부여받은 자

3) 학사학위를 취득하고 본 학회가 인정하는 수련감독자의 감독하에 3년 이상의 상담경력을 가진 자로서 소정의 자격검정절차를 통과하여 본 학회가 발급하는 자격증을 부여받은 자

4) 본 학회가 주관하여 실시하는 상담심리사 2급 하계수련과정을 이수한 자는 위 1), 2) 및 3)항에서 요구하는 수련과정의 일부를 충족한 것으로 인정할 수 있다. 단, 인정 내용과 범위는 따로 정한다.

5) 자격관리위원회의 심의를 거쳐 상담심리사 2급의 자격수준에 상응하는 것으로 인정할 수 있는 외국의 상담 및 심리치료 분야의 자격증을 취득하고 국내에서 1년 이상의 상담경력을 가진 자로서 소정의 자격검정 절차를 통과한 자

※ 인정받을 수 있는 자격수준이라 함은 각국 정부나 주정부 또는 각국 심리학과나 그에 상응하는 학술 및 전문가 단체에서 시행하는 엄격하고 공인된 자격검정 절차를 통과한 수준을 말한다.

3. 상담경력의 인정기준과 방법은 따로 정한다

제6조(자격검정기준)

1. 상담심리사 1급(상담심리전문가)

1) 지식: 상담 및 심리치료 이론과 실제에 관한 이해, 인간의 성격에 관한 이해, 집단상담의 이론과 실제에 관한 이해, 상담연구 수행을 위한 통계 및 연구방법에 관한 전문 지식을 갖추었는지 평가함

2) 기능: 양질의 개인상담, 집단상담, 심리검사 실시 및 해석, 상담연구를 수행할 수 있으며, 상담심리사 2급에 대한 지도감독 및 자문을 수행할 수 있는 능력의 유무를 평가함

2. 상담심리사 2급(상담심리사)

1) 지식: 상담심리에 관한 이해 , 인간의 전생애적 발달과정에 관한 이해, 이상심리에 관한 이해, 인간의 학습과정에 관한 이해, 심리검사의 실시 및 해석에 관한 전문 지식을 갖추었는지 평가함.

2) 기능: 개인상담, 집단상담, 심리검사 실시 및 해석을 수행할 수 있는 능력의 유무를 평가함.

제7조(자격증 발급)

자격증의 발급은 다음과 같이 한다.

1. 자격증에는 자격증의 명칭, 등록번호, 발급대상자의 성명, 주민등록번호, 발급일 등을 기재한다.

2. 자격증은 본 학회장이 발급한다. 단 한국심리학회의 인준을 받을 경우, 한국심리학회장과 본 학회장이 공동으로 발급한다.
3. 상담심리사 1, 2급 표기 자격증 외에 아래와 같이 전문분야를 기재한 세부 영역의 자격증을 발급할 수 있다.

1) 상담심리사 1, 2급 자격을 취득한 자 중 전문상담영역별로 학회에서 요구하는 일정한 수련을 거친 자에게는 상담심리사 1, 2급의 자격 표기에 전문상담영역을 병기한 별도의 자격증을 본 학회장 명의로 발급할 수 있다.
2) 전문상담영역의 명칭과 수련내용은 자격관리위원회의 제청과 운영위원회의 심의를 거쳐 이사회에서 정한다.
3) 본 학회는 전문상담영역 표기 자격증 발급을 위한 수련과정(상담심리사 1급: OO상담전문가 수련과정, 상담심리사 2급: OO상담심리사 수련과정)의 개설 및 운영을 한국상담전문가협회에 위임할 수 있다.
4) 특별수련과정 이수자에 대한 전문상담영역 표기 자격증 발급 여부는 자격검정 업무를 위임받은 기관에서 구성하는 자격검정위원회에서 결정한다.

제8조(자격 등록)

자격관리위원회는 자격증 발급 후 일 주일 이내에 당해년에 발급한 자격을 일괄 등록한다 .

제9조(보수교육)

상담심리사 1급 · 2급 자격 취득자는 학회가 주관하는 월례회 또는 학회 및 협회가 주관하는 제반 수련활동에 연 2회 이상 참여하여야 한다.

제10조(상담심리사 자격의 제한)

상담심리사가 자격 취득 후에 위의 제9조를 이행하지 않거나 연회비 2년 이상 미납 또는 기타 사유로 상담심리사 자격이 정지되었을 경우 다음과 같은 제한을 받게 된다.

1. 상담심리사 1급(상담심리전문가): 수련감독자로서의 자격이 정지되며 , 정지된 기간 중의 수련감독은 인정치 않는다. 단, 요건을 충족하면 자격이 회복된다.
2. 상담심리사 2급(상담심리사): 정지된 기간의 수련내용은 상담심리사 1급(상담심리전문가) 수련과정으로 포함되지 않는다. 단, 요건을 충족하면 수련과정이 인정된다.

제11조(규정 개정)

본 규정의 변경은 본 학회에서 행한다.

부칙

- 본 규정은 1987년 5월 16일부터 시행한다.
- 본 개정 규정은 1991년 4월 17일부터 시행한다.
- 본 개정 규정은 1992년 9월 15일부터 시행한다.
- 본 개정 규정은 1993년 9월 18일부터 시행한다.
- 본 개정 규정은 1994년 9월 10일부터 시행한다.
- 본 개정 규정은 1996년 9월 21일부터 시행한다.
- 본 개정 규정은 2000년 9월 16일부터 시행한다.
- 본 개정 규정은 2001년 9월 15일부터 시행한다.
- 본 개정 규정은 2002년 12월 21일부터 시행한다.
- 본 개정 규정은 2003년 11월 15일부터 시행한다.
- 본 개정 규정은 2004년 4월 17일부터 시행한다.
- 본 개정 규정은 2005년 4월 16일부터 시행한다.
- 본 개정 규정은 2007년 10월 20일부터 시행한다.

상담심리사 자격 검정규칙(2007. 10. 20. 개정)

제1조(목적)

본 규정은「한국상담심리학회 회칙」제 10조 2의 3)항에 따라「상담심리사 자격검정 규칙」을 제정함을 목적으로 한다

제2조(검정방법)

상담심리사 자격검정은 아래의 두 가시 평가로 구싱된다.

1. 자격시험: 필답시험으로 이루어지며, 객관식 및 주관식 문항으로 구성
2. 자격심사: 자격시험에 합격한 자에 대해 상담수련과정 및 자격검정기준(상담심리사 자격 규정 제6조)을 평가하는 면접시험

제3조(검정 회수 및 장소)

자격시험과 자격심사는 연 1회 실시함을 원칙으로 한다. 자격시험과 자격심사의 일자, 장소 및 기타 사항은 본 학회장과 업무를 위임받은 기관장이 협의하여 공고한다.

제4조(자격시험의 시험과목)

자격시험의 과목은 자격의 종류에 따라 아래와 같다.

1. 상담심리사 1급(상담심리전문가): 상담 및 심리치료이론, 집단상담 및 가족치료, 심리진단 및 평가, 성격 및 이상심리학, 심리통계 및 연구방법론

2. 상담심리사 2급(상담심리사): 상담심리학, 발달심리학, 정신건강, 학습심리학, 심리검사

제5조(자격시험 응시자격)

본 자격시험에 응시할 수 있는 자는 아래에 해당되는 자이어야 한다.

1. 상담심리사 1급(상담심리전문가)
1) 상담 관련 분야의 박사학위를 취득한 후 본 학회가 인정하는 수련감독자의 감독하에 1년 이상의 상담경력을 가진 자
2) 상담 관련 분야의 석사학위를 취득한 후 또는 상담 비관련 분야 석사학위 취득자로서 상담 관련 분야 박사과정에 입학한 후 본 학회가 인정하는 수련감독자의 감독하에 3년 이상의 상담경력을 가진 자
3) 상담심리사 2급 자격증을 취득한 후 본 학회가 인정하는 수련감독자의 감독하에 4년 이상의 상담경력을 가진 자
4) 박사학위소지자로서 자격관리위원회의 심의를 거쳐 상담심리사 1급의 자격수준에 상응하는 것으로 인정할 수 있는 외국의 상담 및 심리치료 분야의 전문가 자격증을 취득하고 국내에서 1년 이상의 상담경력과 본 학회 정회원으로서 1년 이상의 활동실적을 가진 자
5) 대학의 상담전공 부교수 이상 또는 이와 유사한 경력의 상담전공자의 경우, 자격검정위원회의 심사에 따라 특별전형 할 수 있다.

2. 상담심리사 2급(상담심리사)
1) 상담 관련 분야의 석사과정에 재학중이거나 그 이상의 학력을 소지하고 본 학회가 인정하는 수련감독자의 감독하에 1년 이상의 상담경력을 가진 자
2) 상담 관련 분야의 학사학위를 취득하고 본 학회가 인정하는 수련감독자의 감독하에 2년 이상의 상담경력을 가진 자
3) 학사학위를 취득하고 본 학회가 인정하는 수련감독자의 감독하에 3년 이상의 상담경력을 가진 자
4) 자격관리위원회의 심의를 거쳐 상담심리사 2급의 자격수준에 상응하는 것으로 인정할 수 있는 외국의 상담 및 심리치료 분야의 자격증을 취득하고 국내에서 1

년 이상의 상담경력을 가진 자

3. 상담 관련 분야 전공자: 상담 관련 분야 전공자라 함은 다음의 각 항에 해당하는 자를 말한다.

1) 석사 또는 박사과정: 상담관련 과목을 3과목 이상, 인간이해 또는 방법론관련 기초과목을 1과목 이상 이수한 자.

① 상담 관련 과목: 심리치료이론, 집단상담, 상담방법, 상담면접, 상담사례실습 및 지도, 정신병리, 심리평가, 가족상담, 청소년상담, 진로상담, 아동상담, 놀이치료 등.

② 기초과목: 심리통계, 연구방법론, 실험설계, 동기와 정서, 고급성격심리학, 고급사회심리학, 고급발달 심리학 등.

2) 학부과정: 상담 관련 과목을 3과목 이상, 인간 이해 또는 방법론 관련 기초과목을 3과목 이상 이수한 자

① 상담관련 과목: 상담심리학, 이상심리학, 심리검사, 심리평가, 집단상담, 임상심리학, 학교심리학, 교육심리학 등.

② 기초과목: 심리통계, 연구법, 조사방법론, 심리학개론, 교육학개론, 성격심리학, 발달심리학, 학습심리학, 사회심리학, 아동심리학, 인간관계, 인간의 이해 등.

3) 위에서 제시된 과목과 명칭이나 내용이 유사한 과목들은 위 과목과 동일한 것으로 인정할 수 있다. 위에서 제시되지 않은 기타 과목들에 대해서는 자격관리위원회나 자격검정업무를 위임받은 기관에서 인정 여부를 결정한다.

제 6조(자격시험의 면제)

1. 본 규칙 제 5조 1의 4)항 해당자는 상담심리사 1급 자격시험 전과목을 면제할 수 있다.
2. 상담관련 박사학위 취득 후 2학기 이상의 해당과목 대학 강의경력, 저서 등의 실적이 있는 자는 최대 3과목까지 면제한다.
3. 본 규칙 제 5조 2의 4)항 해당자는 상담심리사 2급 자격시험 전과목을 면제할 수 있다.
4. 면제자격 및 면제과목의 인정 : 면제자격의 인정과 면제과목의 결정은 자격검정업무를 위임받은 기관의 자격검정위원장이 행한다.
5. 자격시험 면제신청서 제출 : 자격시험을 면제받고자 하는 자는 자격시험 응시원서 제출

시에 자격시험 면제신청서 및 관련 증빙서류를 함께 제출하여야 한다.

제7조(자격시험 응시서류)

자격시험에 응시하고자 하는 자는 다음의 서류를 응시전형료와 함께 제출하여야 한다.

1. 상담심리사 1급 (상담심리전문가): 응시원서, 대학원 성적증명서 또는 상담심리사 자격증 사본, 상담경력확인서
2. 상담심리사 2급 (상담심리사): 응시원서, 대학 성적증명서, 상담경력확인서

제8조(자격시험 및 자격심사위원)

자격관리위원회 또는 자격시험검정 업무를 위임받은 기관에서는 자격시험 및 자격심사가 있을 때, 아래와 같이 해당위원을 추천한다.

1. 자격시험 출제위원, 선정위원, 검토위원 및 채점위원: 상담심리사 1급 자격증 소지자 중에서 추천한다.
2. 자격심사 심사위원: 상담심리사 1급 자격증 소지자 중에서 추천하되, 운영위원 1/2 이상을 포함한다.

제9조(자격시험 합격기준)

1. 자격시험 합격 기준: 합격은 각 응시과목별 40점 이상, 전체 응시과목 평균 60점 이상을 원칙으로 하되, 최종 합격 기준은 당해년도의 시험 난이도, 합격률 등을 고려하여 자격검정업무를 위임받은 기관에서 구성하는 자격검정위원회에서 결정한다.
2. 자격시험 합격의 유효기간: 상담심리사 1급 및 2급 자격시험 합격의 유효기간은 5년으로 한다.

제10조(자격심사 응시자격)

① 상담심리사 1급(상담심리전문가): 상담심리사 1급 자격시험에 합격하고 「상담심리사 수련과정 시행세칙 제7조 1항」의 수련과정을 이수한 자

② 상담심리사 2급(상담심리사): 상담심리사 2급 자격시험에 합격하고 「상담심리사 수련과정 시행세칙 제7조 2항」의 수련과정을 이수한 자

제11조(자격심사 청구)

수련과정을 이수한 자는 주 수련감독자 추천하에 심사료와 함께 다음의 내용을 구비하여 자격심사를 청구할 수 있다.

1. 상담심리사 1급(상담심리전문가)
1) 상담심리사 자격심사 응시원서
2) 수련수첩
3) 자격시험 합격증 사본
4) 대표논문 또는 대표저서
5) 공개사례발표 내용 4회 이상 , 총 40회기 이상(1회기 이상 완전어록 및 녹음테이프 포함)
6) 이력서
7) 대학원 성적증명서 (해당자에 한함)
8) 상담심리사 자격증 사본 (해당자에 한함)
9) 상담경력 확인서
2. 「상담심리사 자격검정규칙」 제5조 1의 4)항 해당자가 구비하여야 할 내용은 다음과 같다.
1) 상담심리사 자격심사 응시원서
2) 최종학교 학위증명서 및 성적증명서
3) 외국 상담 및 심리치료 분야 전문가 자격증 사본
4) 외국에서의 상담 수련실적 및 상담경력 증빙서류
5) 이력서

6) 국내 상담경력 확인서

7) 상담심리사 1급 자격증 소지자의 추천서

8) 10회기 이상의 공개사례 발표내용

3. 상담심리사 2급(상담심리사)

1) 상담심리사 자격심사 응시원서

2) 수련수첩

3) 자격시험 합격증 사본

4) 공개사례 발표내용 2회, 총 10회기 이상(1회기 이상 완전어록 및 녹음테이프 1개 포함)

5) 이력서

6) 대학 또는 대학원 성적증명서

7) 상담경력확인서

4. 상담심리사 자격검정규칙 제5조 2의 4)항에 해당하는 자가 구비하여야 할 내용은 다음과 같다.

1) 상담심리사 자격심사 응시원서

2) 최종학교 학위증명서 및 성적증명서

3) 외국 상담 및 심리치료 분야 전문가 자격증 사본

4) 외국에서의 상담 수련실적 및 상담경력 증빙서류

5) 이력서

6) 국내 상담경력 확인서

7) 상담심리사 1급 자격증 소지자의 추천서

8) 10회기 이상의 공개사례 발표내용

제12조(자격심사 합격기준)

상담심리사 수련과정 시행세칙 제7조를 충족하고, 주수련감독자의 추천을 받아 자격심사에 통과한 자를 합격자로 한다.

제13조(보칙)

1. 이상에서 명시되지 않은 사항은 관행에 따른다.
2. 자격시험과 자격심사의 절차는 별도의 관리지침에 의거한다.
3. 본 규칙의 변경은 본 학회에서 행한다.

부 칙

- 본 규칙은 1987년 5월 16일부터 시행한다.
- 본 개정 규칙은 1991년 4월 17일부터 시행한다.
- 본 개정 규칙은 1992년 9월 15일부터 시행한다.
- 본 개정 규칙은 1993년 9월 18일부터 시행한다.
- 본 개정 규칙은 1994년 9월 10일부터 시행한다.
- 본 개정 규칙은 1996년 9월 21일부터 시행한다.
- 본 개정 규칙은 2000년 9월 16일부터 시행한다.
- 본 개정 규칙은 2001년 9월 15일부터 시행한다.
- 본 개정 규칙은 2002년 12월 21일부터 시행한다.
- 본 개정 규칙은 2003년 11월 15일부터 시행한다.
- 본 개정 규칙은 2004년 4월 17일부터 시행한다.
- 본 개정 규칙은 2005년 4월 16일부터 시행한다.
- 본 개정 규칙은 2007년 10월 20일부터 시행한다.

상담심리사 수련과정 시행세칙(2007. 10. 20. 개정)

제1조(목적)

본 세칙은 상담심리사 자격취득을 위한 수련과정과「상담심리사 자격검정규칙」 제11조에 따라 자격심사에 관한 절차를 세칙에 규정함을 목적으로 한다.

제2조(수련기관)

수련기관은 자격관리위원회에서 적합하다고 인정한 상담관련기관을 말한다.

※수련기관의 예: 학교 상담실, 공공기관 상담실, 상담심리전문가가 재직하는 상담기관, 정신병원

제3조(수련기간)

수련기간은「상담심리사 자격규정」 제5조에 정한 바를 따른다.

제4조(수련받는 자)

수련과정에 있는 자는 자격관리위원회가 인정하는 자격을 갖춘 수련감독자의 지도하에서 수련과정을 이수해야 한다.

제5조(수련 감독자)

수련과정을 지도감독할 수 있는 자는 다음과 같다.

1. 상담심리사 1급 자격증 보유자로서 본 학회가 인정한 자

2. 한국임상심리학회에서 발급하는 임상심리전문가 자격증 취득 후 5년 이상 경과된 자로서 본 학회가 인정한 자(심리평가에 한해 지도감독의 수련 내용의 30% 이내에서 인정)
3. 인접분야 전문가 자격증 보유자(예, 정신과 전문의)로서 본 학회가 인정한 자(수련 내용의 30% 이내에서 인정)
4. 자격관리위원회에서는 매년 1차례 이상 수련감독자로 인정받을 수 있는 상담심리사 1급, 임상심리전문가, 기타 인접분야 전문가의 명단을 회원들에게 공지한다.

제6조(주 수련감독자: 자격심사 추천자격자)

상담심리사 1급 2급 자격심사를 추천할 수 있는 주 수련감독자는 다음 중 1개 이상의 자격을 갖추어야 한다. 단, 「상담심리사 자격규정」 제10조에 해당되는 경우 상담심리사 자격심사 추천을 할 수 없다.

1. 상담심리사 1급 자격 취득 후 5년 이상 상담실적 또는 교육연구 실적이 있는 자
2. 상담심리사 1급 자격증 취득자로서 본 학회 분회장의 경력이 있는 자
3. 상담심리사 1급 자격증 취득자로서 대학의 부교수 이상인 자

제7조(수련과정 및 내용)

수련과정 및 내용은 상담심리사 자격의 종류에 따라 다음과 같이 시행한다.

단 모든 수련과정은 본 세칙 제5조에 규정된 수련감독자의 지도감독하에 실시하며, 상담사례 연구활동 및 공개사례발표 모임에는 상담심리사 1급 자격증 보유자 2인(그 중 1인은 자격증 보유기간 5년 이상이어야 함) 이상이 참여해야 한다.

1. 상담심리사 1급(상담심리전문가)

1) 개인상담 : 면접상담 20사례 이상, 총 200회기 이상(부부 · 가족 · 아동상담 포함)

2) 집단상담 : 총 64시간 이상 (가족 · 부부상담 포함)

① 리더 또는 보조리더 : 2개 집단 이상(집단별 16시간 이상) 진행

② 참여경험: 2개 집단 이상(집단별 16시간 이상)

3) 상담사례

연구활동: 학회 월례회 6회 이상을 포함하여, 분회, 상담사례 토의모임에 총30회 이상 참여

4) 공개사례발표 : 분회, 상담사례 토의모임에서 개인상담 4사례 이상, 총 40회기 이상

단 상담심리사 2급 자격으로 응시할 경우 개인상담 3사례 이상, 총 30회기 이상

5) 심리평가

① 각종 심리검사 실시: 20사례 이상(1사례당 2개 이상, 그중 개인용 검사 1개 포함)

② 각종 심리검사 해석상담: 20사례 이상

6) 지도감독 (슈퍼비전)

① 개인상담: 면접상담 30회 이상(공개사례발표 4회 포함)

② 심리평가: 10사례 이상(1사례당 2개 이상, 그중 개인용 검사 1개 포함)

③ 집단상담 : 2집단 이상(총 32시간 이상)

7) 학술 및 연구 활동 : 본 학회지 또는 유관 학술지에 발표한 단독발표 1편(100% : 단독발표는 100%, 2인 공동발표 70%, 3인 공동발표 50%, 4인 이상 30%)이상의 연구 논문 또는 저서(단, 본학회지에 지도교수와 공동 발표한 논문은 2인 발표도 100% 인정함)

- 유관학술지: 대학내 상담연구소, 전문상담기관의 연구지, 종교단체, 복지기관, 공공상담소, 법인기관의 연구지 등
- 분량 : 200자 원고지 80매 이상
- 실태(설문)분석, 정책보고서: 각 1회에 한정하여(공동저작 포함) 50% 인정
- 포스터 발표: 본 학회 및 한국심리학회에서 개최하는 학술대회에서 발표한 포스터는 연구활동으로 70%(단독발표는 70%, 2인 공동발표 50%, 3인 공동발표 30%) 인정하되, 그 외 학회에서 개최된 학술대회에서 발표한 포스터는 본 학회 발표 비율의 50%비율로 인정

2. 상담심리사 2급(상담심리사)

1) 상담 및 심리검사 접수면접: 20회 이상

2) 개인상담: 면접상담 5사례, 총 50회기 이상

3) 집단상담 참여: 2개 집단 이상(집단별 16시간 이상)

4) 상담사례 연구활동: 학회 월례회 2회 이상을 포함하여, 분회, 상담사례 토의모임에 총10회 이상 참여

5) 공개사례발표: 분회, 상담사례 토의모임에서 개인상담 2사례 이상, 총 10회기 이상

6) 심리평가

① 각종 심리검사 실시: 10사례 이상(1사례당 2개 이상, 그중 개인용 검사 1개 포함)

② 각종 심리검사 해석상담: 10사례 이상

7) 지도감독(슈퍼비전)

① 개인상담: 면접상담 10회 이상(공개사례발표 2회 포함)

② 심리검사: 5사례 이상(1사례당 2개 이상, 그중 개인용 검사 1개 포함)

8) 본 학회에서 실시하는 상담심리사 2급 하계수련과정을 이수한 자는 상담 및 심리검사 접수면접 20회, 개인면접상담 3사례 30회기, 집단상담 2개 참여(각 16시간), 심리검사 실시 5사례, 심리검사 해석상담 5사례, 개인면접상담 지도감독 5회, 심리검사 지도감독 3회 등을 이미 완수한 것으로 인정한다. 따라서 이 경우는 위 1)~7)항의 수련내용 중 나머지 해당 내용만 수련수첩에 기재하여도 자격심사를 청구할 수 있다.

〈참고〉 심리검사의 종류(예시)

* 개인용 검사 : MMPI, HTP, BGT, TAT, DAP, Rorschach, SCT, KFD, 성인 및 아동용 개인용 지능검사(예: K-WAIS, K-WPPSI, K-WISC, KEDI-WISC, K-ABC) 등(단, 한검사가 전체사례의 1/3을 초과할 수 없음)
* 자격관리위원회에서 인정하는 표준화 검사(개인용 이외의 검사) : 검사의 실시, 채점, 해석 등 전 과정이 표준화되어 있고, 공인된 출판사에서 판매하는 검사(예: 성격진단검사, 적성진단검사, MBTI 등). (단, 한검사가 전체사례의 1/3을 초과할 수 없음)
* 자격관리위원회에서는 매년 1차례 이상 수련내용으로 인정받을 수 있는 심리검사의 종류를 회원들에게 공지한다.

3. 수련내용은 개인의 경력, 실적, 교육내용 등을 감안하여 자격관리위원회의 제청으로 운영

위원회에서 조정할 수 있다.

4. 수련감독자가 상담심리사 1급 자격증 보유자가 아닌 경우 자격관리위원회의 승인을 받아야 한다.
5. 상담심리사 자격심사 신청 시에 아래의 수련과정은 포함될 수 없다.
   ① 상담심리사 1급 (상담심리전문가): 석사학위 취득 이전 또는 상담심리사 취득 이전의 수련내용
   ② 상담심리사 2급 (상담심리사): 학사학위 취득 이전의 수련내용

제8조(시행세칙 개정)

본 시행세칙의 변경은 본 학회에서 행한다.

부 칙

- 본 시행세칙은 1987년 5월 16일부터 시행한다.
- 본 개정 시행세칙은 1991년 4월 17일부터 시행한다.
- 본 개정 시행세칙은 1992년 9월 15일부터 시행한다.
- 본 개정 시행세칙은 1993년 9월 18일부터 시행한다.
- 본 개정 시행세칙은 1994년 9월 10일부터 시행한다.
- 본 개정 시행세칙은 1996년 9월 21일부터 시행한다.
- 본 개정 시행세칙은 1998년 3월 21일부터 시행한다.
- 본 개정 시행세칙은 2000년 9월 16일부터 시행한다.
- 본 개정 시행세칙은 2001년 9월 15일부터 시행한다.
- 본 개정 시행세칙은 2002년 12월 21일부터 시행한다.
- 본 개정 시행세칙은 2003년 11월 15일부터 시행한다.
- 본 개정 시행세칙은 2004년 4월 17일부터 시행한다.
- 본 개정 시행세칙은 2005년 4월 16일부터 시행한다.
- 본 개정 시행세칙은 2007년 3월 17일부터 시행한다.
- 본 개정 시행세칙은 2007년 10월 20일부터 시행한다

참고문헌

김병진, 김훈기(1998). 생활과 직업윤리. 서울: 학문사.

김연 역(1997). 상담중 일어나는 성적 비행. 서울: 두란노.

김영주, 장의순, 배영기(1992). 산업사회와 직업윤리. 서울: 양서원.

김영진 역(2001). 윤리학의 기본원리(원저: P. W. Taylor). 서울: 서광사.

김태길, 윤명로, 최명관 역(1974). 서양철학사(원저: S. P. Lamprecht). 서울: 을유문화사.

대학윤리교재편찬위원회(1995). 직업윤리. 서울: 삼광출판사.

박석건, 정유석 역(2001). 의료문제의 윤리적 성찰(원저: R. Munson). 서울: 단국대학교출판부.

박장호, 이인재 역(1996). 윤리학 사전(원저: A. V. Ado et al.). 서울: 백의.

신응섭 외(1997). 심리학개론. 서울: 박영사.

심성보(1995). 교육윤리학입문. 서울: 내일을 여는 책.

오성춘 역(1984). 상담학개론(원저: G. Corey). 서울: 장로회신학대학교출판부.

오윤선 역(1996). 기독교와 상담윤리(원저: G. Collins). 서울: 두란노.

윤종석 역(1997). 단기상담. 서울: 두란노.

이장호(1995). 상담심리학(제3판). 서울: 박영사.

이재창(1994). 전문상담자 양성을 위한 교육 제도 활용의 문제점. 한양대학교 학생생활연구소. 제7차학술세미나자료집. pp. 29–59.

이재창(1996). 전문상담자 교육과 훈련에 관한 연구. 한국심리학회지. Vol. 8. pp. 1–26.

이형득(1988). 카운슬러의 전문적 자세의 확립. 계명대학교 학생생활연구소.

이형득(1994). 전문적 상담과 발전과제. 대학생활연구. 한양대학교 학생생활연구소.

이효선(2003). 사회복지윤리와 철학의 이해. 서울: 학지사.

최원호(1994). 윤리학적관점에서 본 바울의 율법이해. 연세대학교 연합신학대학원 석사학위논문.

최원호(1999). 전문직업인으로서의 상담윤리에 관한 고찰. 한영신학대학교 교수논문집. Vol. 3. pp. 331–358.

최원호(2000). 상담윤리 교육에 관한 교육방안 연구. 한영신학대학교 교수논문집. Vol. 4. pp. 367–390.

최원호(2004). 상담윤리의 개념정립과 교육내용구성. 홍익대학교 대학원 박사학위논문.

한국경영학회(1992). 한국의 기업윤리.

한국경제연구원(1996). 기업윤리강령과 기업의 사회적 책임.

한국국민윤리학회(1998). 현대사회와 직업윤리. 서울: 형설출판사.

한국상담심리학회(2004). 윤리강령.

한국의료윤리교육학회(2001). 의료윤리학. 서울: 계축문화사.

황경식 역(1984). 윤리학(원저: W. K. Frankena). 서울: 종로서적.

American Psychological Association(APA) Ethics Committee. (1983). *Authorship guidelines for dissertation supervision*. Washington, DC: Author.

American Psychological Association(APA) Ethics Committee. (1996). Rule sand procedures. *American Psychologist, 51.*

American Psychological Association(APA), Ethics Committee. (2000). Report of the Ethics Committee, 1999. *American Psychologist, 55.*

American School Counselor Association(ASCA). (1998). *Ethical standards for school counselors*. Alexandria, VA: American Counseling Association.

Arrendondo, P., Toporek, R., Brown, S. P., Jones, J., Locke, D., Sanchez, J., & Stadler, H. (1996). Operationalization of the multi–cultural counseling competencies. *Journal of Multi–cultural counseling and Development, 24*, 42–78.

Beauchamp, T. L., & Childress, J. F. (1989), *Principles of biomedical ethics* (3rd ed.). Oxford, England: Oxford University Press.

Beauchamp, T. L., & Childress, J. F. (1994), *Principles of biomedical ethics* (4th ed.). Oxford, England: Oxford University Press.

Bent, R. J. (1992). The professional core competency areas. In R. J. Prterson, et al. (Eds.), *The core Curriculum in Professional Psychology* (pp. 77–81). Washington: American Psychological Association.

Bergin, A. E. (1991). Values and religious issues in psychotherapy and mental health. *American psychology, 46*(4), 393–403.

Bergin, A. E., & Garfield, S. L. (1994). Introduction and historical overview. In A. E. Bergin & S. L. Garfield (Eds.), *Handbook of psychotherapy and bchavior change* (4th ed.). New York: Wiley.

Bouhoutsos, J. C., Holroyd, J., Lerman, J., Forer, B., & Greenberg, M. (1983). Sexual intimacy between psy–chotherapists and patients. *Professianl Psychology: Research and Practice, 14*, 185–196.

Brems, C. (2000). The challenge of preventing burnout and assuring growth: Self–care. In C. Brems, *Dealing with challenges in psychotherapy and counseling* (pp. 262–296). Pacific Grove, CA: Brooks/Cole.

Brown, L. (1988). Harmful effects of posttermination sexual and romantic relationships between therapists and their former clients. *Psychotherapy, 25*, 249–255.

Cohen, E. D., & Cohen, G. S. (1999). *The virtuous therapist : Ethical practice of counseling psychotherapy*. Pacific Grove, CA: Brooks/Cole.

Corey, G. (1998). *Issues and Ethics in the Helping professions* (5nd ed.). Books/cole publishing company.

Crawford, R. L. (1994). Avoiding counselor malpractice. In T. P. Remley (Ed.), *ACA Legal Series* (Vol. 10). Alexandria, VA: American Counseling Association.

Dahlberg, C. C. (1970). Sexual contact between patient and therapist. *Contemporary*

Psycoanalysis, 5, 107−124.

Davis, T., & Ritchie, M. (1993). Confidentiality and the school counselor: A challenge for the 1990s. *The School Counselor, 41,* 23−29.

Deutsch, C. J. (1985). A survey of therapists' personal problems and treatment. *Professional Psychology: Research and Practice, 16,* 305−313.

Drane, J. F. (1982). Ethics and psychotherapy: A philosophical perspective. In M. Rosenbaum (Ed.), *Ethics and values in psychotherapy.* New york: Free Press.

Dubin, S. S. (1972). Obsolescence or lifelong education: A choice for the professional. *American Psychologist,* 27, 486−496.

Durana, C. (1998). The use of touch in psychotherapy: Ethical and clinical guidelines. *Psychotherapy: Theory, Research, Practice, Training, 35,* 269−280.

Epstein, R. S., & Simon, R. I. (1990). The Exploitation Index: An early warning indicator of boundary violations in psychotherapy. *Bulletin of the Menninger Clinic, 54,* 450−465.

Fischer, L., & Sorenson, G. P. (1996). *School law for counselors, psychologists, and social workers* (3rd ed.). White Plains, NY: Longman.

Frankena, W. K. (1973). *Ethics* (2nd ed.). Englewood Cliffs, N.J. : Prentice−Hall.

Freeman, S. J. (2000). Ethics: *An introduction to philosophy and practice.* Belmont, CA: Wadsworth.

Geib., P. G. (1982). The experience of nonerotic physical con−tacts in traditional psychotherapy: A critical investigation of the taboo against touch. *Dissertation Abstracts Interna−tional, 43,* 0248A. (University Microfilms No. 82−13, 453).

Gibson, W. T., & Pope, K. S. (1993). The ethics of counseling: A national survey of certified counselors. *Journal of Counsel−ing and Development, 71,* 330−336.

Glosoff, H. L. (1997). Multiple relationships in private practice. In B. Herlihy & G. Corey, *Boundary issues in counseling* (pp. 114−120). Alexandria, VA: American Counseling Association.

Guntheil, T., & Gabbard, G. (1993). The concept of boundaries in a clinical practice: Theoretical and risk management di−mensions. *American Journal of Psychiatry, 150,* 188−196.

Haas, L. J., & Malouf, J. L. (1995). *Keeping up the good work: A practitioner' s guide to mental health ethics* (2nd ed.). Sarasota, FL: Professional Resource Exchange.

Hampton, J. (1990). The Nature of Immorality. In E. F. Paul et al. (Eds.), *Foundations of Moraland Political Philosophy* (Cambridge: Basil Blackwell Inc.), pp. 25–26.

Harding, A., Gray, L., & Neal, M. (1993). Confidentiality limits with clients who have HIV: A review of ethical and legal guidelines and professional policies. *Journal of Counseling and Development, 71,* 297–305.

Hare, R. (1981). *The philosophical basis of psychiatric ethics.* In S. Block & P. Chodoff (Eds.), *Psychiatric ethics.* Oxford: Oxford University.

Hartlaub, G. H., Martin, G. C., & Rhine, M. W. (1986). Recon–tact with the analyst following termination: A survey of 71 cases. *Journal of the American Psychoanalytic Association, 34,* 895–910.

Hazler, R. J. (1996). *Breaking the cycle of violence: Interventions for bullies and victims.* Washington, DC: Accelerated Devel–opment.

Herlihy, B., & Corey, G. (1997). *Boundary issues in counseling.* Al–exandria, VA: American Counseling Association.

Herman, J. L., Gantrell, N., Olarte, S., Feldstein, M., & Localio, R. (1987). Psychiatrist–patient sexual contact. Results of a national survey. *American Journal of Psychiatry, 144,* 164–169.

Hobson, S. M., & Kanitz, H. M. (1996). Multicultural counseling: An ethical issue for school counselors. *The School Counselor, 43,* 245–255

Hubble, M. A., Duncan, B. L., & Miller, S. D. (1999). *The heart and soul of change: What works in therapy.* Washington, DC: American Psychological Association.

Hughes. P. E. (1983), *Christian Ethics in Secular Society.* Michigan: Baker Books House.

Jensen, R. E. (1979). Competent professional service in psy–chology: The real issue behind continuing education. *Professional Psychology: Research and Practice, 10,* 381–389.

Kaplan, L. S. (1996). Outrageous or legitimate concerns: What some parents are saying about school counseling. *The School Counselor, 43,* 165–170.

Kertay, L., & Reviere, S. L. (1993). The use of touch in psychotherapy: Theoretical and ethical consideraction. *Psychotherapy, 30,* 32–40.

Kitchener, K. S. (1984). Intuition, critical evaluation and ethical principles: The foundation for ethical decisions in counseling psychology. *The Counseling Psychologist,* 12.

Kitchener, K. S. (1998). Dual role relationships? What makes them son problematic? *Journal of Counseling and Development, 67,* 217–221.

Koocher, G. P. (1979). Credentialing in psychology: Close encounters with competence? *American Psychologist, 34,* 696–702.

Lambert, M. J., & Bergin, A. E. (1994). The effectiveness of Psychotherapy. In A. E. Bergin & S. L. Garfield (Eds.), *Handbook of psychotherapy and behavior change* (4th ed.) (pp. 143–189). New York: Wiley.

Landany, N., O' Brien, K. M., Hill, C. E., Melincoff, D. S., Knox, S., & Peterson, D. A. (1997). Sexual attraction toward cli–ents, use of supervision and prior training; A qualitative study of predoctoral psychology interns. *Journal of Counsel–ing Psycohlogy, 44,* 413–424.

Levy. C. S. (1976). *Social Work Ethics.* N. Y.: Human Science Press.

Milo, R. D. (1984). *Immorality.* Princeton: Princeton University Press.

Minter, M., & Struve, J. (1998). *The ethical use of touch in psycho–therapy.* Thousand Oaks. CA. Sage.

Norcross, J. C. (2000). Psychotherapist self–care: Practitioner–tested, research–oriented strategies. *Professional Psychology: Research and Practice, 31,* 710–714.

Norman, G. (1985). Defining competence: A methodological review. In V. Neufeld & G. Norman (Eds.), *Assessing clinical competence.* New York: Springer.

Overholser, J. C., & Fine, M. A. (1990). Defining the boundaries of professional competence: Managing subtle cases of clinical incompetence. *Professional Psychology: Research and Practice,* 21, 462–469.

Pate, R. H., Jr. (1992). Are you liable? *The American Counselor, 1,* 14–19.

Pedersen, P. B. (1995). Cross cultural ethical guidelines. In J. B. ponterotto, J. M. Casas, L. A. Suzuki, & C. M Alexander (Eds.), *Handbook of multicultural coun-*

seling. (pp. 34–50). Thousand Oaks, CA: Sage.

Pepinsky. H. & Pepinsky, P. (1954). *Counseling theory and practice.* New York : Ronald Press.

Pope, K. S. (1990). Therapist–patient sexual involvement: A review of the research. *Clinical Psychology Review, 10,* 477–490.

Pope, K. S. (1994). *Sexual involvement with therapists: Patient assessment, subsequent therapy, forensics.* Washington, DC: American Psychological Association.

Pope, K. S., & Vasquez, M. J. T. (1998). *Ethics in psychotherapy and counseling* (2nd ed.). San Francisco: Jossey–Bass.

Pope, K. S., Keith–Spiegel, P. S., & Tabachnick, B. G. (1986). Sexual attraction to clients: The human therapist and the (sometimes) inhuman training system. *American Psychologist, 41,* 147–158.

Pope, K. S., Levenson, H., & Schover, L. R. (1979). Sexual intimacy in psyholory training. Results and implications of a national survey. *American Psychologist, 34,* 682–689.

Pope, K. S., Sonne, J. L., & Holroyd, J. (1993). *Sexual feelings in psychotherapy: Explorations for therapists and therapists–in–training.* Washington, DC: American Psychological Asso–ciation.

Remley, T. P. Jr., & Sparkman, L. B. (1993). Student suiciders: The counselor' s limited legal liability. *The School Counselor, 40,* 164–169.

Rest, J. R. (1984). Research on moral development: Implications for training counseling psycologists. *The counseling psycologist* , 12, 19–29.

Rhodes, M. L. (1991), *Ethical Dilemmas in Social Work Practice*, Family Service America.

Rodolfa, E., Hall, T., Holms, V., Davena, A., Komatz, D., Antunez, M., & Hall, A. (1994). The management of sexual feelings in therapy. *Professional psychology: Research and Practice, 25,* 168–172.

Rogers, C. (1980). *A way of being.* Boston: Houghton Mifflin.

Rutter, P. (1989). *Sex in the for bidden Zone.* Los Angeles: Jeremy P. Tacher, Inc.

Seligman, M. E. P. (1995). The effectiveness if psychotherapy: The Consumer Report study. *The American Psychologist, 50,* 965–974.

Sexton, T. L., & Whiston, S. C. (1994). The status of the counseling relationship: An empirical review, theoretical implications, and research directions. *The counseling Psychologist, 22,* 6–78.

Sexton, T. L., Whiston, S C., Bleuer, J. C., & Walz, G. R. (1997). *Integrating outcome research into counseling practice and training.* Alexandria, VA: American Counseling Association.

Sherman, M. D., & Thelen, M. H. (1998). Distress and profes–sional impairment among psychologists in clinical practice. *Professional Psychology: Research and Practice, 29,* 79–85.

Shuman, D. W., & Foote, W. (1999). Jaffee v. Redmond' s impact: Life after the Supreme Court' s recognition of a psycho–therapist–patient privilege. *Professional Psychology: Research and Practice, 30,* 479–487.

Smith, D., & Fitzpatrick, M. (1995). Patient–therapist bound–ary issues: An integrative review of theory and research. Professional Psychology: *Research and Practice, 26,* 499–506.

Smith, E. W. L., Clance, P. R., & Imes, S. (Eds.)(1998). *Touch in psychotherapy: Theory, research and practice.* New York: Guilford.

Sonne, J. L. (1994). Multiple relationships: Does the new ethics code answer the right questions? *Professional Psychology: Research and Practice, 25,* 336–343.

Stadler, H. A. (1990). Counselor impairment. In B. Herlihy & L. Golden (Eds.), *Ethical standards casebook.* Alexandria, VA: American Association for Counseling and Development.

Stake, J. E., & Oliver, J. (1991). Sexual contact and touching between therapist and client: A survey of psychologists' at–titudes and behavior. *Professional Psychology: Research and Practice, 22,* 297–307.

Stanard, R., & Hazler, R. (1995). Legal and ethical implications of HIV and duty to warn for counselors: Does Tarasoff apply? *Journal of Counseling and Development, 73,* 397–400.

Swenson, L. C. (1997). *Psychology and law for the helping professions* (2nd ed.).

Pacific Grove, CA: Brooks/Cole.

Taylor, P. W. (1975). *Principles of Ethics.* California: Dickenson Pub. Co.

Thomson, T. L. (1999). Managed care: Views, practices, and burnout of psychologists. *Dissertation Abstracts International, 60,* 1318B (University Microfilms No. 91–14.)

Tyler. L. E. (1969). *The work of the counselor*(3rd ed.). New York : Appleton–Century–Crofts.

Vasquez, M. J. T. (1988). Counselor client sexual contact: Im–plications for ethics training. *Journal of Counseling and De–velopment, 67,* 238–241.

Walden, S. L. (1997). The counselor/client partnership in ethical practice. In B. Herlihy & G. Corey (Eds.), *Boundary issues in counseling: Multiple roles and responsibilities* (pp. 40–47). Alexandria, VA: American Counseling Association.

Welfel, E. R., & Lipsitz, N. E. (1983). Ethical orientation of counselors: its relationship to moral reasoning and level of training. *Counselor education and supervision, 22,* 35–45.

Welfel, E. R., O' Dell, F. L., & Schuttenberg, E. M. (1991). *Burnout in school counselors: An empirical analysis.* Paper presented at the annual meeting of the Ohio Counseling Association, Columbus, OH.

Wellman, M. M. (1984). The school counselor' s role in the communication of suicidal ideation by adolescents. *The School Counselor, 32,* 104–109.

Williams, J. (1987). *Psycology of women* (3th ed.). New York: norton.

Willison, B. G., & Masson, R. L. (1986). The role of touch in therapy: An adjunct to communication. *Journal of Counsel–ling and Development, 64,* 497–500.

찾아보기

인 명

내 용

저자 소개

최원호

한영신학대학교 기독교상담학과 겸임교수인 최원호 박사는 한국교육상담연구원장을 맡고 있다. 연세대학교 연합신학대학원에서 기독교윤리 전공 신학석사학위를, 고려대학교 교육대학원에서 상담심리 전공 교육학 석사학위를, 홍익대학교 대학원에서 상담심리 전공 교육학 박사학위를 취득하였다.

한영신학대학교, 감리교신학대학교, 고려대학교 교육대학원에서 심리학개론, 학습심리학, 성격심리학 등을 강의하고 있으며 대외적으로 교육문제, 상담심리 관련 부모교육 세미나 및 특강 강사로 유명하다.

상담윤리의 이론과 실제

2008년 8월 27일 1판 1쇄 인쇄
2008년 9월 4일 1판 1쇄 발행

지은이 • 최원호
펴낸이 • 김진환
펴낸곳 • 학지사

121-837 서울시 마포구 서교동 352-29 마인드월드빌딩 5층
대표전화 • (02)330-5114 팩스 (02)324-2345
등록 • 1992년 2월 19일 제2-1329호
홈페이지 www.hakjisa.co.kr

ISBN 978-89-5891-791-5 93180

가격 14,000원